16	3	2	13
5	10	11	8
9	6	7	12
4	15	14	1

Mikhail Bakhtin

Problemas da obra
de Dostoiévski

Tradução, notas e glossário
Sheila Grillo e Ekaterina Vólkova Américo

Ensaio introdutório e posfácio
Sheila Grillo

editora∎34

EDITORA 34

Editora 34 Ltda.
Rua Hungria, 592 Jardim Europa CEP 01455-000
São Paulo - SP Brasil Tel/Fax (11) 3811-6777 www.editora34.com.br

Copyright © Editora 34 Ltda. (edição brasileira), 2022
Tradução @ Sheila Grillo e Ekaterina Vólkova Américo, 2022
Copyright © Mikhail Bakhtin
Published by arrangement with Elena Vladimirovna Ermilova
and Serguey Georgevich Bocharov. All rights reserved.

A FOTOCÓPIA DE QUALQUER FOLHA DESTE LIVRO É ILEGAL E CONFIGURA UMA
APROPRIAÇÃO INDEVIDA DOS DIREITOS INTELECTUAIS E PATRIMONIAIS DO AUTOR.

Título original:
Probliémi tvórtchestva Dostoiévskogo

Capa, projeto gráfico e editoração eletrônica:
Franciosi & Malta Produção Gráfica

Revisão:
Danilo Hora, Beatriz de Freitas Moreira

1ª Edição - 2022

CIP - Brasil. Catalogação-na-Fonte
(Sindicato Nacional dos Editores de Livros, RJ, Brasil)

Bakhtin, Mikhail (1895-1975)

B142p   Problemas da obra de Dostoiévski /
Mikhail Bakhtin; tradução, notas e glossário de
Sheila Grillo e Ekaterina Vólkova Américo;
ensaio introdutório e posfácio de Sheila Grillo —
São Paulo: Editora 34, 2022 (1ª Edição).
384 p.

ISBN 978-65-5525-114-2

Tradução de: Probliémi tvórtchestva Dostoiévskogo

1. Linguística. 2. Estudos literários.
3. Círculo de Bakhtin. 4. Filosofia da linguagem.
5. Dostoiévski, Fiódor (1821-1881). I. Grillo, Sheila.
II. Vólkova Américo, Ekaterina. III. Título.

CDD - 410

Problemas da obra de Dostoiévski

Nota das tradutoras 7

Problemas da obra de Dostoiévski:
  gênese do texto e fontes bibliográficas,
  Sheila Vieira de Camargo Grillo 9

PROBLEMAS DA OBRA DE DOSTOIÉVSKI

Prefácio 51

Parte I —
O ROMANCE POLIFÔNICO DE DOSTOIÉVSKI
(COLOCAÇÃO DO PROBLEMA)

  1. A principal particularidade
    da criação de Dostoiévski
    e sua elucidação na literatura crítica 55

  2. O personagem em Dostoiévski 102

  3. A ideia em Dostoiévski 123

  4. As funções do enredo de aventura
    nas obras de Dostoiévski 144

Parte II —
A PALAVRA EM DOSTOIÉVSKI
(ENSAIO DE ESTILÍSTICA)

1. Tipos da palavra prosaística:
a palavra em Dostoiévski 157

2. A palavra monológica do personagem
e a palavra narrativa
nas novelas de Dostoiévski 188

3. A palavra do personagem
e a palavra da narração
nos romances de Dostoiévski 246

4. O diálogo em Dostoiévski 274

Conclusão 305

Problemas da obra de Dostoiévski
no espelho da crítica soviética e estrangeira,
Sheila Vieira de Camargo Grillo 307

Glossário,
Sheila Grillo e Ekaterina Vólkova Américo 353

Sobre o autor 379
Sobre as tradutoras 381

Nota das tradutoras

A presente edição de *Problemas da obra de Dostoiévski* é a primeira a ser traduzida, em nossa língua, a partir da primeira versão do texto seminal de Mikhail Bakhtin, que veio à luz em 1929.[1] Na introdução à segunda edição de seu estudo, publicada em 1963 com o título *Problemas da poética de Dostoiévski*, edição que serviu de base a praticamente todas as traduções posteriores, o autor esclarece: "Para a segunda edição, nosso livro, que saiu inicialmente em 1929 com o título *Problemas da obra de Dostoiévski*, foi corrigido e consideravelmente ampliado".[2]

A palavra *tvórtchestvo*, que figura no título da primeira versão e vem sendo traduzida como "obra", é um substantivo derivado do verbo *tvorít* ("criar, produzir, inventar"), e pode significar tanto o conjunto dos escritos de um autor, quanto o processo e a atividade criativos, o ato da criação.

---

[1] Até onde sabemos, existe uma única tradução dessa primeira versão, feita por Margherita De Michiel e Augusto Ponzio para o italiano (Michail Bachtin, *Problemi dell'opera di Dostoevskij* (1929), Bari, Edizioni dal Sud, 1997).

[2] A segunda edição, de 1963, conta com uma excelente tradução no Brasil, realizada por Paulo Bezerra, que também assina o prefácio e as notas do volume: *Problemas da poética de Dostoiévski*, 5ª ed., Rio de Janeiro, Forense Universitária, 2010 (o trecho citado está na p. 2).

Temos, portanto, dois caminhos de interpretação.[3] Durante o Colóquio Internacional "90 anos de *Problemas da obra de Dostoiévski* (1929-2019)", ocorrido na Universidade de São Paulo em novembro de 2019, ouvimos a opinião de alguns especialistas, em especial da pesquisadora Elena Vássina, professora de literatura e cultura russa da Universidade de São Paulo, que sugeria a opção de traduzir *tvórtchestvo* por "criação", dando assim maior ênfase ao processo criativo do autor, e não ao conjunto de seus textos.

Tratando-se de um livro já conhecido no Brasil e no exterior predominantemente como *Problemas da obra de Dostoiévski*, versão perfeitamente possível do termo russo, decidimos manter a palavra "obra" no título. Ao longo do texto, no entanto, optamos por "criação" quando percebemos tratar-se do processo criativo de Dostoiévski, e por "obra" nas passagens em que o termo refere-se ao conjunto de escritos do autor. Por fim, o termo *proizvediénie*, substantivo derivado do verbo *proizvodit* (produzir) e que traz a ideia do resultado desse "produzir", aparece recorrentemente e foi vertido sempre por "obra".

---

[3] No livro *Mikhail Bakhtin: Creation of a Prosaics* (Palo Alto, Stanford University Press, 1990), os pesquisadores norte-americanos Gary Saul Morson e Caryl Emerson mencionam a versão de 1929 com a seguinte tradução para o inglês: *Problems of Dostoievsky's Creative Art [or Creativity]*, trazendo, portanto, uma segunda possibilidade de tradução e interpretação do título.

Problemas da obra de Dostoiévski: gênese do texto e fontes bibliográficas

Sheila Vieira de Camargo Grillo

Problemas da obra de Dostoiévski (doravante POD) foi o primeiro livro publicado por Mikhail Bakhtin, em 1929, texto que ficou mundialmente conhecido após sua segunda edição em 1963 com o título *Problemas da poética de Dostoiévski* (doravante PPD) e que tem sido muito reeditado e traduzido. Em 2000 saiu o volume II das *Obras reunidas* de M. M. Bakhtin, organizado por Serguei Botcharov, L. Miélikhova, V. L. Mákhlin e B. Pul com a edição de 1929 e materiais de arquivo. Em 2017 vieram à luz na Rússia duas novas reedições, ambas formadas simultaneamente pelos textos de 1929 e 1963: a primeira, do Centro de Iniciativas em Humanidades, é precedida de uma pequena apresentação e de um prefácio de Natália Konstantínovna Boniétskaia, doutora em teoria da literatura pelo Instituto das Literaturas do Mundo Maksim Górki, historiadora da filosofia russa, culturóloga e tradutora; a segunda saiu pela editora Eksmo, que reeditou POD e PPD na coleção Biblioteca da Literatura Mundial, acompanhados de um longo posfácio de Botcharov, principal editor das *Obras reunidas* de Mikhail Bakhtin.

Considerando que essa breve relação das reedições russas recentes atesta a atualidade e o interesse pelas proposições presentes em POD e PPD, o objetivo deste ensaio introdutório é proporcionar ao leitor elementos para uma melhor compreensão do conceito de romance polifônico, proposto por Mikhail Bakhtin no texto de 1929, primeiramente por meio da recuperação de sua gênese na cronologia da obra bakhtiniana e, em seguida, de seus interlocutores russos e soviéticos de duas áreas do conhecimento: a crítica/teoria da literatura e a filosofia.

1. Origens do texto

Embora saibamos com precisão a data de publicação da obra, o início da sua escrita e a relação com outros textos produzidos por Bakhtin nos anos 1920 são temas de discussão entre estudiosos e possuem grande relevância à compreensão da sua arquitetônica teórico-metodológica. A primeira notícia sobre a escrita do livro aparece já em 1922, no jornal de Vitebsk *A Vida da Arte*, em uma nota que diz o seguinte: "O jovem pesquisador Bakhtin escreveu um livro sobre Dostoiévski e um tratado sobre a *Estética da criação verbal*" (1922, p. 4). Essa informação indica a relação entre o trabalho sobre Dostoiévski e os textos filosóficos do início dos anos 1920, em particular "O autor e o personagem na atividade estética" (2003 [1923-24]),[1] pois, conforme já assinalado por Nikoláiev (1996), a abordagem da relação entre o autor e os personagens no romance de Dostoiévski é parecida com a do texto sobre o autor e o personagem; há ainda uma afirmação do livro de Pumpiánski, *Dostoiévski e a Antiguidade*, de 1922, de que "o personagem torna-se um concorrente do seu poeta" (1922, p. 16). Os editores do volume I das *Obras reunidas* de Bakhtin (2003, p. 505) também defendem que o texto sobre Dostoiévski "com toda a probabilidade, refratou em si e concretizou a problemática dos outros trabalhos", isto é, os trabalhos filosóficos do início dos anos 1920.

---

[1] Data fixada nos comentários dos editores das *Obras reunidas* de M. M. Bakhtin, vol. I, 2003, p. 499.

Nikoláiev (1996) levanta a hipótese de que, como o conceito de polifonia não apareceu em trabalhos dos anos 1920 anteriores a POD, esse texto, apesar dos indícios de que sua escrita começou em 1922, foi integralmente reescrito no ano de 1928.

Há ainda traços da relação entre POD e PPD com *Marxismo e filosofia da linguagem*, publicado por Valentin Volóchinov em 1929. Nos rascunhos preparatórios à publicação de PPD, redigidos entre 1961 e 1963, e publicados no volume VI de suas *Obras reunidas* (2002), Bakhtin aproxima a metalinguística da filosofia da linguagem e da estilística da escola de Vossler:

"Falamos sobre a palavra e não sobre a língua, uma vez que temos em vista a vida concreta e variada da palavra em sua integralidade, e não a língua como objeto da linguística, obtida por meio da abstração de alguns aspectos essenciais da palavra concreta viva. *Esses aspectos são estudados pela filosofia da linguagem e pelas disciplinas metalinguísticas.* Nossas últimas análises têm um caráter metalinguístico essencial, que, certamente, não exclui mesmo suas relações estreitas com a linguística." (2002, p. 355, grifos nossos)

Aqui caracterizamos um conjunto de fenômenos que há muito tempo têm chamado a atenção de teóricos da literatura, que se ocupam de questões de *estilística (e também de linguistas, por exemplo, alguns da escola de Vossler)*. Do nosso ponto de vista, *os vosslerianos ocuparam-se não tanto de problemas linguísticos, quanto de metalinguísticos, isto é, estudaram fenômenos não no sistema da língua, mas nas formas de seu funcionamento vivo nos diversos campos da cultura (predominantemente literários)*. Esses fenômenos, se os estudarmos em

Problemas da obra de Dostoiévski: gênese do texto

ЖИЗНЬ ИСКУССТВА

Пролетарии всех стран, соединяйтесь!

Цена 200 т. р. В провинции и в Москве 250 т. р.

Издание Художественного Отдела Петрогубпалитпросвета

РЕДАКЦИЯ и КОНТОРА:

Петроград, Кавалказ, 2, 4-й этаж.

В этом номере 8 страниц.

Прием по делам редакции — от 2 до 4 ч.

Контора открыта от 10 ч. до 5 ч. веч.

Объявления — за строку нонпарели на 1-й стр. — 3 милл. р., на остальных — 2 милл. р., на последней стр. — 1 милл. р.

Подписная цена: 1 мес. — 1 милл. руб.

Театрам и книгоиздательствам — льготные условия.

22—28 Августа 1922 г.   ГОД ИЗДАНИЯ ПЯТЫЙ.   № 33 (856).

Петербург, 22 августа.

Ограничения и преимущества.

Как известно, существует определенный, довольно многочисленный контингент так называемых артистов эстрады, специалистов по исполнению шансонеток, куплетов, песенок, сценок, характерных танцев и тому подобных легких номеров. Эти артисты обслуживают садовые сцены, маленькие театры, кабарэ, кафе-рестораны, и на их работу всегда держится солидный спрос, сопровождаемый по большей части довольно высоким вознаграждением. Таким образом эстрадные артисты находятся всегда, а в особенности летом, в очень выгодных материальных условиях.

В переживаемые ныне дни безработицы многие артисты драмы, даже довольно значительные, остались не у дел и попали в весьма тяжелые жизненные условия. Само собой разумеется, что они, в поисках заработка, хоть отчасти подходящего к их специальности, обратили свое внимание на вполне доступную им область дивертисмента и эстрады. Многие из безработных артистов предложили свои услуги садовым сценам и эстрадам.

Но тут встретилось неожиданное препятствие. Оказалось, что область дивертисмента и эстрады открыта исключительно тому контингенту исполнителей, которые зарегистрированы по этой специальности. На этом основании новые дивертиссментно-эстрадные исполнители не были допущены к желаемой им деятельности.

Строгое разграничение артистических специальностей—дело разумное и желательное, вполне оправдываемое как со стороны чисто практической, так и со стороны идейно-художественной. Но проведение его в жизнь должно носить характер полной законченности и определенности, без каких либо исключений и изъятий из общего правила.

Однако мы часто видим на сценах разных маленьких театров артистов с громкими, общеизвестными именами, артистов с весьма высокой и определенной сценической квалификации, которые принимают участие в самой характерной дивертиссментно-эстрадной программе. Таких исполнителей вышеуказанное строгое разграничение правило как будто не смеет коснуться, и им свободно разрешается исполнение шансонеток, танцев и других номеров специфически эстрадного пошиба.

Такое преимущество по сравнению с массой рядовых артистов, на наш взгляд, вполне необяснимо, и причины, обусловливающие его, непонятны.

Ограничение ли должно оставаться полным и общим, или его следует уничтожить и применять совсем под давлением жизненной необходимостью, столь настойчиво заявляющей свои права.

СВЕЖИЕ ПОБЕГИ.

Не может не удивлять, что такое интересное явление в опереточном мире (и в ней немногочисленном явлении), как выступления Лопуховой, остается недостаточно отмеченным. Я говорю не о внешнем успехе у публики, которой достоинства артистки были и раньше известны, и говорю о том, что успех допустимо серьезно не отмечено, что в лице Лопуховой у нас явилась не только новая опереточная актриса, но новый тип исполнительницы этого легкого и жанрового искусства.

Я не вижу, до каких побуждениям год тому назад Лопухова вступила в комическую оперу: но я (да и все, я думаю) вижу, что это оказалось по случайной причуде, не капризом, а органическим развитием сценических способностей, очень свежих и своих, остававшихся до той поры

неиспользованными. Это была новая работа, новые завоевания, новый подарок.

Весь год был непрерывной артистической работой, и кто видел Лопухову прошлым летом, не узнал бы теперь: такие своеобразные достижения можно наблюдать в пении, комедийной игре в даже в специфических танцах. Последнее обстоятельство тем более замечательно, что тут, казалось бы, разнохарактерные танцев не было нужды беспокоить, а именно было бы спокойно жить на проценты с прошлых успехов.

Но не такова натура артистки. Энергия, темперамент и веселая, все новая и новая работа ее определили в новый жанр, новые побеги в Лопуховой же, заставили нас ценить талантливую, что «балетная» Лопухова поет и играет. Да, Лопухова была и

есть и будет балериной, но она же и своеобразная опереточная артистка, как Монахов драматический актер, как была Жизнь Гадинг, известная в драматической и опереточная актриса.

Этим же выступлениям резко отказывается от участия Тиме или Максимова, Поповой-Журавленко, Большакова, Грановской, — которые в конце-концов, если не занят талантливые, то одинаковы напряжены и балоство, иногда и очень приятны.

При всей своей работе, при содействии дипломатичных, Лопухова настолько отходит от опереточных традиций, что создает новый тип исполнительницы. И это представляется мне наиболее ценным и интересным.

Притом в настоящее время один Петербургских опереточных артистов, соблюдающих традиции, можно указать только на Тамару, прелестный и своеобразный артисткой, соединенный с опытом, тонким пониманием прилагателем.

Веселость и юмор, энергия, темперамент, хлеба то мальчишеский американизм и склонность к эксцентрике, бешеная увлекательность танца—вот элементы Лопуховой. К тому же ее так тщательно изучают роли и создает сценические типы,—забота тому не часта на опереточных подмостках. Разнообразие игры (именно игры) веселость в «Мамзель Нитуш» сделало бы честь любой прославленной комедийной премьерше.

Лучшие создания Лопуховой—«Мамзель Нитуш» и пением Жильбера, «Лунси», «Флирт в мотере», «Блондиночка». Американками Лопуховой обусловливает в ней одну черту ее творчества, но именно эту роли на голой сцене. Этого, конечно, нет, и вероятно для многих это окружит повсюду в разочарования. Но это сдобное поразительно особенную свежесть исполнения, тем более, что недостаток специфического шика артистами с лихвой восполняет бурной жизненностью и американским темпераментом мальчишеской проказливости.

Не могу не заметить, что крохотную опереточную театре ретное нельзя путем бесконечных повторений развивать в отдельные

танцовальные номера, потому что: 1) как бы разнообразны эти номера ни были, но слушать сто раз подряд метры «Лунсика» немыслимо; 2) нарушает ход самой комедии и 3) противоречит самому назначению этих музыкальных тактов, обозначающих собою как бы бурочный поклон, веселое антракта после вокального номера, не более.

Отдельным хореографических номерам в оперетте можно найти более подходящее (хоть бы и не относящееся к действию) место.

Бодрая, энергичная, увлекательная как маленького протеже, мальчишески веселая фигура Лопуховой представляет собою своеобразное и свежее явление в опереточном искусстве.

Это совершенно новый и очень современный тип исполнительницы. Не знаю, найдутся ли у ней последовательницы. Это была бы очень желательно, но трудно это ожидать, потому что от своеобразных исполнительниц требуются способности сценические, вокальные и хореографические (притом в данном случае высокого совершенства и сразу в этих областей), талант, неустанная работа, откровенная веселость и смелость увлечения бурно-ристого артиста.

М. Кузмин.

Кого, кого оберегая,
сторожишь мои стопы?
Над ними ж — вознесшая нагло
последняя сестра нагъд.

Найдь. Льды. Бесчеловечен
одуряющие дни.
Думать ли об этом стане чечем,
нянится — но ищем родник.

И в этом-то безродниваном
уязвимы дельвшинам виде...
Скажет: неужели легко вам
в одичелых жизни без слов?

Ущру — и тело переладят
в новую эхичную — в людь.
Ущру — и сотворенный постылее
гомосинциклатурий...

Но вот, кто ж оберегая
пройдет уже иле дитя?
Какая девушка нагла
жизнел замолчивает мой.

Яков Гик.

А. А. БЛОКУ.

Когда, оплакавший в земли,
Воскресли смелые черты
И лик Прекрасной Незнакомки
В глазах блеснул из темноты,—

Под знаком траурной позы мани
Их музыкой плаченного скима
Горячи, зорь, ни те строгой ветки
И мой осенний лиственок!

В. Лебедев.

Московское отделение

Редакции и конторы „ЖИЗНЬ ИСКУССТВА"

открыто с 20-го августа.

Адрес: **Москва, Арбат,** Спасопесковск. пер. д. 5, кв. 2.

Тел. 1-21-92.

ТЕАТРАЛЬНО-ЛИТЕРАТУРНАЯ ХРОНИКА.

ПРОГРАММЫ ТЕАТРОВ
с 22 по 28 августа.

БОЛЬШОЙ ДРАМАТИЧЕСКИЙ ТЕАТР.
Фонтанка, 65.

Вечера, организуемые Культ-Отделом Совета Союзов.

22, 24, 25, 26, 27 августа.

Пять вечера, перед от'ездом в Америку

школы **АЙСЕДОРЫ ДУНКАН**

при уч. Ирмы Дункан и детей московской школы Айседоры Дункан

Вступительное слово и школе
И. И. Шнейдер.
Начало в 8 часов вечера.

ГОСУД. ТАВРИЧЕСКИЙ ТЕАТР и САД.

Вторник, 22 августа.
Идеальное (Неравный брак).
Комедия в 5 дейст. Б. Шоу.

Среда, 23 августа.
Блондиночка.
Оперетта в 3 д. Муз. Жильбер.

Четверг, 24 августа.
Рюи Блаз.
Драма в 5 д. Виктора Гюго.

В союзе драматических и музыкальных писателей.

Театр в Детском Селе.
(От корреспондента „Ж. И.")

Письмо в редакцию.

Почтовый ящик.

Редактор:
ГАЙК АДОНЦ (Петербургский)

Пятница, 25 августа.
Сибилла
Оп. в 3 д., муз. Якоби.

САД ОТДЫХА
Бывший Аничковский, Невский, 39.

В среду 23, четверг 24 и пятницу 25 августа.
В 1-й раз: Обозрение-оперетта
Современная армениада.

Суббота, 26 августа.
Пупсик.
Оперетта в 3 дейст., муз. Жильбер.

Воскресенье, 27 августа.
Хорошо сшитый фрак.
Комедия-сатира в 4-х дейст. Г. Дрейля.

Начало вечера в 9 часов вечера.

A *Vida da Arte*, p. 4, com a referência ao "livro sobre Dostoiévski" de Bakhtin (coluna da esquerda, penúltima nota).

sua essência, isto é, como fenômenos de natureza dialógica, extrapolam os limites da linguística estrita, isto é, são metalinguísticos." (2002, p. 356, grifos nossos)

Os editores do volume II das *Obras reunidas* de Bakhtin apontam que uma das linhas que orientaram a elaboração do livro sobre Dostoiévski, entre 1922, ano da primeira notícia sobre a produção da obra, e 1929, ano de sua publicação, foi a participação do autor na discussão sobre a linguística e da filosofia da linguagem, áreas que foram objeto de uma série de trabalhos de Volóchinov, o que se refletiu na teoria do diálogo e no tema da "palavra em Dostoiévski" de POD.

Nikolai Vassíliev, em sua conferência durante o Colóquio Internacional "90 anos de *Problemas da obra de Dostoiévski* (1929-2019)", observa essa filiação e aproximação da metalinguística bakhtiniana em relação à filosofia da linguagem e à estilística da escola de Vossler, campos que merecem uma pesquisa mais cuidadosa a fim de compreendermos com mais profundidade e precisão a proposta bakhtiniana de fundar uma metalinguística.

Passemos a cotejar brevemente a abordagem comum da "atividade estética" nos textos "O autor e o personagem na atividade estética" (1923-24) e *Problemas da obra de Dostoiévski* (1929). Botcharov e Nikoláiev, editores do volume I das *Obras reunidas* de Bakhtin (2003), consideram que o gênero do texto sobre o autor e o personagem deve ser considerado como um "tratado", espécie que, no início do século XX, dispensava citações dos oponentes e predecessores teóricos. Assim como afirmado no texto "Por uma filosofia do ato" (2003), o texto sobre o autor e o personagem compreende a segunda parte de um projeto maior de investigação dos aspectos fundamentais da arquitetônica do mundo real vivenciado, e cujo objetivo é analisar a ética da criação artística ou literária. Logo no início do texto, Bakhtin define a arquitetônica do seguinte modo: "A arquitetônica — como disposição e relação conceitual e intuitiva necessária e não casual das partes e aspectos concretos, singulares em um todo concluído — é possível apenas em torno de um ser humano enquanto personagem" (Bakhtin, 2003 [1923-24], p. 70). E, ainda no mesmo parágrafo, continua:

> "A prosa, para concluir-se e fundir-se em uma obra acabada, deve usar o processo estetizado do indivíduo criador — do seu autor, refletir em si a imagem da *existência* finalizada da sua criação, pois a partir do interior do sentido puro e abstraído do seu autor ela não pode encontrar quaisquer aspectos concludentes e arquitetonicamente ordenadores." (Bakhtin, 2003 [1923-24], p. 71)

Nesse texto, a atividade estética criativa resulta da relação do autor criador com seus personagens, um dos aspectos centrais do conceito de polifonia. Nas últimas páginas do manuscrito "O autor e o personagem na atividade estética", Bakhtin retoma o conceito de arquitetônica para defender que a composição é determinada pela arquitetônica do mundo artístico:

> "As formas da visão artística e de conclusão do mundo determinam os procedimentos extraliterários, e não o contrário; a arquitetônica do mundo artístico determina a composição da obra (a ordem, a distribuição e a conclusão, o encadeamento das massas verbais), e não o contrário." (Bakhtin, 2003 [1923-24], p. 253)

Em síntese, a arquitetônica artística tem seu centro organizador na atividade autoral em relação ao personagem, a qual se constitui de formas de visão artística e de conclusão do mundo que determinam a construção composicional da obra literária e, mais particularmente no que nos interessa aqui, a construção do romance polifônico de Dostoiévski.

A referência explícita a Dostoiévski é encontrada nas seguintes passagens:

1) No início da seção "O problema da relação entre o autor e o personagem" (2003 [1923-24], p. 88), Bakhtin caracteriza essa relação como arquitetonicamente estável e dinâmica e propõe o seguinte plano para seu ensaio: "[...] apontaremos de modo sucinto só os caminhos e tipos de sua individualização e, por fim, poremos à prova nossas conclusões sobre a relação entre o autor e o personagem na obra de Dostoiévski, Púchkin etc." (Bakhtin, 2003 [1923-24], p. 71). Vemos que a análise do personagem em Dostoiévski, entre outras, estava no plano de trabalho de Bakhtin.

2) No final da última seção de "O autor e o personagem na atividade estética", Dostoiévski volta a ser citado como um dos exemplos para a crise do autor:

> "É abalada e apresentada como não essencial a própria posição da extralocalização, questiona-se o direito do autor de ficar fora da vida e dar-lhe acabamento. Começa a desintegração de todas as formas transgredientes e estáveis (*acima de tudo na prosa que vai de Dostoiévski até Biéli*; para a lírica a crise da autoria tem sempre uma importância menor: Ánnenski etc.), a vida torna-se compreensível e factualmente ponderável só do interior, só lá onde eu a vivencio como eu, na forma da relação consigo próprio, nas categorias valorativas do meu *eu-para-mim*: compreender significa entrar no objeto, contemplá-lo com os próprios olhos dele, recusar a essencialidade da extralocalização em relação a ele [...]." (2003 [1923-24], p. 258)

3) Por fim, diferentemente da tradução brasileira, a última página é acompanhada por uma cópia do manuscrito, na qual se vê o título da seção seguinte, "O problema do autor e do personagem na literatura russa", que não é seguido de nenhum texto, o que, por um lado, aponta para o inacabamento do manuscrito e, por outro, mostra mais uma vez a intenção de Bakhtin de usar exemplos da literatura russa para colocar à prova suas teses, entre os quais bem provavelmente estaria Dostoiévski (ver imagem a seguir).

Além dessas três menções explícitas, a releitura de "O autor e o personagem na atividade estética" à luz das observações de Botcharov e Nikoláiev, que indicam uma relação estreita entre o trabalho sobre Dostoiévski e os textos filosóficos do início dos anos 1920, em particular "O autor e o personagem na atividade estética", permitiu a identificação de dois aspectos comuns às abordagens da atividade estética nos dois textos mencionados: 1) o papel da língua e do estilo na atividade estética; 2) a autoconsciência como princípio orientador da construção do personagem no romance polifônico.

Em relação ao primeiro aspecto, sob influência da polêmica com os formalistas, Bakhtin preocupa-se em situar o papel da língua, enquanto conceito da Linguística, como um aspecto, um meio material que deve ser superado pela atividade estética. Essa discussão, já presente no texto "O autor e o personagem na atividade estética", orientará, a nosso ver, as análises estilísticas de POD e a proposta de metalinguística em PPD, uma vez que a língua, enquanto objeto da linguística, não é suficiente para explicar o papel da palavra no enunciado literário.

"De fato, o artista trabalha com a língua, mas não como língua; como língua ele a supera, pois ela não deve ser percebida como tal em sua definição

Автор и герой в эстетической деятельности

нашим видением, мы объективируем нашу перемотку под его руководством активность (наша активность есть его активность) в нежное лицо, в индивидуальной лик автора, который мы часто охотно помещаем в созданный им мир героя. Но этот объективированный автор, переставший быть принципом видения и ставший предметом видения, отличен от автора — героя биографии (формы научно достаточно беспринципной). Попытка объяснить из индивидуальности его лица определенность его творчества, объяснить активность творческую из бытия: в какой мере это возможно. Этим определяется положение и метод биографии, как научной формы. Автор должен быть прежде всего понят из события произведения, как участник его, как авторитетный руководитель в нем читателя. Понять автора в историческом мире его эпохи, его место в социальном коллективе, его классовое положение. Здесь мы выходим за пределы анализа события произведения и вступаем в область истории, чисто историческое рассмотрение не может не учитывать за пределы нашей работы. Внутри произведения для читателя автор — совокупность творческих принципов, долженствующих быть осуществленными, единство трансцендентальных моментов видения, активно относимых к герою и его миру. Его индивидуализация, как человека, есть уже вторичный творческий акт читателя, критика, историка, независимый от автора — как активного принципа видения, акт — делающий его самого пассивным.

VII ГА. ПРОБЛЕМА АВТОРА И ГЕРОЯ В РУССКОЙ ЛИТЕРАТУРЕ

O final do manuscrito de "O autor e o personagem na atividade estética" (1923-24), reproduzido nas *Obras reunidas* de Bakhtin, com o título da seção seguinte, "O problema do autor e do personagem na literatura russa", que acabou não sendo redigida.

linguística (morfológica, sintática, lexicológica etc.), mas só na medida em que se torna um meio de expressão artística. (A palavra deve cessar de ser sentida como palavra.)" (2003 [1923-24], p. 249)

"O estilo propriamente verbal (a relação do autor com a língua e suas maneiras de operar com a língua, condicionadas por essa relação) é o reflexo na natureza do material de seu estilo artístico (o reflexo da relação com a vida e o mundo da vida e, por meio dessa relação, da maneira convencional de elaboração do homem e do seu mundo); o estilo artístico não trabalha com palavras, mas com aspectos do mundo, com valores do mundo e da vida; o estilo pode ser definido como o conjunto de procedimentos de enformação e de conclusão do homem e do seu mundo, e esse estilo determina também a relação com o material, a palavra, cuja natureza certamente é preciso conhecer para que possamos compreender essa relação." (2003 [1923-24], pp. 251-2)

"Por isso a estilística crescida no solo do classicismo conhece apenas a vida da palavra em um único contexto fechado. Ela ignora todas aquelas mudanças que ocorrem com a palavra em seu processo de passagem de um enunciado concreto para outro e no processo de orientação mútua desses enunciados. Ela conhece apenas aquelas mudanças que se realizam no processo de passagem da palavra do sistema da língua para o enunciado poético monológico. A vida e as funções da palavra no *estilo* de um enunciado concreto são percebidas no contexto da sua vida e das suas funções na *língua*. São ignoradas as relações internamente dialógicas

Problemas da obra de Dostoiévski: gênese do texto

que a palavra mantém consigo mesma em um contexto alheio, em lábios alheios. Até o presente momento, a estilística foi elaborada nesses moldes." (1929, pp. 180 e 182 desta edição)

Em ambos os textos, a língua, seja como "definição linguística", seja como "sistema da língua", não é suficiente para dar conta da palavra no estilo artístico ou no enunciado artístico. A estilística proposta por Bakhtin deve dar conta da relação da palavra entre palavras, da relação do autor com os personagens, da reação da palavra à palavra. Enquanto no texto "O autor e o personagem na atividade estética" a ênfase de Bakhtin recai sobre o estilo como relação do autor com o material, como expressão da relação do autor com o mundo dos outros, em POD o conceito de enunciado artístico e concreto vem para primeiro plano e o estilo é analisado por meio da relação dialógica entre enunciados.

O segundo aspecto é o papel da autoconsciência, tanto na atividade estética quanto no romance polifônico de Dostoiévski.

> "A forma deve empregar o aspecto transgrediente à consciência do personagem (à sua autovivência possível e à sua autoavaliação concreta), mas que tem com ele uma relação que o determina — *como um todo* — de fora, isto é, seu endereçamento de fora, as fronteiras dele, além das fronteiras do seu todo. A *forma* é uma *fronteira* elaborada esteticamente... As fronteiras são vivenciadas diferentemente em sua essência: de dentro na autoconsciência e de fora na vivência estética do outro." (2003 [1923-24], p. 165)

> "A autoconsciência como dominante artística da construção do personagem já é por si própria

suficiente para decompor a unidade monológica do mundo artístico, mas com a condição de que o personagem como autoconsciência de fato se represente e não se expresse, isto é, não se funda com o autor, não se torne o seu porta-voz, e, consequentemente, com a condição de que as ênfases da autoconsciência do personagem de fato sejam objetivadas e que na própria obra ocorra uma distância entre o personagem e o autor. Se o cordão umbilical que une o personagem ao seu criador não tiver sido cortado, teremos diante de nós não uma obra, mas um documento pessoal." (1929, p. 109)

No texto "O autor e o personagem..." (1923-24), a autoconsciência é a vivência da forma a partir do interior do personagem; já em POD (1929), a autoconsciência é o princípio básico de construção do personagem do romance polifônico e permite a decomposição da unidade monológica do mundo artístico.

2. A POLIFONIA E SEUS PRECURSORES NA CRÍTICA LITERÁRIA RUSSA E SOVIÉTICA

Bakhtin elaborou sua tese sobre a transformação revolucionária do gênero romance por Dostoiévski em diálogo com uma tradição de estudos literários, principalmente russos, dos quais ele selecionou os que estavam mais próximos da sua proposta para resenhar no primeiro capítulo de seu livro: "Dos novos trabalhos sobre ele, russos e estrangeiros, nos deteremos apenas em alguns, justamente naqueles que se aproximaram mais da particularidade fundamental de Dostoiévski como a compreendemos" (Bakhtin, 1929, p. 59). À luz dessa proposição, interpretamos que as críticas e insuficiências apontadas por Bakhtin nos trabalhos resenhados não

Problemas da obra de Dostoiévski: gênese do texto

eliminam seus acertos e, com isso, o fato de que as propostas bakhtinianas têm suas raízes, entre outros, neles.

Ao lermos esses trabalhos e as resenhas produzidas por Bakhtin a respeito deles no capítulo 1, "O romance polifônico de Dostoiévski (colocação do problema)", verificamos que o termo "polifonia" já tinha sido utilizado por um teórico da literatura, Vassili Leonídovitch Komaróvitch (1894-1942), ao analisar o romance de Dostoiévski *O adolescente*:

> "Desse modo, a subordinação teleológica de elementos (enredos) pragmaticamente separados é o princípio da unidade artística do romance de Dostoiévski. E, nesse sentido, ele pode ser equiparado ao todo artístico da *música polifônica*: as cinco vozes da fuga, que entram sucessivamente e se desenvolvem numa *harmonia contrapontística*, lembram a 'condução de vozes' do romance de Dostoiévski. Essa equiparação, se ela for correta, leva a uma definição mais geral do próprio princípio da unidade. Assim como na música, o romance de Dostoiévski realiza a mesma lei da unidade que ocorre em nós mesmos, no 'eu' humano: a lei da atividade com um objetivo específico. Já no romance *O adolescente*, esse princípio da unidade é totalmente adequado àquilo que nele está simbolicamente representado: o 'amor-ódio' de Viersílov por Akhmakóva, símbolo dos impulsos trágicos da vontade individual em relação ao supraindividual; portanto, todo o romance é também construído com base no tipo de um ato volitivo individual."[2]

[2] V. L. Komaróvitch, "Roman Dostoiévskogo *Podróstok*, kak khudójestvennoie edínstvo", em A. S. Dolínin, *F. M. Dostoiévski. Artigos e materiais*, Leningrado, Mysl, 1924, pp. 67-8, grifos nossos.

Komaróvitch encontra na polifonia a melhor analogia para explicar como os quatro grupos de enredo do romance, apesar de fraca ligação entre si, formam uma unidade no "ato volitivo individual", que ganha uma dimensão trágica ao simbolizar a supremacia da vontade individual sobre a coletiva, tema recorrente nas análises da obra de Dostoiévski. A crítica de Bakhtin aponta três insuficiências nessa abordagem: a não consideração da combinação de consciências plenivalentes com seus mundos, o fato de que as vozes permanecem autônomas e a ocorrência de uma combinação das muitas vontades.

Dando um passo atrás, identificamos que o teórico da literatura Viatcheslav Ivánov já havia utilizado metáforas musicais, como a do contraponto, para analisar a obra de Dostoiévski. Os editores do volume II das *Obras reunidas* de Bakhtin (2000) afirmam que "Sem dúvida, o artigo de Viatcheslav Ivánov 'Dostoiévski e o romance-tragédia' (1916) foi o mais importante e primordial entre as fontes diretas das concepções de POD" (2000, p. 435), e ainda que "a influência velada dos impulsos do trabalho de Ivánov sobre o livro foi mais ampla e importante do que as citações diretas desse nome em suas páginas" (2000, p. 436). A tese de Ivánov sobre o "romance-tragédia" utiliza a ideia de "multivocalidade" para caracterizar a multiplicidade de pontos de vista ideológicos orquestrados por Dostoiévski:

> "O entusiasmo de Schiller, 'seu beijo para o mundo todo', a felicidade universal em Deus e na Terra, que obriga Dmitri Karamázov a entoar o hino, tudo isso foi, *na orquestra multivocal da obra de Dostoiévski*, emitido ininterruptamente pela arpa do apelo místico [...]. É possível adivinhar o que Dostoiévski aprendeu da composição de George Sand, chamada por ele de 'precursora de um futuro mais feliz'? Diríamos: acima de tudo o 'caráter

Problemas da obra de Dostoiévski: gênese do texto

ideológico' na composição do romance, sua agudeza filosófica e social, que o aproxima, na própria tarefa, do tipo romance-teorema." (1916, p. 15, grifos nossos)

O individualismo idealista e a autossuficiência resultam no isolamento do homem, aspectos apontados por Ivánov como revelações da obra de Dostoiévski para seus contemporâneos. O personagem-ideólogo — por exemplo, o homem do subsolo ou Raskólnikov de *Crime e castigo* — formula sua ideologia no isolamento que o leva à hostilidade ao outro. No texto "A crise do individualismo" (1909), Ivánov vê na contemporaneidade do século XIX a luta entre os princípios do individualismo e do espírito comunitário, em que o primeiro assimila o segundo e cria um tipo especial de espírito, caracterizado por Ivánov como "demoníaco".

Ivánov (1916) continua com a metáfora musical para caracterizar a arquitetônica do romance por meio da técnica do "contraponto", em que duas ou mais linhas melódicas soam simultaneamente, formando um conjunto polifônico em que as individualidades sonoras são a base da composição:

> "*Semelhantemente a um criador de sinfonias*, ele utilizou seu mecanismo na arquitetônica da tragédia e aplicou no romance o método equivalente ao desenvolvimento temático e *contrapontístico na música*, método cujos desvios e transformações o compositor usa para levar-nos à percepção e à vivência psicológicas do todo da obra, enquanto unidade." (1916, p. 20, grifos nossos)

A técnica contrapontística é o mecanismo de composição do que Ivánov chamou de "romance-tragédia", ou seja, apesar de soarem em conjunto, as vivências psicológicas permanecem isoladas e levam à tragédia. A relação entre autor e personagem e entre os personagens baseia-se no realismo da afirmação da subjetividade alheia:

"O conhecimento não é a base do realismo defendido por Dostoiévski, mas a penetração. [...] a penetração é um *transcensus* do sujeito, como condição perante a qual é possível passar a reconhecer o outro *eu* não como objeto, mas como outro sujeito. [...] O símbolo dessa penetração consiste em uma afirmação absoluta com toda a vontade e a compreensão da existência alheia: 'tu és'." (1916, pp. 33-5)

O realismo das subjetividades em interação, em que a relação eu-outro suplanta a relação eu-objeto, é, segundo Ivánov, a fé de Dostoiévski para superar o individualismo.

Muito embora tenha partido dessas reflexões de Ivánov, Bakhtin reformulou o conceito de romance-tragédia para o de romance polifônico, pois considerava que Ivánov tentou "reduzir uma nova forma artística a uma vontade artística já conhecida" (Bakhtin, 1929, p. 64). Antes de Bakhtin, porém, Pumpiánski (1922), em seu libreto *Dostoiévski e a Antiguidade*, já havia rejeitado a tese de que o romance de Dostoiévski se aproximava da tragédia grega, pois esta seria uma memória de fatos já ocorridos, passados, ou, em outros termos, uma última onda totalmente fictícia dos acontecimentos, enquanto a poesia de Dostoiévski é uma profecia, uma antecipação de um tempo futuro, portanto o romancista não é um poeta trágico. Contudo, o núcleo da crítica de Bakhtin à abordagem de Ivánov consiste no fato de que este teria feito uma análise a partir de uma orientação ético-religiosa e não demonstrou como essa orientação assumiu uma forma literária concreta ou um "princípio de construção artística do todo verbal do romance" como vemos no fragmento a seguir:

Problemas da obra de Dostoiévski: gênese do texto

"Infelizmente, Ivánov não demonstrou como esse princípio da visão de mundo de Dostoiévski se transforma em princípio da visão de mundo artística e da construção artística do todo verbal do romance. Com efeito, ele é essencial para o teórico da literatura somente nessa forma, na forma do princípio da construção literária concreta, e não como princípio ético-religioso de uma visão de mundo abstrata. E somente nessa forma ele pode ser revelado objetivamente no material empírico de obras literárias concretas." (Bakhtin, 1929, p. 63)

De modo semelhante, Askóldov (1922, 1924) teria passado da visão de mundo ético-religiosa de Dostoiévski diretamente ao conteúdo de seus romances, sem analisar como esse conteúdo assumiu uma forma literária, compreendida como procedimentos artísticos particulares da construção do romance. No entanto, o próprio Bakhtin reconhece as formulações de Askóldov a respeito da grande autonomia interna dos personagens de Dostoiévski, que são representados como "personalidades":[3]

"A personalidade é a formação de uma origem mais interior e mais individualizada. Nela sempre sentimos claramente um centro imutável em relação a todas as influências exteriores, um centro insuperável do 'eu' único no mundo e humanamente irrepetível. Esse centro está potencialmente presente em cada pessoa, mas não são muitos que têm consciência dele, que conservam-no e o descobrem. O conflito de caráteres com as circunstâncias exteriores é dramático. É uma luta da qual normalmente há

[3] A palavra russa *lítchnost* cobre todo um espectro de conceitos e pode ser traduzida como "personalidade", "pessoa" ou "indivíduo".

saída ou pacificação. O conflito de personalidades, de suas antinomias exteriores e interiores, é trágico. Diante de uma pressão exterior, as personalidades se afastam e se fecham no subsolo; ou travam uma luta cuja saída em todo caso não é a pacificação. A vida não pode transformá-los segundo seu arbítrio. Isso não significa que elas são imutáveis. A personalidade frequentemente sofre metamorfoses essenciais. A flexibilidade lhe é própria em algum grau. Contudo, essas metamorfoses ocorrem a partir do interior. Nesse sentido, o seu desenvolvimento é mais orgânico, o que, porém, não exclui as mais agudas crises em suas vidas." (Askóldov, 1922, pp. 2-3)

Essa definição de "personalidade" auxilia, a nosso ver, a compreensão do modo de construção dos personagens de Dostoiévski e não é negada por Bakhtin em seu capítulo sobre "O personagem em Dostoiévski":

"De fato, o autor deixa para seu personagem a última palavra. O projeto do autor precisa justamente dessa palavra, ou mais precisamente, da tendência a ela. Ele constrói o personagem não por meio de palavras alheias ou de definições neutras; ele não constrói um caráter, tipo ou temperamento; de modo geral, não há uma imagem do personagem, mas justamente a *palavra* do personagem sobre si próprio e sobre o seu mundo." (Bakhtin, 1929, pp. 112-3)

As três modalidades de personagem — caráter, tipo ou temperamento — também são descritas por Askóldov de modo a mostrar que a "personalidade" é a especialidade de Dostoiévski. Nessa passagem, Bakhtin lança mão da classificação de Askóldov e não inclui a "personalidade" entre os modos de construção de personagem inadequados para compreender Dostoiévski. Ao contrário, essa "personalidade", a nosso ver, parece ser um dos componentes na construção dos personagens de Dostoiévski.

Embora os editores do volume II das *Obras reunidas* de Bakhtin afirmem que Viatcheslav Ivánov tenha sido a mais importante fonte das ideias de POD, o próprio Bakhtin atribui grande valor a dois trabalhos do teórico da literatura Leonid Grossman e o cita literalmente não só no capítulo 1, mas também no capítulo 4 e no capítulo 3 da segunda parte. No livro *A poética de Dostoiévski* (1925),[4] Grossman afirma que "[...] na pessoa de Dostoiévski, a evolução do romance europeu viveu uma das etapas mais revolucionárias com base em tradições, práticas e lendas seculares" (1925, p. 1); ou seja, assim como Bakhtin, Grossman apontou que Dostoiévski realizou uma inovação no romance europeu.

Bakhtin cita em POD uma passagem em que Leonid Grossman teria analisado corretamente a significação do diálogo para a construção da multiplanaridade do romance de Dostoiévski:

> "A forma da conversa ou da discussão, em que distintos pontos de vista podem sobressair-se alternadamente e refletir nuances variadas de confissões opostas, convém especialmente à encarnação de uma filosofia eternamente em formação e nunca enrijecida. Diante de um artista e contemplador de imagens como Dostoiévski, no momento das suas reflexões profundas sobre o sentido dos fenômenos e sobre o enigma do mundo, deve ter sido representada essa forma de filosofar, na qual é como se cada

---

[4] A edição de 1963 do livro de Bakhtin, *Problemas da poética de Dostoiévski*, praticamente reproduz o título desse livro de Grossman.

opinião se tornasse um ser vivo e expusesse uma voz humana inquieta." (Grossman, 1924, p. 10)

Nesse trecho são antecipadas muitas das ideias de Bakhtin, em especial no que concerne à encarnação de ideias, às vozes que expressam pontos de vista sobre o mundo e ao diálogo em que essas duas propostas anteriores acontecem. A avaliação de Dostoiévski como um artista e consequente inovador literário era um tema polêmico à época, segundo afirmação de Grossman:

"Dostoiévski é um artista? Até os dias atuais o pensamento crítico russo estava inclinado a responder negativamente a essa questão. Reconhecendo a importância enorme de Dostoiévski como pensador, a crítica russa frequentemente rejeitou o valor puramente artístico de suas páginas." (1925)

Nesse contexto de rejeição de Dostoiévski como artista, fica ainda mais evidente a escolha feita por Bakhtin, de reiterar o objetivo de seu trabalho: a revelação dos "princípios de representação e de construção do romance em seu todo" (Bakhtin, 1929, p. 88), a "visão artística" (Bakhtin, 1929, p. 93) ou os "novos princípios de combinação artística dos elementos e de construção do todo" (Bakhtin, 1929, p. 100) do romancista russo, em detrimento, a nosso ver, das suas ideias filosóficas, religiosas, sociológicas e psicológicas.

Não citada por Bakhtin mas desenvolvida por Grossman logo após esse excerto está a tese de que um dos eixos centrais da filosofia de Dostoiévski foi o "problema da personalidade e a sociedade" (Grossman, 1924, p. 11). A arquitetônica polifônica do romance de Dostoiévski proposta por Bakhtin, a nosso ver, tentava resolver o conflito entre um princípio de coletividade em via de ruir e o surgimento de uma sociedade individualista.

Problemas da obra de Dostoiévski: gênese do texto

Passemos a analisar alguns dos filósofos interlocutores de Bakhtin em POD.

3. A FILOSOFIA RUSSA E O ROMANCE POLIFÔNICO

Se, por um lado, o conceito de romance polifônico foi elaborado por Bakhtin em diálogo com a crítica literária russa e soviética citada e resenhada por ele no primeiro capítulo de POD (1929), por outro, a interlocução com filósofos religiosos russos mencionados brevemente por Bakhtin também constituem elos precedentes na cadeia de elaboração do conceito de polifonia:

> "A monologização filosófica é o caminho fundamental da bibliografia crítica sobre Dostoiévski. Foram por esse caminho [Vassili] Rôzanov, [Akim] Volínski, [Dmitri] Merejkósvski, [Lev] Chestóv etc. Ao tentarem inserir à força a multiplicidade de consciências mostrada pelo artista nos moldes sistêmico-monológicos de uma única visão de mundo, esses pesquisadores precisaram recorrer ou à antinomia ou à dialética. Das consciências concretas e integrais dos personagens (e do próprio autor) foram extirpadas as teses ideológicas, que ou eram dispostas numa ordem dialética dinâmica ou eram opostas entre si, como antinomias absolutas não elimináveis. No lugar da interação de algumas consciências imiscíveis, era posta a inter-relação de ideias, pensamentos e posições pertencentes a uma única consciência." (Bakhtin, 1929, p. 61)

Embora Bakhtin destaque a insuficiência da abordagem filosófica por considerá-la monológica, ao lermos os trabalhos sobre Dostoiévski de filósofos russos de diferentes orientações — Chestóv, Berdiáiev, Solovióv, estes dois últimos citados pela pesquisadora russa Natália Konstantínovna Boniétskaia (2017) — sentimos que o pensamento bakhtiniano tem neles interlocutores para a elaboração do conceito de romance polifônico, em que as consciências imiscíveis e o diálogo são elementos essenciais. No referido prefácio ao volume II, *Mikhail Bakhtin. Izbrannoe. Poétika Dostoiévskogo* [*Mikhail Bakhtin. Seleção. A poética de Dostoiévski*], da editora Centro de Iniciativas em Humanidades, a acima citada pesquisadora russa Natália Boniétskaia declara:

> "Quando lemos o livro de Bakhtin sobre Dostoiévski, tendo na memória as concepções da obra de Dostoiévski elaboradas por filósofos russos, encontramos todo o tempo em Bakhtin as intuições e os sentidos daqueles, traduzidos além disso como que em um outro, por princípio, plano de pensamento, e refratados em um outro, por princípio, discurso." (2017, p. 8)

Após a leitura dos citados filósofos russos, sentimos que eles formam um camada de formulações retomada e reformulada em termos próprios por Bakhtin, e portanto, as análises desses autores neste ensaio introdutório foram fundamentais para um aprofundamento — assim esperamos — na compreensão do conceito de polifonia. Segundo nossa leitura do prefácio da pesquisadora Natália Boniétskaia, os elementos da reformulação própria e original de Bakhtin a partir da teoria literária e da filosofia religiosa russas são os seguintes: a existência ética desenvolvida nos trabalhos do início dos anos 1920, o diálogo ético elevado, a linha cômico-carnavalizada da cultura popular no texto de 1963, o predomínio do espírito da sátira menipeia.

Passemos a levantar as formulações de três filósofos russos mencionados acima — Vladímir Serguêievitch Solovióv,

Problemas da obra de Dostoiévski: gênese do texto

Nikolai Aleksándrovitch Berdiáiev e Lev Chestóv — que nos pareceram importantes a uma compreensão mais ampla da abordagem teórica bakhtiniana.

Começando pelo texto mais antigo entre os lidos por nós, Vladímir Solovióv (1853-1900) propõe em *Tri riétch v pamiat Dostoiévskogo* [*Três discursos em memória de Dostoiévski*] (1884) que o "movimento social" é o objeto do mundo artístico de Dostoiévski:

> "[...] o mundo artístico de Dostoiévski. Nele tudo está em fermentação, nada se estabeleceu, tudo está ainda evoluindo. O objeto do romance não é o *ser/existir* da sociedade, mas o *movimento* social. De todos os nossos notáveis romancistas, só Dostoiévski tomou o movimento social como objeto principal de sua obra." (1884, s.p.)

Esse objeto, tema ou questão transforma-se no trabalho de Bakhtin sobre Dostoiévski no próprio modo de existência da palavra que, ao ser um meio de comunicação social e, portanto, situar-se entre consciências, personalidades, coletividades e até gerações, está sempre em movimento:

> "O problema da orientação do discurso para a palavra alheia é de importância sociológica primordial. A palavra é social por natureza. A palavra não é um objeto, mas um meio de comunicação social em eterno movimento e em eterna mudança. Ela nunca é autossuficiente como uma única consciência, uma única voz. A vida da palavra está na passagem de uma boca a outra boca, de um contexto a outro contexto, de uma coletividade social a outra, de uma geração a outra geração." (Bakhtin, 1929, pp. 183-4)

Embora também vejamos aqui a ideia de *enérgeia* do trabalho do famoso linguista alemão Wilhelm Humboldt, citado por Valentin Volóchinov em *Marxismo e filosofia da linguagem* (2018 [1929]) e por Mikhail Bakhtin em *Os gêneros do discurso* (2016 [1952-53]), o movimento social de Solovióv é relido por Bakhtin nos termos de sua teoria do diálogo. A recuperação dessa fonte ilumina um pouco mais a centralidade do conceito de diálogo em Bakhtin, essência da linguagem que é toda movimento e orientada para o discurso alheio. Para Bakhtin, o romance de Dostoiévski não é a tragédia do individualismo, da autossuficiência e do isolamento do homem no final do século XIX, como havia proposto Ivánov, mas sim um romance polifônico, pois baseia-se no movimento do diálogo, que é sempre transformação e que, sem esquecer o passado, olha para o futuro.

O segundo interlocutor que analisaremos é Nikolai Berdiáiev (1874-1948), eminente filósofo e pensador cristão e político, que publicou os livros *A revelação do homem na obra de Dostoiévski*, em 1918,[5] e *A visão de mundo de Dostoiévski*, em 1921, época em que Bakhtin estava formulando sua filosofia do ato, sua teoria da relação entre autor e personagem e começando, conforme notícia de 1922 no jornal de Vitebsk *A Vida da Arte* (reproduzido acima), seu trabalho sobre Dostoiévski. A nosso ver, Bakhtin travou com o texto de Berdiáiev um diálogo mais estreito, que dividimos em quatro aspectos inter-relacionados: a representação do movimento do mundo interior dos personagens, o princípio ético da responsabilidade humana diante da sua liberdade, as ideias encarnadas, o personalismo e a diferença entre o diálogo platônico e o diálogo em Dostoiévski.

---

[5] O ano da primeira publicação desse livro não estava disponível na edição adquirida e lida por nós. Encontramos a data de 1918 no site das obras reunidas de Berdiáiev: <http://www.vehi.net/berdyaev/>. Acesso em 12/1/2022.

Problemas da obra de Dostoiévski: gênese do texto

O princípio artístico de que, na criação de Dostoiévski, tudo está em movimento, assim como já apontara Solovióv a propósito da representação da sociedade, internaliza-se na proposta de Berdiáiev, ou seja, o movimento é característico do mundo interior dos personagens, que é dinâmico e está em constante conflito:

"A Dostoiévski foi dado conhecer o homem em um movimento apaixonado, impetuoso e frenético, em uma dinâmica excepcional. Não há nada estático em Dostoiévski. Tudo consiste da dinâmica do espírito, do elemento ardente, da paixão frenética." (Berdiáiev, 2018 [1921], p. 16)

"Em sua antropologia, Dostoiévski descobre que a natureza humana é dinâmica em alto grau, na sua profundidade há um movimento ardente. A tranquilidade e o caráter estático só existem na superfície, na camada mais superficial do ser humano." (Berdiáiev, 2018 [1921], p. 51)

A tese bakhtiniana sobre o princípio polifônico de criação de Dostoiévski, em especial dos romances, tem na autoconsciência um de seus pilares fundamentais. Aqui, novamente, Bakhtin relê essas proposições de Berdiáiev em termos próprios, nos quais a autoconsciência e a palavra dos personagens é o núcleo da caracterização, revelação e desenvolvimento destes:

"O personagem de Dostoiévski não é uma imagem, mas uma palavra plenivalente, uma *voz pura*; nós não o vemos, nós o escutamos; tudo o que vemos e sabemos além de sua palavra não é essencial e é absorvido pela palavra, como seu material, ou permanece fora dela, como um fator estimulador e provocador. [...] O epíteto "talento cruel", dado a Dostoiévski por Mikhailóvski, tem um fundamento, apesar de não ser tão simples quanto Mikhailóvski considerava. Uma espécie de tortura moral — à qual Dostoiévski submete seus personagens com o propósito de conseguir deles a palavra da autoconsciência e, por meio desta, atingir seus limites extremos — permite dissolver tudo o que é material e objetivo, tudo o que é estável e imutável, tudo o que é mais exterior e neutro na representação do homem no *medium* puro de sua autoconsciência e de seu autoenunciado." (Bakhtin, 1929, p. 113)

Bakhtin concebe a palavra da autoconsciência como o princípio orientador da instabilidade e da dinamicidade do mundo e dos personagens no projeto artístico de Dostoiévski. A palavra da autoconsciência é responsável pela "sua inconclusibilidade, seu não fechamento e sua irresolução" (Bakhtin, 1929, p. 112). Bakhtin vai colocar na palavra e na autoconsciência o movimento incessante de constituição do mundo interior dos personagens. A palavra é aquele meio no qual o interior e o exterior, o psicológico e o ideológico, nos termos de Volóchinov (2018 [1929]), se encontram e se revelam em um processo contínuo, em que nada é estático, finalizado, concluído.

Decorrente do princípio da palavra da autoconsciência é a liberdade e a autonomia dos personagens. Na leitura que Berdiáiev faz de Dostoiévski, a liberdade desempenha um papel central na luta contra os predeterminismos elaborados por teorias positivistas do século XIX para explicar o ser humano. Essa liberdade traz outro conceito-chave: a responsabilidade, pois seres livres são seres de escolhas e devem arcar com as consequências delas.

Problemas da obra de Dostoiévski: gênese do texto

"Dostoiévski foi 'austero', porque não quis retirar do ser humano o fardo da Liberdade, não quis livrar o ser humano do sofrimento às custas da perda de sua liberdade, depositou no ser humano uma responsabilidade enorme, correspondente ao valor dos seres livres." (Berdiáiev, 2018 [1921], p. 61)

A liberdade na teoria de Bakhtin consiste na relação entre o autor e os personagens e no princípio da palavra da autoconsciência. Por meio da autoconsciência, o personagem sempre tem a última palavra sobre si próprio:[6]

"[...] as obras de Dostoiévski são profundamente objetivas e por isso a autoconsciência do personagem, tornada dominante, decompõe a unidade monológica da obra (é claro, sem destruir a unidade artística do novo tipo não monológico). O personagem torna-se relativamente livre e autônomo, pois tudo o que, no projeto autoral, tornou-o definido, isto é, fadado, tudo que o qualificou de uma vez por todas como imagem acabada da realidade, agora tudo isso já não funciona como uma forma que o conclui, mas como material de sua autoconsciência." (Bakhtin, 1929, p. 109)

A nosso ver, o terceiro conceito desenvolvido por Bakhtin a partir da interlocução com o trabalho de Berdiáiev é o personalismo do mundo de Dostoiévski. Berdiáiev conecta o

---

[6] Importante destacar que a ideia de "responsabilidade", tão cara à filosofia do ato ético elaborada por Bakhtin no início dos anos 1920, não aparece explicitamente em POD. Nossa hipótese é a de que isso acontece porque a responsabilidade é um princípio ético da vida, e não do mundo literário dos personagens.

personalismo à natureza divina e portanto imortal do ser humano e à sua liberdade, considerada o traço essencial do indivíduo, ou seja, o ser humano não existe sem liberdade. A liberdade de escolher entre o bem e o mal e se responsabilizar por suas escolhas conduz ao caminho do sofrimento, do qual só se pode fugir à custa da perda da liberdade. Entretanto, sempre segundo Berdiáiev, a liberdade humana não é sinônimo nem de voluntariedade — que conduz à aniquilação da liberdade, pois a falta de limites própria da voluptuosidade torna a pessoa seu escravo — nem da revolta, que leva à negação do indivíduo a favor de um coletivismo sem limites. Trata-se, aqui, da crítica de Berdiáiev aos ideais da revolução de outubro de 1917. Vejamos a expressão do personalismo no seguinte fragmento:

> "Dostoiévski tinha um *sentimento frenético da personalidade. Toda a visão de mundo dele é atravessada pelo personalismo.* Com isso estava relacionado ainda o problema central para ele da imortalidade. Dostoiévski é um crítico genial da *eudaimonia*[7] contemporânea, ao revelar a sua incompatibilidade com a *personalidade livre e digna.*" (Berdiáiev, 2018 [1921], p. 49, grifos nossos)

Já Bakhtin relê o personalismo do mundo de Dostoiévski à luz da sua teoria do diálogo, em que as ideias são encarnadas e personalizadas, e por isso a dialética, ao fixar-se no plano das relações lógicas nos limites de uma consciência isolada, não dá conta do universo personalista e dialógico de Dostoiévski:

---

[7] Doutrina que prega a felicidade como sendo a finalidade última da vida humana.

Problemas da obra de Dostoiévski: gênese do texto

"De fato, tanto a dialética quanto a antinomia estão presentes no mundo de Dostoiévski. O pensamento dos seus personagens é realmente dialético, e às vezes antinômico. No entanto, todas as relações lógicas permanecem nos limites de consciências isoladas e não regem as inter-relações no plano da coexistência entre elas. *O mundo de Dostoiévski é profundamente personalista. Ele percebe e representa todo pensamento como a posição de um indivíduo.* Por isso, mesmo nos limites das consciências isoladas, a série dialética ou antinômica é apenas um aspecto abstrato, entrelaçado de modo inseparável a outros aspectos da consciência integral e concreta." (Bakhtin, 1929, p. 61, grifos nossos)

A nosso ver, a teoria do dialogismo que orienta as relações entre autor/personagens, narrador/personagens, personagem/personagem decorre da visão do ser humano como autoconsciente, autodeterminado, livre e inconcluso. Um ser dessa natureza não pode ser explicado pela dialética, mas é compreendido por meio do diálogo.

Por fim, decorrente do personalismo do mundo de Dostoiévski é a distinção operada por Berdiáiev e Bakhtin entre o diálogo em Platão e o diálogo no escritor russo. Berdiáiev reconhece que em Dostoiévski ocorre um intenso conflito interior dos personagens, algo ausente do universo contemplativo de Platão:

"Dostoiévski é muito distinto da contemplação de Platão e de muitos outros místicos. Não só no plano corporal e emocional ocorre um conflito tempestuoso de oposições polares, mas também no plano espiritual." (Berdiáiev, 2018 [1921], p. 52)

Bakhtin também salienta as diferenças entre Platão e Dostoiévski, porém no plano de sua teoria do diálogo e das relações dialógicas:

> "A ideia em Dostoiévski nunca se aparta da voz. Por isso é errada em sua raiz a afirmação de que os diálogos em Dostoiévski são dialéticos. [...] A realidade última de Dostoiévski não é a ideia como conclusão monológica, ainda que dialética, mas o/a acontecimento/coexistência da interação de vozes.
> Essa é a diferença entre o diálogo de Dostoiévski e o de Platão. Apesar deste último não ser um diálogo pedagógico ou monologizado por completo, ainda assim, nele, a multiplicidade de vozes é anulada na ideia. Platão concebe a ideia não como acontecimento/coexistência, mas como ser/existência. [...] A comparação entre os diálogos de Dostoiévski e o diálogo de Platão nos parece, de modo geral, inessencial e improdutiva, pois o diálogo de Dostoiévski de modo algum é puramente cognitivo e filosófico." (Bakhtin, 1929, pp. 300-1)

Na teoria bakhtiniana, o diálogo de Dostoiévski caracteriza-se pela coexistência de ideias encarnadas, personalistas, que são vozes pessoais e sociais em interação. Nesse sentido, Bakhtin destaca, na sequência do fragmento acima, que os diálogos bíblicos de Jó e de alguns Evangelhos estão mais próximos do mundo de Dostoiévski.[8]

---

[8] Embora não seja nosso objetivo aqui comparar as edições de 1929 e 1963, vale destacar a mudança de opinião de Mikhail Bakhtin a respeito do diálogo socrático na edição de 1963, conforme destacado por Serguei Botcharov (2017). No texto de 1963, Bakhtin afirma que seu "fundamen-

Problemas da obra de Dostoiévski: gênese do texto

Na área da filosofia russa, o terceiro interlocutor que analisaremos é Lev Chestóv (1866-1938). Resolvemos abordá-lo por último, pois pareceu-nos que a interlocução entre Chestóv e Bakhtin é menos evidente e mais sutil. Chestóv, assim como Berdiáiev, emigrou para a França. É considerado um filósofo existencialista. Em seu texto *Dostoiévski e Nietzsche* (2016 [1903]), a tese geral de Chestóv é a de que Dostoiévski representa uma mudança radical na visão sobre o homem com o início de uma filosofia da tragédia.[9] Vislumbramos um diálogo velado entre Chestóv e Bakhtin na proposta de haver duas rupturas na obra de Dostoiévski: a primeira é uma ruptura radical que a obra de Dostoiévski representou na visão sobre o homem e a segunda é uma transformação qualitativa na evolução da própria obra, a partir da novela *Memórias do subsolo*:

> "[...] acaba para o homem o reino milenar da 'razão e da consciência'; começa uma nova era — da 'psicologia', que na Rússia Dostoiévski descobriu pela primeira vez. Contudo, o antagonismo aberto entre 'razão e consciência', por um lado, e 'psicologia', por outro, até o momento poucos atreveram-se a reconhecer abertamente. A maioria propõe a possibilidade de manter a velha hierarquia,

to carnavalesco não suscita qualquer dúvida" (2010, p. 151), que nele descobriu-se "a natureza dialógica da verdade e do pensamento" (2010, p. 151), que seus personagens são "ideólogos" (2010, p. 126), e que se tratava de um gênero sincrético (2010, p. 127). Uma possível explicação para essa mudança é a diminuição da influência do texto de Nikolai Berdiáiev sobre o texto de Bakhtin na edição de 1963.

[9] Considerando que Ivánov (1916) caracterizou a obra de Dostoiévski como romance-tragédia e que seu texto é posterior ao de Chestóv (1903), pode ter ocorrido uma interlocução entre esses dois autores.

em que a psicologia tende a ocupar uma posição subalterna." (Chestóv, 2016 [1903], pp. 52-3)

"A atividade literária de Dostoiévski pode ser dividida em dois períodos. O primeiro começa com *Gente pobre* e termina com *Escritos da casa morta*. O segundo começa com *Memórias do subsolo* e termina com o 'Discurso sobre Púchkin', essa sombria apoteose de toda a obra de Dostoiévski." (Chestóv, 2016 [1903], pp. 25-6)

Para Chestóv, Dostoiévski introduz uma nova visão de mundo, a qual ele associa com as ideias do filósofo alemão Friedrich Nietzsche, esclarecedor de muitos aspectos que haviam sido antecipados pelo escritor russo. Em ambos predomina uma filosofia das contradições, em que está ausente a estabilidade e o equilíbrio, causando estranhamento. Ao comentar a cronologia da obra de Dostoiévski, Chestóv defende que é em *Memórias do subsolo* que ocorre a passagem da era da "razão e da consciência" para a era da "psicologia", com todas as suas contradições e instabilidades.

Bakhtin relê essas duas mudanças radicais em termos de uma ruptura na "visão artística" (Bakhtin, 1929, p. 93) e no estabelecimento de "novos princípios de combinação artística dos elementos e de construção do todo" (Bakhtin, 1929, p. 100). Assim como Chestóv, Bakhtin também reconhece uma mudança radical operada por Dostoiévski, mas vê essa mudança nos princípios artísticos de sua obra, rejeitando, por um lado, o "ideologismo estreito, que busca antes de tudo lampejos e entendimentos puramente filosóficos" (Bakhtin, 1929, p. 52), e, por outro, a "abordagem formalista estreita", que "não é capaz de ir além da periferia dessa forma" (Bakhtin, 1929, p. 52). O propósito de Bakhtin é atingir "a ideologia que determinou sua forma artística, sua construção romanesca excepcionalmente complexa e totalmente nova", "a inovação revolucionária no campo do romance como forma artística" (Bakhtin, 1929, p. 52).

Por fim, Bakhtin também percebe uma mudança qualitativa na construção dos personagens a partir da novela *Memórias do subsolo*:

> "Em *Memórias do subsolo*, a polêmica com o outro sobre o tema de si próprio torna-se mais complexa mediante a polêmica com o outro sobre o tema do mundo e da sociedade. O personagem do subsolo, diferentemente de Diévuchkin e Golyádkin, é um ideólogo." (Bakhtin, 1929, p. 243)

Para Bakhtin, a mudança consiste no surgimento dos personagens-ideólogos, que estão em constante diálogo polêmico consigo e com os outros. Segundo Bakhtin, a revolta do homem do subsolo volta-se contra uma "ordem do mundo" (1929, p. 244) ou uma natureza, bem como contra a "vontade alheia" (1929, p. 244), que o determinariam.

* * *

Assim como o romance polifônico de Dostoiévski só se revela uma inovação contra o fundo da tradição romanesca ocidental, a novidade e a profundidade do conceito bakhtiniano de romance polifônico podem ser melhor avaliadas ao conhecermos o contexto acadêmico russo-soviético de sua formulação.

A primeira descoberta relevante é a notícia da redação de um trabalho sobre Dostoiévski por Bakhtin já em 1922. Esse dado aponta dois elementos importantes de POD: por um lado, sua ligação estreita com os textos filosóficos de Bakhtin do início dos anos 1920, como bem apontou Botcharov (2017); por outro, considerando a ausência do termo "polifonia" nos trabalhos de Bakhtin anteriores a POD, conforme observação de Nikoláiev (1996), que a abordagem de Dostoiévski sofreu uma alteração significativa no final dos anos 1920.

Em conexão com esse segundo aspecto está o fato de que a perspectiva bakhtiniana do romance polifônico de Dostoiévski, quando lida em diálogo com filósofos e teóricos da literatura estudiosos do romancista, destaca-se pelas finas análises da palavra, do enunciado, do diálogo e do discurso. Bakhtin não foi o primeiro a propor que a polifonia, o contraponto de vozes e a relação eu/outro eram princípios norteadores da arte de Dostoiévski. Contudo, sua teoria da polifonia demonstra, por meio de análises estilísticas e metalinguísticas e com a ajuda de exemplos concretos retirados de textos de Dostoiévski, como esses princípios filosóficos, ideológicos, antropológicos e políticos adquiriram uma forma artística. Enquanto escritor literário, Dostoiévski soube, com sua arte, pressentir uma mudança radical na visão sobre o homem e o mundo. Embora essa mudança tivesse sido apontada por filósofos russos como Berdiáiev, Chestóv e Solovióv, foi Bakhtin quem melhor e mais profundamente soube descobrir e descrever essa inovação artística que materializou a guinada filosófica. A pesquisadora russa Natália Boniétskaia levantou, de modo pertinente, as inovações de Bakhtin em relação à tradição de estudos de Dostoiévski na Rússia: a existência ética desenvolvida nos trabalhos do início dos anos 1920, o diálogo ético elevado, a linha cômico-carnavalizada da cultura popular no texto de 1963, o predomínio do espírito da sátira menipeia. A nosso ver, é necessário acrescentar as originais e sofisticadas análises estilísticas e metalinguísticas.

Fundadas sobre uma ética da criação artística ou literária, as análises estilísticas e metalinguísticas de POD — com foco em diversos aspectos da palavra (o estilo como relação do autor com o material, como expressão da relação do autor com o mundo dos outros) — já estavam projetadas no

Problemas da obra de Dostoiévski: gênese do texto

texto "O autor e o personagem na atividade estética", e ganham uma reacentuação no espírito de outros dois textos publicados quase simultaneamente por Pável Medviédev — *O método formal nos estudos literários*, de 1928 — e Valentin Volóchinov — *Marxismo e filosofia da linguagem*, de 1929. A principal reacentuação é o conceito de enunciado artístico e concreto em que o estilo é analisado por meio das relações dialógicas entre eles.

Por fim, as análises bakhtinianas do romance polifônico primam por uma olhar atento aos aspectos inconclusos, inacabados, sempre em processo de transformação, singulares e plurais, do homem e da sociedade. Diante da tragédia causada pelo isolamento e pelo individualismo, Bakhtin propõe um olhar próprio: a polifonia e as relações dialógicas, que procuram dar conta da possibilidade de uma convivência tensa de ideias personalizadas em meio ao conflito de visões de mundo. Assim como a ética artística de Dostoiévski projeta uma forma que olha para o futuro, o conceito de polifonia bakhtiniano é elaborado para compreender um mundo em constante transformação, plural, inconcluso, repleto de singularidades em diálogo igualitário entre si, que lembra muito as formulações do psicanalista brasileiro Jorge Forbes (2012), pensador das transformações contemporâneas do mundo que ele entende ser baseado em laços sociais horizontais, em padrões múltiplos, flexível, arriscado e responsável. Nesse quadro, a polifonia de Bakhtin revela-se surpreendentemente atual e potente.

Referências

A VIDA DA ARTE. Vitebsk, 22-28/08/1922, p. 4.

ASKÓLDOV, S. A. "A significação ético-religiosa de Dostoiévski". In: DOLÍNIN, A. S. *F. M. Dostoiévski: artigos e materiais*, vol. I. São Petersburgo: Mysl, 1922, pp. 1-32.

_____. "A psicologia dos caráteres em Dostoiévski". In: DOLÍNIN, A. S. F. M. *Dostoiévski: artigos e materiais*, vol. II. Leningrado: Mysl, 1924, pp. 5-27.

BAKHTIN, M. M. *Problemas da obra de Dostoiévski*. Leningrado: Priboi, 1929.

_____. *Estética da criação verbal*. Trad. P. Bezerra. 4ª ed. São Paulo: Martins Fontes, 2003 [1922].

_____. *Obras reunidas*, vol. II. Moscou: Russkie Slovari, 2000. Organizadores: S. G. Botcharov, L. S. Miélikhova, V. L. Mákhlin e B. Pul.

_____. *Obras reunidas*, vol. I. Moscou: Russkie Slovari/Iaziki Slavianskoi Kultury, 2003 [1923-24]. Organizadores: S. S. Averentsev, L. A. Gogotichvíli, V. V. Liapunov, V. L. Mákhlin e N. I. Nikoláiev.

_____. *Obras reunidas*, vol. VI. Moscou: Russkie Slovari/Iaziki Slavianskoi Kultury, 2002. Organizadores: S. G. Botcharov e V. V. Kójinov.

_____. *Problemas da poética de Dostoiévski*. 5ª ed. Tradução, notas e prefácio P. Bezerra. Rio de Janeiro: Forense Universitária, 2010 [1963].

_____. *Mikhail Bakhtin. Seleção vol. II. A poética de Dostoiévski*. Moscou: Tsentr Gumanitarnykh Initsiativ, 2017.

_____. *Problemas da poética de Dostoiévski*. Moscou: Eksmo, 2017.

_____. *Os gêneros do discurso*. Trad. P. Bezerra. São Paulo: Editora 34, 2016 [1952-53].

BERDIÁIEV, N. A. *A revelação do homem na obra de Dostoiévski*. Moscou: Trugram, 2018 [1918].

_____. *A visão de mundo de Dostoiévski*. Moscou: Trugram, 2018 [1921].

BONIÉTSKAIA, N. K. "O tema de Dostoiévski nos trabalhos de M. M. Bakhtin". In: *Mikhail Bakhtin. Seleção vol. II. A poética de Dostoiévski*. Moscou: Tsentr Gumanitarnykh Initsiativ, 2017, pp. 5-12.

BOTCHAROV, S. G. "Comentários". In: BAKHTIN, M. M. *Problemas da poética de Dostoiévski*. Moscou: Eksmo, 2017, pp. 613-38.

CHESTÓV, L. I. *Dostoiévski e Nietzsche: a apoteose da falta de base*. São Petersburgo: Azbuka, 2016 [1903].

DOSTOIÉVSKI, F. *Memórias do subsolo*. Trad. B. Schnaiderman. São Paulo: Editora 34, 2000 (5ª ed., 2007).

FORBES, J. *Inconsciente e responsabilidade: psicanálise do século XXI*. Barueri: Manole, 2012.

GROSSMAN, L. P. *O caminho de Dostoiévski*. Leningrado: Brokgauz-Efron, 1924.

_____. *A poética de Dostoiévski*. Moscou: GAKhN, 1925. Disponível em: <http://az.lib.ru/g/grossman_l_p/text_1925_poetika_dostoevskogo.shtml>. Acesso em: 12/1/2022.

HUMBOLDT, W. V. *Sobre a distinção dos organismos da linguagem humana e a influência dessa distinção para o desenvolvimento intelectual do gênero humano. Introdução à linguística geral*. Trad. P. S. Biliarski. 2ª ed. Moscou: Librokom, 2013 [1859].

_____. *Kontseptsiia obschego iazikovaniia: tseli, soderjanie, struktura. Izbrannie perevodi*. Trad. intr. e notas L. P. Lobanova. Moscou: Leningrado, 2018.

IVÁNOV, V. V. *Pelas estrelas: artigos e aforismos*. São Petersburgo: Ory, 1909.

_____. "Dostoiévski e o romance-tragédia". In: *Cesuras e limites: ensaios estéticos e críticos*. Moscou: Mussaget, 1916, pp. 3-61.

KOMARÓVITCH, V. L. "O poema não escrito de Dostoiévski". In: DOLÍNIN, A. S. *F. M. Dostoiévski. Artigos e materiais*, vol. I. São Petersburgo: Mysl, 1922, pp. 177-207.

_____. "Roman Dostoiévskogo *Podróstok*, kak khudójestvennoie edínstvo". In: DOLÍNIN, A. S. *F. M. Dostoiévski. Artigos e materiais*, vol. II. Leningrado: Mysl, 1924, pp. 31-68.

KONKIN, S. S.; KONKINA, L. S. *Mikhail Bakhtin: páginas da vida e da obra*. Saransk: Mordovskoe Izdatelstvo, 1993.

KOROVACHKO, A. *Mikhail Bakhtin*. Moscou: Molodaia Gvardiia, 2017.

MEDVIÉDEV, P. N. *O método formal nos estudos literários: introdução crítica a uma poética sociológica*. Trad. S. C. Grillo e E. V. Américo. São Paulo: Contexto, 2012 [1928].

NIETZSCHE, F. *Obra reunida completa. Vol. 1. O nascimento da tragédia*. Moscou: Kulturnaia Revoliutsia, 2012.

NIKOLÁIEV, N. I. "Dostoiévski e a Antiguidade como tema de Pumpiánski e Bakhtin (1922-1963)". *Voprossi Literaturi*, nº 3, 1996, pp. 115-27.

PUMPIÁNSKI, L. V. *Dostoiévski e a Antiguidade*. São Petersburgo: Zamysly, 1922.

SOLOVIÓV, V. S. *Três discursos em memória de Dostoiévski*. Moscou: Universitetskaia Tipografiia, 1884. Disponível em: <http://www.vehi.net/soloviev/trirechi.html>. Acesso em: 12/1/2022.

VASSÍLIEV, N. L. "Observações de leitura em razão dos livros de M. M. Bakhtin *Problemas da obra/da poética de Dostoiévski*", Colóquio Internacional "90 anos de *Problemas da obra de Dostoiévski* (1929-2019)", 2019.

VOLÓCHINOV, V. N. *Marxismo e filosofia da linguagem: problemas fundamentais do método sociológico na ciência da linguagem.* Trad. S. C. Grillo e E. V. Américo. 2ª ed. São Paulo: Editora 34, 2018 [1929].

Problemas da obra de Dostoiévski

Prefácio

O presente livro se limita a abordar apenas os problemas teóricos da criação de Dostoiévski. Tivemos que excluir todos os problemas históricos. No entanto, isso não significa que consideramos metodologicamente correto e normal esse modo de análise. Ao contrário, acreditamos que todo problema teórico deve ser necessariamente orientado por uma perspectiva histórica. Entre as abordagens sincrônica e diacrônica de uma obra literária deve haver um vínculo ininterrupto e uma rigorosa dependência recíproca. Contudo, esse é o ideal metodológico. Na prática, ele nem sempre é realizável. Aqui, considerações puramente técnicas às vezes nos obrigam a delimitar de modo abstrato o problema teórico e sincrônico, e explorá-lo autonomamente. Foi assim que procedemos. Entretanto, o ponto de vista histórico foi sempre levado em conta por nós; mais ainda, ele serviu como um pano de fundo, contra o qual compreendemos cada fenômeno por nós analisado. Esse contexto, no entanto, não entrou no livro.

Nos limites do presente livro, os próprios problemas teóricos foram apenas apresentados. É verdade que tentamos apontar uma solução para eles, porém, apesar disso, não nos sentimos no direito de nomear nosso livro de outro modo a não ser como *Problemas da obra de Dostoiévski*.[1]

---

[1] A respeito do título, ver a "Nota das tradutoras", pp. 7-8 desta edição. (N. da T.)

A convicção que serve de base à presente análise é que toda criação literária é interna e imanentemente sociológica. Nela cruzam-se forças sociais vivas, cada elemento da sua forma está permeado por avaliações sociais vivas. É por isso que uma análise puramente formal deve tomar cada elemento da estrutura artística como um ponto de refração das forças sociais vivas, como um cristal artificial cujas faces foram construídas e lapidadas de modo a refratar determinados raios das avaliações sociais, e refratá-los de um determinado ângulo.

Até o presente momento, a criação de Dostoiévski foi objeto de uma abordagem e de uma elucidação ideológica estreitas. Interessaram-se mais pela ideologia que encontrou sua expressão imediata nas declarações de Dostoiévski (mais precisamente, de seus personagens). Até o momento, permanece totalmente obscura a ideologia que determinou sua forma artística, sua construção romanesca excepcionalmente complexa e totalmente nova. Uma abordagem formalista estreita não é capaz de ir além da periferia dessa forma. Já um ideologismo estreito, que busca antes de tudo lampejos e entendimentos puramente filosóficos, não se apropria justamente daquilo que, na criação de Dostoiévski, sobreviveu à ideologia filosófica e sociopolítica do autor: a inovação revolucionária no campo do romance como forma artística.

Na primeira parte do livro apresentaremos a concepção geral do novo tipo de romance que Dostoiévski criou. Na segunda parte detalharemos nossa tese em análises concretas da palavra e suas funções sociais nas obras de Dostoiévski.

Parte I

O romance polifônico de Dostoiévski
(colocação do problema)

1

A principal particularidade da criação de Dostoiévski e sua elucidação na literatura crítica

Ao analisar a ampla literatura sobre Dostoiévski, tem-se a impressão de que se trata não de *um* autor-artista que escreveu romances e novelas, mas de todo um conjunto de proposições filosóficas de *vários* pensadores-autores: Raskólnikov, Míchkin, Stavróguin, Ivan Karamázov, o Grande Inquisidor e outros. Para o pensamento crítico-literário, a criação de Dostoiévski se desintegrou em uma série de filosofemas autônomos e contraditórios entre si, que seus personagens nos apresentam. Entre eles, a concepção filosófica do próprio autor está longe de vir em primeiro lugar. Para alguns, a voz do próprio Dostoiévski se funde com as vozes dos seus diversos personagens; para outros, ela é uma síntese peculiar de todas essas vozes ideológicas; e para outros, ainda, o autor é simplesmente abafado por elas. Costuma-se polemizar com os personagens, aprender com eles, tentar desenvolver suas concepções até chegarem a um sistema acabado. O personagem é uma autoridade ideológica e autônoma, é percebido como o autor de um ideologema próprio, de grande peso, e não como objeto da visão artística concludente de Dostoiévski. Para a consciência dos críticos, a intencionalidade direta e de grande peso das palavras do personagem rompe o plano monológico do romance e provoca uma resposta imediata, como se o personagem não fosse objeto da palavra do autor, mas um arauto de pleno valor e com plenos direitos às próprias palavras.

B. M. Engelhardt realça de modo totalmente justo essa particularidade da literatura sobre Dostoiévski. Segundo ele, "ao analisar a literatura crítica russa sobre as obras de Dostoiévski é fácil observar que ela, com algumas poucas exceções, não se eleva acima do nível espiritual dos seus personagens preferidos. Ela não prevalece sobre o material que tem diante de si, mas o material a domina por completo. Ela ainda aprende tudo com Ivan Karamázov e Raskólnikov, com Stavróguin e o Grande Inquisidor, enredando-se nas contradições nas quais eles próprios se enredaram, permanecendo perplexa diante dos problemas que lhes são insolúveis e curvando-se respeitosamente diante de suas vivências complexas e atormentadoras".[2]

Essa particularidade da literatura crítica sobre Dostoiévski não pode ser explicada apenas pela impotência metodológica do pensamento crítico, nem julgada como uma violação total da vontade artística do autor. Não, ela responde a uma orientação habitual daqueles que apreciam a obra de Dostoiévski, e essa orientação, por sua vez, apesar de estar longe de ser adequada, capta a mais essencial particularidade estrutural dessas obras artísticas.

A multiplicidade de vozes e consciências autônomas e imiscíveis, a polifonia autêntica de vozes plenivalentes, é efetivamente a particularidade fundamental dos romances de Dostoiévski. Não é uma grande quantidade de destinos e vidas em um único mundo objetivo à luz de uma única consciência autoral que se desenrola em suas obras, mas é justamente uma *multiplicidade de consciências com direitos iguais e seus mundos* que se reúnem aqui, conservando sua imisci-

---

[2] B. M. Engelhardt, "Ideologuítecheskii roman Dostoiévskogo" ["O romance ideológico de Dostoiévski"]. Ver *F. M. Dostoiévski. Statií i materiáli* [*F. M. Dostoiévski. Artigos e materiais*], vol. II, coletânea organizada por A. S. Dolínin, Leningrado, Mysl, 1924, p. 71.

bilidade na unidade de um certo acontecimento/coexistência.[3] No próprio projeto criativo de Dostoiévski, os principais personagens são, de fato, *não apenas objetos da palavra autoral, mas sujeitos de suas próprias palavras imediatamente significativas*. Por isso, a palavra do personagem não se esgota, em absoluto, nas funções habituais de caracterização e de composição do enredo, mas tampouco serve à expressão da posição ideológica do próprio autor (como em Byron, por exemplo). A consciência do personagem é dada como outra, uma consciência alheia, mas ao mesmo tempo ela não se objetifica, não se fecha, não se torna um simples objeto da consciência do autor.

Dostoiévski é o criador do *romance polifônico*. Ele criou um gênero romanesco completamente novo. Por isso sua criação não se enquadra em nenhuma delimitação, não se subordina a nenhum dos esquemas histórico-literários que nos acostumamos a aplicar aos fenômenos do romance europeu. Nas suas obras, surge um personagem, cuja voz é construída do mesmo modo como se constrói a voz do próprio autor no romance de tipo habitual, e não a do seu personagem. A palavra do personagem sobre si e sobre o mundo é plenivalente, assim como a palavra autoral habitual; ela não é subordi-

---

[3] Aqui, pela primeira vez, aparece o termo russo *sobítie*, um dos conceitos-chave da filosofia de Bakhtin, formulado principalmente em *Por uma filosofia do ato*. Em russo, o significado primeiro do termo é "acontecimento" ou "evento". No entanto, pela etimologia da palavra [*so + bitié*] também pode ser "coexistência". Em sua tradução do livro para o inglês, Caryl Emerson já havia apontado essa dupla possibilidade de tradução do termo em uma nota (p. 6), embora tenha optado pela palavra "event". Na tradução brasileira de Paulo Bezerra, a palavra foi vertida para "acontecimento". Na versão espanhola, foi escolhido o termo "acontecimiento"; na italiana, "evento". Em razão dessa dupla possibilidade, conforme o contexto utilizamos um ou outro termo, e por vezes os trazemos juntos, separados por uma barra. Ver verbete "acontecimento/coexistência". (N. da T.)

A principal particularidade da criação de Dostoiévski

nada à imagem objetiva do personagem, como uma de suas características, mas também não serve de porta-voz ao autor. Essa palavra possui uma autonomia excepcional na estrutura da obra, ela soa como se estivesse ao lado da palavra do autor, com a qual se une em especial, assim como com as vozes plenivalentes dos outros personagens.

Disso decorre que, no mundo de Dostoiévski, as habituais conexões pragmáticas de composição do enredo, de ordem objetual ou psicológica, são insuficientes, pois essas conexões pressupõem uma objetividade, uma objetificação dos personagens no projeto autoral, elas conectam e compõem as imagens de pessoas na unidade de um mundo que é percebido e compreendido monologicamente, e não a multiplicidade de consciências plenivalentes e seus mundos. Nos romances de Dostoiévski, o pragmatismo habitual do enredo desempenha um papel secundário e possui funções específicas, e não habituais. Já esses últimos vínculos, que criam a unidade do mundo romanesco, são de outro gênero: o acontecimento fundamental revelado pelo seu romance não é passível de uma interpretação pragmática do enredo.

Além disso, a própria orientação da narração — não importa se ela é conduzida pelo autor, pelo narrador ou por um dos personagens — deve ser completamente diferente daquela dos romances de tipo monológico. Essa posição — por meio da qual é conduzida a narração, é construída a representação ou é apresentada uma informação — deve ser orientada de um modo novo em relação a esse novo mundo: um mundo de sujeitos com plenos direitos e não de objetos. A palavra de *skaz*, a palavra representativa e a palavra informativa devem produzir uma nova relação com seu objeto.

Desse modo, todos os elementos da estrutura romanesca em Dostoiévski são profundamente peculiares; todos são determinados pelo novo objetivo artístico, que somente ele soube colocar e resolver em toda a sua amplitude e profundidade: a tarefa de construir um mundo polifônico e destruir as formas constituídas do romance europeu, predominantemente *monológico* (ou monofônico).[4]

Da perspectiva de uma visão e de uma compreensão coerentemente monológica do mundo representado e do cânone monológico de construção do romance, o mundo de Dostoiévski deve ser percebido como um caos, e a construção dos seus romances, como um conglomerado monstruoso dos materiais os mais heterogêneos e de princípios de formalização os mais incompatíveis. A organicidade, a coerência e a integridade profundas da sua poética só podem ser compreendidas à luz do objetivo artístico fundamental de Dostoiévski, formulado por nós.

Essa é a nossa tese. Antes de desenvolvê-la no material produzido por Dostoiévski, examinaremos o modo como a particularidade fundamental da sua criação, sustentada por nós, refratou-se na literatura crítica sobre ele. Não pretendemos realizar nenhum panorama completo da bibliografia sobre Dostoiévski. Dos novos trabalhos sobre ele, russos e estrangeiros, nos deteremos apenas em alguns, justamente naqueles que se aproximaram mais da particularidade fundamental de Dostoiévski como a compreendemos. Desse modo, a escolha foi feita a partir do ponto de vista da nossa tese e, portanto, de uma perspectiva subjetiva. No entanto, nesse caso, a subjetividade da escolha é tanto inevitável quanto le-

---

[4] Obviamente, isso não significa que Dostoiévski está isolado na história do romance e que o romance polifônico criado por ele não tem precursores. No entanto, aqui devemos nos desviar de questões históricas. Para localizar corretamente Dostoiévski na história e revelar as conexões *essenciais* com seus precursores e contemporâneos, é preciso, antes de tudo, revelar sua peculiaridade, é preciso mostrar Dostoiévski em Dostoiévski; ainda que a definição dessa particularidade, anterior às pesquisas histórias amplas, tenha somente um caráter preliminar e orientador. Sem tal orientação preliminar, a pesquisa histórica degenera em um série desconexa de comparações fortuitas.

A principal particularidade da criação de Dostoiévski

gítima, pois não daremos aqui nem um esboço histórico tampouco uma visão panorâmica. Para nós é importante apenas orientar a nossa tese, o nosso ponto de vista, entre aqueles já existentes na bibliografia sobre a criação de Dostoiévski. No processo dessa orientação, esclareceremos aspectos particulares da nossa tese.

Até pouco recentemente, a bibliografia crítica sobre Dostoiévski era uma resposta ideológica imediata às vozes dos seus personagens, de modo a perceber objetivamente as particularidades artísticas da sua nova estrutura romanesca. Além disso, ao tentar orientar-se teoricamente nesse novo mundo de múltiplas vozes, ela não encontrou outro caminho a não ser monologizar esse mundo à maneira habitual, isto é, assimilar uma obra com uma vontade artística essencialmente nova a partir do ponto de vista da vontade velha e habitual. Alguns, escravizados pelo próprio aspecto conteudístico das opiniões ideológicas de personagens isolados, tentaram reduzi-los a um todo sistematicamente monológico, ignorando a multiplicidade essencial das consciências imiscíveis, que entra justamente no projeto criativo do artista. Outros, que não se deixaram levar pela fascinação ideológica imediata, transformaram as consciências plenivalentes dos personagens em psiquismos objetificados, percebidos de modo objetivo, e compreenderam o mundo de Dostoiévski como o mundo habitual do romance europeu realista sociopsicológico. No primeiro caso, no lugar de uma coexistência marcada pela interação de consciências plenivalentes, chegou-se ao monólogo filosófico; no segundo, a um mundo objetivo compreendido monologicamente, que se correlaciona com uma consciência autoral una e única.

Tanto o filosofar entusiasmado com os personagens quanto a análise psicológica e psicopatológica objetivamente imparcial são igualmente incapazes de penetrar a arquitetônica puramente artística das obras de Dostoiévski. O entusiasmo de certos leitores não é capaz de perceber a visão de mundo objetiva e autenticamente realista das consciências alheias; já o realismo de outros permanece "na superfície". É totalmente compreensível que tanto os temas quanto outros problemas puramente artísticos ou não sejam abordados em absoluto, ou sejam tratados de modo apenas fortuito e superficial.

A monologização filosófica é o caminho fundamental da bibliografia crítica sobre Dostoiévski. Foram por esse caminho [Vassili] Rôzanov, [Akim] Volínski, [Dmitri] Merejkóvski, [Lev] Chestóv etc. Ao tentarem inserir à força a multiplicidade de consciências mostrada pelo artista nos moldes sistêmico-monológicos de uma única visão de mundo, esses pesquisadores precisaram recorrer ou à antinomia ou à dialética. Das consciências concretas e integrais dos personagens (e do próprio autor) foram extirpadas as teses ideológicas, que ou eram dispostas numa ordem dialética dinâmica ou eram opostas entre si, como antinomias absolutas não elimináveis. No lugar da interação de algumas consciências imiscíveis, era posta a inter-relação de ideias, pensamentos e posições pertencentes a uma única consciência.

De fato, tanto a dialética quanto a antinomia estão presentes no mundo de Dostoiévski. O pensamento dos seus personagens é realmente dialético, e às vezes antinômico. No entanto, todas as relações lógicas permanecem nos limites de consciências isoladas e não regem as inter-relações no plano da coexistência entre elas. O mundo de Dostoiévski é profundamente personalista. Ele percebe e representa todo pensamento como a posição de um indivíduo. Por isso, mesmo nos limites das consciências isoladas, a série dialética ou antinômica é apenas um aspecto abstrato, entrelaçado de modo inseparável a outros aspectos da consciência integral e concreta. Por meio dessa consciência concreta encarnada, uma série lógica comunga com a unidade da coexistência, representada na voz viva do homem integral. O pensamento envolvido na coexistência se torna parte dela e adquire esse caráter particular da "ideia-sentimento", da "ideia-força", que cria a peculiaridade irrepetível da "ideia" no mundo criado de Dostoiévski. Ao ser retirada da interação de consciências no plano da coexistência e inserida à força em um contexto sistêmico-monológico, mesmo considerando a dialética, a ideia inevitavelmente perde sua particularidade e se transforma em uma afirmação filosófica ruim. Por isso todas as grandes monografias sobre Dostoiévski, concebidas na linha de uma monologização filosófica de sua criação, ajudam muito pouco na compreensão da particularidade estrutural do seu mundo artístico, formulada por nós. É verdade que essa particularidade engendrou todas essas pesquisas, mas adquiriu nelas a menor conscientização possível.

Essa conscientização começa com a tentativa de realizar uma abordagem mais objetiva da criação de Dostoiévski, e não somente com as ideias em si, mas com as obras, como uma totalidade artística.

Viatcheslav Ivánov[5] foi o primeiro a apalpar a particularidade estrutural fundamental do mundo artístico de Dostoiévski, porém apenas de vislumbre. Ele definiu o realismo de Dostoiévski como um realismo fundado não no conhecimento (objetivo), mas na "penetração". O princípio da visão de mundo de Dostoiévski é afirmar o outro "eu" não como objeto, mas como outro sujeito. Afirmar o outro "eu" — "tu és" — é a tarefa que, segundo Ivánov, os personagens de Dostoiévski devem executar de modo a superar seu solipsismo ético, sua consciência "idealista" isolada, e fazer com que a outra pessoa deixe de ser sombra e se transforme em realidade verdadeira. Na base das catástrofes trágicas de Dos-

---

[5] Cf. seu trabalho "Dostoiévski i roman-traguiédiia" ["Dostoiévski e o romance-tragédia"], no livro *Bórozdi i miéji* [*Cesuras e limites*], Moscou, Mussaget, 1916.

toiévski há sempre o isolamento solipsístico da consciência do personagem, seu fechamento em um mundo próprio.[6]

Desse modo, a afirmação da outra consciência como um sujeito com plenos direitos, e não como objeto, é o postulado ético-religioso que determina o *conteúdo* do romance (a catástrofe da consciência isolada). Esse é o princípio da visão de mundo do autor, a partir do qual ele compreende o mundo dos seus personagens. Consequentemente, Ivánov mostra apenas uma refração temática desse princípio no conteúdo do romance, e ainda de um modo predominantemente negativo, uma vez que os personagens sofrem suas derrocadas por não poderem afirmar o outro — "tu és" — por completo. A afirmação (e a não afirmação) do outro "eu" pelo personagem é o tema da obra de Dostoiévski.

Entretanto, esse tema é totalmente possível também no romance de tipo puramente monológico e, de fato, é tratado reiteradamente nele. Como postulado ético-religioso do autor e como tema conteudístico da obra, a afirmação da outra consciência ainda não cria uma nova forma, um novo tipo de construção do romance.

Infelizmente, Ivánov não demonstrou como esse princípio da visão de mundo de Dostoiévski se transforma em princípio da visão de mundo artística e da construção artística do todo verbal do romance. Com efeito, ele é essencial para o teórico da literatura somente nessa forma, na forma do princípio da construção literária concreta, e não como princípio ético-religioso de uma visão de mundo abstrata. E somente nessa forma ele pode ser revelado objetivamente no material empírico de obras literárias concretas.

Contudo, Viatcheslav Ivánov não fez isso. No capítulo dedicado ao "princípio da forma", apesar de uma série de observações valiosas, ele ainda compreende o romance de

---

[6] Cf. o livro citado, pp. 33-4.

Dostoiévski dentro dos limites do tipo monológico. A reviravolta artística radical realizada por Dostoiévski permaneceu incompreendida em sua essência. A definição do romance de Dostoiévski dada por Ivánov, o "romance-tragédia", nos parece profundamente incorreta.[7] Ela é característica enquanto tentativa de reduzir uma nova forma artística a uma vontade artística já conhecida. Disso resulta que o romance de Dostoiévski se torna uma espécie de híbrido artístico.

Desse modo, Viatcheslav Ivánov, ao encontrar uma definição profunda e verdadeira para o princípio fundamental de Dostoiévski — afirmar o outro "eu" não como objeto, mas como outro sujeito — monologizou esse princípio, isto é, incluiu-o na visão de mundo formulada monologicamente pelo autor, e o compreendeu apenas como tema conteudístico representado do ponto de vista da consciência de mundo autoral monológica.[8] Além disso, ele relacionou seu conceito a uma série de afirmações metafísicas e éticas imediatas, que não resistem a nenhuma verificação objetiva no próprio material da obra de Dostoiévski.[9] A tarefa artística de construir um romance polifônico, a qual Dostoiévski foi o primeiro a solucionar, permaneceu não revelada.

S. Askóldov define a particularidade fundamental de Dostoiévski de modo semelhante a Ivánov.[10] Contudo, ele

[7] Adiante, faremos uma análise crítica dessa definição de Viatcheslav Ivánov.

[8] Viatcheslav Ivánov comete aqui um típico erro metodológico; da visão de mundo do autor, ele passa imediatamente para o conteúdo de sua obra, sem tocar na forma. Em outros casos, Ivánov compreende mais corretamente a inter-relação entre a visão de mundo e a forma.

[9] Por exemplo, assim seria a afirmação de Ivánov, de que os personagens de Dostoiévski são os duplos multiplicados do próprio autor, o qual se transfigurara e como que abandonara em vida o seu invólucro terrestre. Cf. o livro citado, pp. 38, 40.

[10] Ver seu artigo "Religuiózno-etítcheskoe znatchiénie Dostoiévsko-

também permanece dentro dos limites da visão de mundo ético-religiosa monologizada de Dostoiévski, e interpreta monologicamente o conteúdo de sua obra.

"A primeira tese ética de Dostoiévski — diz Askóldov — é algo, à primeira vista, mais formal, porém, em um certo sentido, mais importante. 'Seja um indivíduo' — ele nos fala com todas as suas considerações e simpatias."[11] Segundo Askóldov, o indivíduo se diferencia do caráter, do tipo e do temperamento, que normalmente são objetos de representação na literatura, pela sua excepcional liberdade interna e sua completa independência do meio exterior.

Consequentemente, é esse o princípio da visão de mundo ética do autor. Dessa visão de mundo, Askóldov passa imediatamente ao conteúdo dos romances de Dostoiévski e demonstra como e graças a que os seus personagens, na *vida*, formam-se como indivíduos e revelam-se como tais. Assim, o indivíduo inevitavelmente entra em conflito com o meio exterior e, acima de tudo, em conflito exterior com tudo aquilo que é comumente aceito. Disso decorre que o "escândalo" — essa primeira e mais externa revelação do *páthos* do indivíduo — desempenha um papel enorme nas obras de Dostoiévski.[12] De acordo com Askóldov, na vida, a revelação mais profunda do *páthos* de um indivíduo é o crime: "O crime nos romances de Dostoiévski é a colocação cotidiana do problema ético-religioso. O castigo é a forma de sua resolução. Por isso, tanto um quanto outro são temas fundamentais da criação de Dostoiévski...".[13]

go" ["A significação ético-religiosa de Dostoiévski"] em *F. M. Dostoiévski. Statií i materiáli* [*F. M. Dostoiévski. Artigos e materiais*], coletânea organizada por A. S. Dolínin, vol. I, São Petersburgo, Mysl, 1922.

[11] *Idem*, p. 2.

[12] *Idem*, p. 5.

[13] *Idem*, p. 11.

Desse modo, o tempo todo são abordados os modos de revelação do indivíduo na própria vida, e não os modos de sua visão artística e de representação nas condições de uma determinada construção artística, ou seja, do romance. Além disso, a própria inter-relação entre a visão de mundo autoral e o mundo dos personagens é representada incorretamente. O caminho típico do romance monológico de tipo romântico é: passar de modo imediato do *páthos* do indivíduo segundo a visão de mundo do autor para o *páthos* cotidiano dos seus personagens, e daqui novamente para uma conclusão monológica do autor. Contudo, isso é o que está mais distante do caminho de Dostoiévski.

Segundo Askóldov, "Dostoiévski, por meio de todas as suas simpatias e avaliações artísticas, proclama uma tese muito importante: o vilão, o santo, o pecador comum, que levaram até o último limite o seu princípio individual, ainda assim têm um valor igual justamente na qualidade de indivíduo, em oposição às correntes turvas do meio exterior, que a tudo nivela".[14]

Esse gênero de proclamação foi feito pelo romance romântico, que conheceu a consciência e a ideologia somente como *páthos* e conclusão do autor, e o personagem, apenas como a realização do *páthos* autoral ou objeto da conclusão do autor. São justamente os românticos que dão uma expressão imediata às suas simpatias e avaliações artísticas na própria realidade representada, objetivando e reificando tudo aquilo em que eles não podem introduzir uma ênfase da própria voz.

A peculiaridade de Dostoiévski não consiste no fato de que ele proclamou de modo monológico o valor do indivíduo (isso já foi feito por outros antes dele), mas no fato de que ele soube vê-lo de modo objetivo-artístico e mostrá-lo

[14] *Idem*, p. 11.

como o outro, como outra pessoa, sem torná-lo lírico, sem fundir sua voz com a dele e, ao mesmo tempo, sem reduzi-la a uma atividade psíquica reificada. A avaliação elevada do indivíduo não surgiu pela primeira vez na visão de mundo de Dostoiévski, mas em seus romances foi realizada, pela primeira vez de modo pleno, a imagem artística da outra pessoa (se tomarmos esse termo de Askóldov) e de muitos indivíduos imiscíveis, reunidas na unidade do/a acontecimento/coexistência.

A autonomia interna impressionante dos personagens de Dostoiévski, notada por Askóldov, foi atingida por meio de certos recursos artísticos: em primeiro lugar, pela liberdade e autonomia deles em relação ao autor na própria estrutura do romance, ou, de modo mais preciso, em relação às habituais definições autorais exteriorizantes e concludentes. Certamente, isso não significa que o personagem fica de fora do projeto autoral. Não, essa autonomia e liberdade entram justamente no projeto autoral. É como se esse projeto predeterminasse a liberdade do personagem (é claro que relativa) e, como tal, o introduzisse no plano rigoroso e calculado do todo.

A liberdade relativa do personagem não destrói a precisão rigorosa da construção, assim como a presença de grandezas irracionais e transfinitas na sua composição não destrói a precisão rigorosa de uma fórmula matemática. Essa nova colocação do personagem não é atingida por meio da escolha do tema, tomado de modo abstrato (apesar de ele evidentemente ter uma importância), mas por meio de todo o conjunto de procedimentos artísticos individuais da construção do romance introduzidos pela primeira vez por Dostoiévski.

Desse modo, Askóldov monologiza o mundo artístico de Dostoiévski, transfere a dominante desse mundo para o sermão monológico e, com isso, rebaixa os personagens a simples paradigmas desse sermão. Askóldov compreendeu corretamente que o fundamental em Dostoiévski é a visão e a representação totalmente novas da pessoa interior, e, consequentemente, da coexistência que conecta as pessoas interiores, mas transferiu sua explicação disso para o plano da visão de mundo do autor e para o plano da psicologia dos personagens.

No artigo posterior de Askóldov, "A psicologia dos caracteres em Dostoiévski",[15] a análise também se limita às puras particularidades caracterológicas dos seus personagens e não revela os princípios de sua visão e representação artísticas. Assim como anteriormente, a diferença entre o indivíduo e o caráter, entre tipo e temperamento, é dada no plano psicológico. Entretanto, nesse artigo Askóldov se aproxima muito mais do material concreto dos romances, o que o torna repleto de observações valiosíssimas sobre as particularidades artísticas individuais de Dostoiévski. Contudo, a concepção de Askóldov não vai além de observações individuais.

É preciso dizer que a fórmula de Ivánov — afirmar o outro "eu" não como objeto, mas como outro sujeito: "tu és" —, apesar do caráter abstrato filosófico, é bem mais adequada do que a fórmula de Askóldov: "seja um indivíduo". A fórmula de Ivánov transfere a dominante para a outra pessoa; além disso, ela corresponde mais à abordagem *internamente dialógica* de Dostoiévski no que diz respeito à representação da consciência do personagem. Já a fórmula de Askóldov é mais monológica e transfere o centro de gravidade para a realização do próprio indivíduo, o que no plano da criação artística — se o postulado de Dostoiévski for realmente esse — resultaria em uma construção do romance de tipo subjetivamente romântico.

Por outro lado, do ponto de vista da própria construção artística dos romances de Dostoiévski, Leonid Grossman

---

[15] Na coletânea *F. M. Dostoiévski. Statií i materiáli* [*F. M. Dostoiévski. Artigos e materiais*], vol. II, *op. cit.*

aborda essa mesma particularidade fundamental. Para Grossman, Dostoiévski é, acima de tudo, o criador de um tipo peculiar e novo de romance. Segundo ele, "Parece que, como resultado da visão panorâmica de sua vasta atividade criativa e de todas as diferentes aspirações do seu espírito, somos obrigados a reconhecer que a importância principal de Dostoiévski não está na filosofia, na psicologia ou na mística, mas na criação de uma página nova e verdadeiramente genial na história do romance europeu".[16]

Grossman vê que a particularidade fundamental da poética de Dostoiévski consiste na violação da unidade orgânica do material, exigida pelo cânone habitual, na combinação de elementos heterogêneos e incompatíveis na unidade da construção romanesca, na violação do tecido único e integral da narração. Segundo ele, "Esse é princípio fundamental da sua composição romanesca: submeter os elementos polares e incompatíveis da narração à unidade do projeto filosófico e ao movimento de turbilhão dos acontecimentos. Reunir, em uma única criação artística, confissões filosóficas com aventuras criminais, incluir o drama religioso na fábula do relato de bulevar, conduzir-nos, por meio de todas as peripécias da narrativa de aventura, às revelações de um novo '*mystère* medieval' — são essas as tarefas artísticas que se apresentaram a Dostoiévski e o atraíram para um trabalho criativo complexo. Ao contrário de tradições primordiais da estética, que exigiam uma correspondência entre o material e a elaboração, que propunham uma unidade e, em todo caso, uma homogeneidade e uma semelhança dos elementos construtivos de dada construção artística, Dostoiévski junta os opostos. Ele lança um desafio decisivo ao cânone fundamental da teoria da arte. A sua tarefa, cuja superação apresenta a maior

[16] Ver Leonid Grossman, *Poétika Dostoiévskogo* [*A poética de Dostoiévski*], Moscou, Academia Estatal de Ciências Artísticas, 1925, p. 165.

dificuldade para o artista, é realizar, a partir de materiais heterogêneos, pluriacentuados e profundamente diferentes, uma criação artística una e integral. Esse é o motivo pelo qual o Livro de Jó, o Apocalipse de São João, os Evangelhos, os escritos de Simeão, o Novo Teólogo — tudo isso que alimenta as páginas de seus romances e dá o tom dos seus diferentes capítulos —, combinam-se de modo peculiar ao jornal, à anedota, à paródia, a cenas de rua, ao grotesco e até ao panfleto. Ele ousou lançar no seu cadinho elementos sempre novos, sabendo e acreditando que, no calor do seu trabalho criativo, fragmentos crus da realidade cotidiana, o sensacionalismo das narrativas vulgares e as páginas de inspiração divina dos livros sagrados iriam se fundir, integrar-se em uma nova composição e receber a marca profunda do seu estilo e tom pessoais".[17]

Essa é uma descrição magnífica das características da composição romanesca de Dostoiévski, porém, daí não foram tiradas conclusões, e as que foram estão incorretas.

De fato, é pouco provável que o movimento em turbilhão dos acontecimentos, por mais poderoso que ele seja, e a unidade do projeto filosófico, por mais profundo que ele seja, fossem suficientes para a resolução da mais complexa e contraditória tarefa composicional, a qual Grossman formulou de modo tão agudo e patente. No que concerne ao movimento em turbilhão, o mais trivial romance cinematográfico pode rivalizar com Dostoiévski. Já a unidade do projeto filosófico, por si só, não pode servir de fundamento último da unidade artística.

É completamente incorreta a afirmação de Grossman de que todo esse material heterogêneo de Dostoiévski recebe "a marca profunda do seu estilo e tom pessoais". Se fosse assim, em que o romance de Dostoiévski se distinguiria do tipo ha-

---

[17] Cf. *ibidem*, p. 175.

bitual de romance, daquela "epopeia à moda flaubertiana, como se esculpida de uma só peça, torneada e monolítica"? Um romance como *Bouvard et Pécuchet*, por exemplo, reúne materiais heterogêneos em seu conteúdo, mas essa heterogeneidade não aparece na própria construção do romance e não pode aparecer nitidamente, pois está subordinada à unidade do estilo e do tom pessoais, à unidade de um único mundo e de uma única consciência, que a atravessam. Já a unidade do romance de Dostoiévski está *acima* do estilo pessoal e *acima* do tom pessoal, tal como o romance os compreendia antes de Dostoiévski. Do ponto de vista da compreensão monológica da unidade de estilo (e por enquanto existe apenas essa compreensão), o romance de Dostoiévski possui *muitos estilos*, ou nenhum estilo; do ponto de vista da compreensão monológica do tom, o romance de Dostoiévski é *multienfático*[18] e valorativamente contraditório; as ênfases contraditórias se entrecruzam em cada palavra de suas criações. Se os materiais mais heterogêneos de Dostoiévski se desdobrassem em um mundo unitário, correlato à consciência unitária monológica do autor, a tarefa de junção do incompatível não se resolveria e Dostoiévski seria um artista ruim e sem estilo; esse mundo monológico "fatalmente se desintegraria em suas partes constituintes, dissimilares e alheias entre si, e, diante de nós, estenderia-se de modo imóvel, absurdo e impotente uma página da Bíblia ao lado de uma anotação de um boletim de ocorrências, ou a cançoneta dos criados ao lado do ditirambo schilleriano em louvor da alegria".

De fato, os mais incompatíveis elementos do material de Dostoiévski estão distribuídos entre alguns mundos e algu-

---

[18] O termo aqui é *aktsent*, que também poderia ser traduzido por "pluriacentuado". Preferimos manter "ênfase" ou "enfático" em consonância com nossa tradução do mesmo termo em *O método formal nos estudos literários*, de Medviédev, e *Marxismo e filosofia da linguagem*, de Volóchinov. (N. da T.)

mas consciências com plenos direitos, são dados não em um único horizonte, mas em vários horizontes plenos e de mesmo valor; e o material não é dado de modo imediato, mas esses mundos e essas consciências, com seus horizontes, combinam-se em uma unidade superior, por assim dizer, de segunda ordem, na unidade do romance polifônico. O mundo das cançonetas se combina com o mundo do ditirambo schilleriano, o horizonte de Smierdiakóv se combina com o horizonte de Dmitri e Ivan Karamázov. Graças à presença desses mundos múltiplos, o material pode desenvolver plenamente a sua peculiaridade e especificidade sem romper a unidade do todo nem mecanizá-la.

Em outro trabalho, Grossman se aproxima mais precisamente da multivocalidade do romance de Dostoiévski. No livro *O caminho de Dostoiévski*,[19] ele apresenta a importância excepcional do diálogo em sua criação: "As formas das conversas ou discussões, em que diferentes pontos de vista podem subsequentemente dominar e refletir matizes variados de confissões que se contrapõem, são especialmente adequadas à encarnação dessa filosofia em eterna formação e nunca solidificada. Diante de tal artista e criador de imagens como Dostoiévski, nos momentos de suas reflexões profundas sobre o sentido dos fenômenos e sobre o mistério do mundo foi necessário representar essa forma de filosofice, na qual cada opinião parece se tornar um ser vivo e se declarar com uma voz humana emocionada".[20]

Grossman tende a explicar esse dialogismo por meio de uma contradição não plenamente superada na visão de mundo de Dostoiévski. Na consciência dele, desde cedo, entraram em choque duas forças poderosas — o ceticismo humanista

[19] Cf. Leonid Grossman, *Put Dostoiévskogo* [*O caminho de Dostoiévski*], Leningrado, Brokgauz-Efron, 1924.

[20] Cf. *ibidem*, p. 10.

e a fé —, que travam um combate interminável pela predominância em sua visão de mundo.[21]

Pode-se discordar dessa explicação, que extrapola em sua essência os limites do material objetivamente presente, porém o fato em si da multiplicidade (nesse caso, a duplicidade) de consciências imiscíveis é referido corretamente. É também observado de modo correto o caráter personalista da percepção das ideias em Dostoiévski. Para ele, cada opinião se torna efetivamente um ser vivo, e um ser inseparável da voz humana encarnada. Quando introduzida em um contexto sistemático e monológico, ela deixa de ser o que era.

Se Grossman tivesse relacionado o princípio composicional de Dostoiévski — a reunião de materiais os mais dissemelhantes e incompatíveis — à multiplicidade de centros-consciências não reduzíveis a um denominador ideológico comum, ele teria chegado bem perto de encontrar a chave artística para os romances de Dostoiévski: a polifonia.

É característica a compreensão de Grossman sobre o diálogo em Dostoiévski como forma dramática e sobre toda a dialogização como dramatização, necessariamente. A literatura da modernidade conhece apenas o diálogo dramático, e em parte o diálogo filosófico, enfraquecido até assumir a simples forma de exposição, isto é, até se tornar um procedimento pedagógico. Entretanto, o diálogo dramático no drama e o diálogo dramatizado nas formas narrativas é sempre delimitado por uma moldura monológica sólida e inabalável. No drama, essa moldura monológica não encontra, obviamente, expressão verbal imediata, mas é justamente no drama que ela se apresenta de modo especialmente monolítico. As réplicas do diálogo dramático não rompem as barreiras do mundo representado, não o tornam multiplanar; pelo contrário, para serem autenticamente dramáticas, elas precisam

---

[21] Cf. *ibidem*, p. 17.

A principal particularidade da criação de Dostoiévski

de uma unidade a mais monolítica deste mundo. No drama, o mundo deve ser feito de uma peça só. Qualquer enfraquecimento desse caráter monolítico leva a um enfraquecimento do dramatismo. Os personagens convergem dialogicamente no horizonte único do autor, do diretor, do espectador, contra o pano de fundo preciso de um mundo homogêneo.[22] O conceito de uma ação dramática que resolve todas as oposições dialógicas é puramente monológico. A multiplanaridade autêntica destruiria o drama, pois a ação dramática, que se apoia na unidade do mundo, já não poderia tecer e resolver o drama. No drama é impossível combinar horizontes íntegros em uma unidade superior, pois a construção dramática não oferece suporte para tal unidade. Por isso, no romance polifônico de Dostoiévski, o diálogo autenticamente dramático só pode desempenhar um papel bastante secundário.[23]

A afirmação mais importante de Grossman é de que os romances de Dostoiévski do último período são "mistérios".[24] De fato, o mistério é multiplanar e, até certo ponto, polifônico. Contudo, essa multiplanaridade e esse polifonismo do mistério são puramente formais, e a própria construção do mistério não permite o desenvolvimento, no plano do conteúdo, de uma multiplicidade de consciências e seus mundos. Nele, desde o princípio, tudo é vaticinado, fechado e concluído, embora, é verdade, não o seja em um único plano.[25]

No romance polifônico de Dostoiévski, a questão principal não é a forma dialógica habitual do desdobramento do

---

[22] Aquela heterogeneidade do material, sobre o qual fala Grossman, simplesmente é impensável no drama.

[23] É por isso que a fórmula "romance-tragédia" de Viatcheslav Ivánov é incorreta.

[24] Cf. Leonid Grossman, *Put Dostoiévskogo* [*O caminho de Dostoiévski*], *op. cit.*, p. 10.

[25] Voltaremos a abordar o mistério, assim como o diálogo filosófico platônico, ao tratarmos do problema do diálogo em Dostoiévski.

material dentro dos moldes da compreensão monológica contra o pano de fundo estável de um único mundo objetual. Não, a questão é a dialogicidade última, isto é, a dialogicidade da totalidade última. Como havíamos falado, o todo dramático, nesse sentido, é monológico; o romance de Dostoiévski é dialógico. Ele é construído não como a totalidade de uma única consciência, que acolheu objetivamente em si outras consciências, mas como totalidade da interação entre várias consciências, das quais nenhuma se tornou, por completo, objeto de outra; essa interação não oferece ao contemplador um suporte para a objetivação de todo o acontecimento, segundo o tipo monológico habitual (do ponto de vista do enredo, do lirismo ou da cognição) e, consequentemente, ela faz do contemplador um participante. O romance não só não fornece qualquer apoio estável para uma terceira consciência monologicamente unificadora, fora da ruptura dialógica, mas, pelo contrário, tudo nele é construído de modo a tornar sem saída a oposição dialógica. Nenhum elemento da obra é construído do ponto de vista de um "terceiro" indiferente. No próprio romance, esse "terceiro" não é representado de modo algum. Não há nenhum lugar composicional nem semântico para ele. Isso não é uma fraqueza do autor, mas sua força superlativa. Com isso, é conquistada uma nova posição para o autor, que está acima da posição monológica.

Em seu livro *Dostojewski und sein Schicksal* [*Dostoiévski e seu destino*], Otto Kaus aponta a multiplicidade de posições ideológicas igualmente autorizadas e a heterogeneidade extrema de materiais como a particularidade fundamental dos romances de Dostoiévski. Segundo Kaus, nenhum autor concentrou tantos entendimentos, juízos e avaliações tão contraditórios e mutuamente excludentes quanto Dostoiévski; porém o mais surpreendente é que as obras de Dostoiévski parecem justificar todos esses pontos de vista contraditórios: de fato, cada um deles encontra apoio nos romances do autor.

A principal particularidade da criação de Dostoiévski

Kaus caracteriza essa multiaspectualidade e essa multiplanaridade excepcionais de Dostoiévski do seguinte modo:

"Dostojewski ist ein Hausherr, der die buntesten Gäste verträgt und eine noch so wild zusammengewürfelte Gesellschaft gleichzeitig in Spannung zu halten vermag. Wir können dem altmodischen Realisten die Bewunderung für den Schilderer der Katorga, den Sänger der Petersburger Strassen und Plätze und der tyrannischen Wirklichkeiten nicht verwehren und dem Mystiker nicht verdenken, dass er die Gesellschaft Aljoschas, Iwan Karamasoffs — dem der leibhaftige Teufel in die Stube steigt, — des Fürsten Myschkin aufsucht. Utopisten aller Schattierungen müssen an den Träumen des «lächerlichen Menschen», Werssiloffs oder Stawrogins ihre helle Freude haben und religiöse Gemüter sich am Kampf um Gott erbauen, den Sünder und Heilige in diesen Romanen führen. Gesundheit und Kraft, radikalster Pessimismus und glühendster Erlösungsglaube, Lebensdurst und Todessehnsucht ringen in unentschiedenen Kampfe, Gewalt und Güte, Hochmut und aufopfernde Demut, eine unübersehbare Lebensfülle, plastisch geschlossen in jedem Teile. Es braucht niemand seiner kritischen Gewissenhaftigkeit besondere Gewalt anzutun, um das letzte Wort des Dichters nach seinem Herzen zu deuten. Dostojewski ist so vielseitig und unberechenbar in seinen Eingebungen, sein Werk von Kräften und Absichten gespeist, die unüberbrückbare Gegensätze zu trennen scheinen."

["Dostoiévski é um anfitrião que se entende com os mais diversos convidados e é capaz de manter igualmente o interesse entre os membros da sociedade mais díspar. Não podemos negar ao realista fora de moda a nossa admiração por sua representação dos trabalhos forçados, das ruas e praças de São Petersburgo, da realidade tirânica; não podemos culpar o místico por buscar a companhia de personagens como Aliócha, o príncipe Míchkin e Ivan Karamázov (cujo quarto é visitado pelo diabo em pessoa). Utopistas de todas as nuances podem se regozijar com os sonhos do 'homem ridículo', de Viersílov ou Stavróguin, e as almas religiosas podem se fortalecer na luta em torno de Deus travada por pecadores e santos nesses romances. Saúde e força, o pessimismo mais radical e a mais fervorosa fé na salvação, sede pela vida e ânsia pela morte travam batalhas que nunca chegam ao fim; violência e bondade, arrogância e humildade abnegada, uma imensurável abundância vital — tudo é perfeitamente consubstanciado em cada parte. Ninguém precisa cometer uma violência especial contra a própria consciência crítica para interpretar a última palavra do poeta de acordo com o próprio coração. Dostoiévski é tão versátil e imprevisível em suas inspirações que seu trabalho é movido por forças e intenções que parecem separar opostos irreconciliáveis."][26]

Como Kaus explica essa particularidade de Dostoiévski? Kaus afirma que o mundo de Dostoiévski é a expressão mais pura e autêntica do espírito do capitalismo. Aqueles mundos, aqueles planos sociais, culturais e ideológicos que se chocam no processo de criação de Dostoiévski, antes eram autossuficientes, organicamente fechados, sólidos e internamente coesos em seu isolamento. Não havia plano real e material

[26] Otto Kaus, *Dostojewski und sein Schicksal*, Berlim, E. Laub, 1923, p. 36. [Tradução do alemão por Taciane Domingues. (N. da T.)]

que possibilitasse uma contiguidade essencial e uma interpenetração. O capitalismo aniquilou o isolamento desses mundos e destruiu o encerramento e a autossuficiência ideológica interna dessas esferas sociais. Em sua tendência a tudo nivelar, que não permite quaisquer outras separações além daquela entre o proletário e o capitalista, o capitalismo pôs em contato e entrelaçou esses mundos em seus aspectos contraditórios em via de formar uma unidade. Esses mundos ainda não perderam sua face individual, elaborada ao longo de séculos, mas já não podem ser autossuficientes. A coexistência cega e a tranquila e confiante ignorância ideológica que havia entre eles chegaram ao fim; e o caráter mutuamente contraditório, bem como a interconexão entre eles, revelaram-se com toda a clareza. Em cada átomo da vida palpita essa unidade contraditória do mundo e da consciência capitalistas, que não permite que nada encontre tranquilidade em seu isolamento. Foi o espírito desse mundo em formação que encontrou sua expressão mais completa na criação de Dostoiévski.

> "*Die grosse Wirkung Dostojewskis in unserer Zeit und auch alle Unklarheiten und Unbestimmtheiten dieser Wirkung erklären sich in diesem Grundzug seines Wesens und können auch bloss darin eine Rechtfertigung finden: Dostojewski ist der entschiedenste, konsequenteste, unerbittlichste Dichter des kapitalistischen Menschen. Sein Werk ist nicht die Totenklage, sondern das Wiegenlied unserer, der modernen, von Gluthauch des Kapitalismus gezeugten Welt.*"
>
> ["O grande impacto de Dostoiévski em nosso tempo, e todas as ambiguidades e indeterminações desse impacto, são explicados por essa característica fundamental da sua essência e apenas nisso podem encontrar justificativa: Dostoiévski é o mais

resoluto, consistente e implacável poeta do homem capitalista. Sua obra não é o lamento fúnebre, mas a canção de ninar de nosso mundo moderno, concebido pelo calor tórrido do capitalismo."][27]

A explanação de Kaus está correta em muitos aspectos. De fato, o romance polifônico pode se realizar apenas na época capitalista. Além disso, o terreno mais favorável para ele encontrou-se justamente na Rússia, onde o capitalismo surgiu de modo quase catastrófico e encontrou uma variedade intocável de mundos e grupos sociais que não haviam perdido, como ocorreu no Ocidente, o seu isolamento individual no processo gradual de surgimento do capitalismo. Aqui a essência contraditória da vida social em formação, que não se enquadra nos limites de uma consciência monológica confiante e serenamente contemplativa, teve que se manifestar de modo especialmente agudo, ao passo que a individualidade dos mundos em conflito retirados do seu equilíbrio ideológico teve que ser particularmente plena e expressiva. Por meio disso, formaram-se as premissas objetivas da multiplanaridade e da multivocalidade, essenciais ao romance polifônico.

Contudo, a explanação de Kaus não desvendou o fato exposto. Pois o espírito do capitalismo é apresentado na linguagem da arte e, em particular, na linguagem de uma variedade específica do gênero romanesco. Acima de tudo, é preciso desvendar as particularidades da construção desse romance multiplanar, que é privada da unidade monológica habitual. Kaus não resolve essa questão. Ao apontar corretamente o próprio fato da multiplanaridade e da multivocalidade semântica, ele transfere sua explanação do plano do romance imediatamente para o plano da realidade. O mérito de Kaus está no fato de ele se abster de monologizar esse

[27] *Idem*, p. 63.

A principal particularidade da criação de Dostoiévski

mundo e de qualquer tentativa de unir e conciliar as contradições nele contidas; ele aceita a sua multiplanaridade e contraditoriedade como um aspecto essencial da própria construção e do próprio projeto criativo.

Em seu trabalho "Roman Dostoiévskogo *Podróstok*, kak khudójestvennoie edínstvo" ["O romance de Dostoiévski *O adolescente* como unidade artística"], V. Komaróvitch abordou outro aspecto dessa mesma particularidade fundamental de Dostoiévski.[28] Ao analisar esse romance, ele revela cinco enredos isolados, relacionados de modo bem superficial somente por uma ligação fabulística. Esse fato o obriga a propor uma outra ligação, para além do pragmatismo do enredo.

> "Ao arrancar fragmentos da realidade, levando o 'empirismo' deles até o extremo, Dostoiévski não permite, nem por um minuto, que nos esqueçamos de tudo no reconhecimento alegre dessa realidade (como Flaubert ou Tolstói); ele nos assusta justamente porque arranca, escava tudo isso do fluxo natural da realidade. Ao tomar esses fragmentos para si, Dostoiévski não transfere aqui as conexões naturais da nossa experiência: não é por meio do enredo que o romance de Dostoiévski se encerra em uma unidade orgânica."[29]

De fato, no romance de Dostoiévski a unidade monológica do mundo é destruída; porém, na unidade do romance, os fragmentos extirpados da realidade combinam-se de um modo que não é espontâneo e absoluto: esses fragmentos satisfazem o horizonte valorativo deste ou daquele personagem,

[28] Em *F. M. Dostoiévski. Statií i materiáli* [*F. M. Dostoiévski. Artigos e materiais*], vol. II, *op. cit.*

[29] *Idem*, p. 48.

são compreendidos no plano de uma ou de outra consciência. Se esses pedaços de realidade privados de ligações pragmáticas fossem combinados de modo direto, como harmoniosos do ponto de vista lírico-emocional ou simbólico na unidade de um horizonte monológico, teríamos diante de nós o mundo de um romântico, por exemplo, de Hoffmann, mas de modo algum o mundo de Dostoiévski.

Komaróvitch interpreta a unidade última e exterior ao enredo do romance de Dostoiévski de modo monológico, e até mesmo puramente monológico, apesar de também introduzir uma analogia à polifonia e à combinação contrapontística das vozes de uma fuga. Sob influência da estética monológica de Broder Christiansen,[30] ele compreende a unidade extraenredo e extrapragmática do romance como uma unidade dinâmica do ato volitivo:

> "Desse modo, a subordinação teleológica de elementos (enredos) pragmaticamente separados é o princípio da unidade artística do romance de Dostoiévski. E, nesse sentido, ele pode ser equiparado ao todo artístico na música polifônica: as cinco vozes da fuga, que entram sucessivamente e se desenvolvem na harmonia contrapontística, lembram a 'condução das vozes' do romance de Dostoiévski. Essa equiparação, se estiver correta, leva a uma definição mais geral do próprio princípio da unidade.
>
> Assim como na música, no romance de Dostoiévski é realizada a mesma lei da unidade que se realiza em nós mesmos, no 'eu' humano: a lei da atividade com um objetivo definido. Já no romance

[30] Broder Christiansen (1869-1958), filósofo alemão de tendência neokantiana que foi muito lido pelos críticos literários contemporâneos do autor. (N. da T.)

A principal particularidade da criação de Dostoiévski

O *adolescente*, esse princípio da unidade é totalmente adequado àquilo que nele está simbolicamente representado: o 'amor-ódio' de Viersílov por Akhmakóva, símbolo dos impulsos trágicos da vontade individual em relação ao supraindividual; portanto todo o romance é também construído com base no tipo de um ato volitivo individual."[31]

O erro fundamental de Komaróvitch consiste no fato de que ele procura uma combinação imediata entre elementos separados da realidade, ou entre ordens de enredos separados, enquanto a questão principal é a combinação de consciências plenivalentes com seus mundos. Por isso, no lugar da unidade do/a acontecimento/coexistência, na qual há alguns participantes com plenos direitos, temos a unidade vazia do ato volitivo individual. Nesse sentido, também a polifonia é interpretada por ele de modo totalmente incorreto. A essência da polifonia consiste justamente no fato de que aqui as vozes permanecem autônomas e, como tais, combinam-se em uma unidade de ordem superior à da homofonia. Já ao falar sobre a vontade individual, na polifonia ocorre justamente a combinação de algumas vontades individuais, realiza-se uma saída principial além dos limites de uma única vontade. É possível dizer da seguinte forma: a vontade artística da polifonia é a vontade de combinar muitas vontades, a vontade do/a acontecimento/coexistência.

É inadmissível que a unidade do mundo de Dostoiévski seja reduzia a uma unidade enfática emocional-volitiva individual, assim como é inadmissível que a polifonia musical seja reduzida a ela. Em decorrência dessa redução, o romance O *adolescente* resulta, em Komaróvitch, em uma espécie de unidade lírica de tipo monológico simplificado, pois as

---

[31] Cf. *F. M. Dostoiévski. Statií i materiáli* [*F. M. Dostoiévski. Artigos e materiais*], vol. II, *op. cit.*, p. 68.

unidades do enredo combinam-se de acordo com suas ênfases emocionais-volitivas, isto é, combinam-se de acordo com o princípio lírico.

É necessário observar que a comparação, feita por nós, entre o romance de Dostoiévski e a polifonia possui a significação de uma analogia imagética, nada mais. A imagem da polifonia e do contraponto indicam apenas aqueles novos problemas que surgem quando a construção do romance extrapola os limites da unidade monológica habitual, assim como na música novos problemas surgiram ao se ultrapassar os limites de uma única voz. Contudo, os materiais da música e do romance são muito diferentes, para que se possa falar de uma analogia imagética, uma simples metáfora. Transformamos essa metáfora, porém, no termo "romance polifônico", por não termos encontrado uma designação mais adequada. Não devemos esquecer a origem metafórica do nosso termo.

Na nossa opinião, quem melhor compreendeu a particularidade fundamental de Dostoiévski foi B. M. Engelhardt no seu trabalho "Ideologuítcheskii roman Dostoiévskogo" ["O romance ideológico de Dostoiévski"].[32]

Engelhardt parte de uma definição sociológica e histórico-cultural dos personagens de Dostoiévski. O personagem de Dostoiévski, o intelectual *raznotchínetz*[33] que se apartou da tradição cultural, do solo e da terra, é um representante de uma "tribo fortuita". Esse homem possui um relacionamento peculiar com a "ideia": ele é indefeso diante delas e do seu poder, pois não está enraizado na existência e é privado de tradição cultural. Ele se torna um "homem da ideia", obcecado por ela. Nele, a ideia já se torna uma ideia-força

[32] Cf. *ibidem*.

[33] Na Rússia tsarista do século XIX, indivíduos que, apesar de provindos de classes desfavorecidas, desempenhavam atividades intelectuais e frequentemente defendiam ideologias democráticas. (N. da T.)

que determina e distorce de modo onipotente sua consciência e sua vida. A ideia tem uma vida autônoma na consciência do personagem: não é propriamente ele que vive, mas a ideia, e o romancista não faz uma descrição da vida do personagem, mas a descrição da vida da ideia nele; o historiador da "tribo fortuita" torna-se um "historiógrafo da ideia". Por isso, a característica imagética dominante desse personagem é a ideia que se apodera dele, e não a dominante biográfica de tipo habitual (como, por exemplo, em Tolstói e Turguêniev). Disso surge a definição do gênero do romance de Dostoiévski como "romance ideológico". No entanto, ele não é um romance de ideias do tipo habitual, ou seja, romance com ideias. Segundo Engelhardt:

> "Dostoiévski representou a vida da ideia na consciência individual e social pois a considerava um fator determinante da *intelligentsia*. Contudo, disso não se pode inferir que ele escreveu romances de ideias, novelas com orientações, ou que foi um artista tendencioso, mais filósofo do que poeta. Ele não escreveu romances com ideias ou romances filosóficos ao gosto do século XVIII, mas romances sobre ideias. Do mesmo modo que a aventura, a anedota, o tipo psicológico, o quadro da vida cotidiana ou histórico serviram de objeto central para outros romancistas, o objeto dele foi a 'ideia'. Ele cultuou e elevou a um nível inabitual um tipo completamente especial de romance, que, contrariamente ao romance de aventuras, sentimental, psicológico ou histórico, pode ser chamado de 'ideológico'. Nesse sentido, a sua obra, apesar do polemismo que lhe era peculiar, não era inferior em objetividade à obra de outros grandes artistas da palavra: ele próprio foi um grande artista, ao colocar e resolver em seus romances, antes e acima de tudo,

problemas puramente artísticos. Ele teve apenas um material muito peculiar: sua heroína foi a ideia."[34]

A ideia, como objeto de representação e como dominante na construção das imagens dos personagens, leva à desintegração do mundo romanesco em mundos de personagens, organizados e formatados pelas ideias que os dominam. A multiplanaridade do romance de Dostoiévski é revelada com toda nitidez por B. M. Engelhardt:

> "O princípio da *orientação* puramente artística do *personagem em seu entorno* consiste nas diferentes formas da sua *relação ideológica com o mundo*. Do mesmo modo que a dominante da representação artística do personagem está a serviço do conjunto de ideias-força que o dominam, a dominante da representação da realidade circundante é o ponto de vista a partir do qual o personagem contempla esse mundo. Para cada personagem, o mundo se revela em um aspecto particular, de acordo com o qual também se constrói a sua representação. Em Dostoiévski, não é possível encontrar uma descrição assim chamada 'objetiva' do mundo exterior; no seu romance, estritamente falando, não há cotidiano, nem vida urbana ou rural, nem natureza, mas há aquele meio social, aquele solo, aquela terra, a depender do plano em que tudo isso é contemplado pelos personagens principais. Graças a isso surge aquela multiplanaridade da realidade na obra artística, a qual, nos sucessores de Dostoiévski, costuma levar a uma peculiar desinte-

---

[34] Cf. seu artigo "Ideologuítcheskii roman Dostoiévskogo" ["Romance ideológico de Dostoiévski"] em *F. M. Dostoiévski. Statií i materiáli* [*F. M. Dostoiévski. Artigos e materiais*], vol. II, *op. cit.*, p. 91.

A principal particularidade da criação de Dostoiévski

gração da existência, de modo que a ação do romance ocorre simultânea e subsequentemente em esferas ontológicas completamente distintas."[35]

A depender do caráter da ideia que orienta a consciência e a vida do personagem, Engelhardt distingue três planos nos quais a ação do romance pode ocorrer. O primeiro plano é o "meio social". Aqui predomina a necessidade mecânica; aqui não há liberdade, cada ato da vontade vital é um produto natural das condições externas. O segundo plano é o "solo". Trata-se do sistema orgânico do espírito popular em desenvolvimento. Por fim, o terceiro plano é a "terra", sobre o qual Engelhardt fala:

> "O terceiro conceito — a 'terra' — é um dos mais profundos, e que podemos encontrar apenas em Dostoiévski. É aquela terra que desde a infância continua a mesma, aquela terra que Aliócha Karamázov beijou chorando, soluçando, banhando-a com suas lágrimas, e da qual ele, em êxtase, jurou amar tudo: toda a natureza, as pessoas, os animais, os pássaros, aquele jardim maravilhoso que o Senhor cultivou quando tirou as sementes de outros mundos e as plantou nesta terra.
>
> É aquela realidade superior e ao mesmo tempo aquele mundo onde corre a vida terrestre do espírito, ao ter alcançado a condição de liberdade verdadeira... Esse é o terceiro reino, o reino do amor e, por isso, da plena liberdade, o reino da felicidade e da alegria eternas."[36]

---

[35] Cf. *idem*, p. 94.

[36] Cf. *ibidem*.

Segundo Engelhardt, esses são os planos do romance. Cada elemento da realidade (do mundo exterior), cada vivência e cada ação, necessariamente entram em um desses três planos. Engelhardt distribui entre esses três planos os temas fundamentais dos romances de Dostoiévski.[37]

Como esses planos estão relacionados na unidade do romance? Quais são os princípios da sua combinação mútua?

Segundo Engelhardt, esses três planos e os temas que lhes são correspondentes, quando analisados na relação entre si, representam *etapas* isoladas da *formação dialética do espírito*. Ele afirma:

> "Nesse sentido, eles formam um *caminho único*, que entre grandes tormentas e perigos perpassa aquele que busca em sua aspiração a afirmação incondicional da existência. E não é difícil descobrir a significação subjetiva desse caminho para o próprio Dostoiévski."[38]

Essa é a concepção de Engelhardt. Pela primeira vez, ela elucida as particularidades estruturais essenciais das obras de Dostoiévski; pela primeira vez, tenta superar a ideologia unilateral e abstrata das percepções e avaliações a seu respeito. Entretanto, nem tudo dessa concepção é, a nosso ver, correto. E já nos parecem totalmente incorretas as conclusões que ele tira no final do seu trabalho sobre a criação de Dostoiévski em seu todo.

---

[37] Temas do primeiro plano: 1) o tema do super-homem russo (*Crime e castigo*), 2) o tema do *Fausto* russo (Ivan Karamázov) etc. Temas do segundo plano: 1) o tema do *Idiota*; 2) o tema da paixão no cativeiro do "eu" sensual (Stavróguin) etc. Tema do terceiro plano: o tema do justo russo (Zossima, Aliócha). Cf. *idem*, pp. 98 ss.

[38] Cf. a coletânea *F. M. Dostoiévski. Statií i materiáli* [*F. M. Dostoiévski. Artigos e materiais*], vol. II, *op. cit.*, p. 96.

B. M. Engelhardt dá, pela primeira vez, uma definição correta da apresentação da ideia no romance de Dostoiévski. Aqui, a ideia de fato não é *um princípio de representação* (como em todo romance), não é o *leitmotiv* da representação nem sua conclusão (como no romance ideológico e filosófico), mas *o objeto de representação*. A ideia — enquanto princípio de visão e de compreensão do mundo, bem como de sua formatação no âmbito dessa ideia — existe somente para os personagens[39] e não para o próprio autor, Dostoiévski. Os mundos dos personagens são construídos de acordo com o princípio ideológico e monológico habitual, como se fossem construídos por eles mesmos. A "terra" é apenas um desses mundos que entra na unidade do romance, um dos seus planos. Ainda que nela também haja uma ênfase hierárquica determinada, superior em comparação com o "solo" e com o "meio", a "terra" é apenas um aspecto ideológico de personagens como Sônia Marmeládova, o ancião Zossima e Alióchá Karamázov. As ideias dos personagens, que estão na base desse plano do romance, são tanto objeto de representação quanto as próprias "ideias personagens", assim como as ideias de Raskólnikov, de Ivan Karamázov e outros. Elas não se tornam, em absoluto, princípios de representação e de construção do romance em seu todo, isto é, os princípios do próprio autor, como artista. Caso contrário, teríamos um romance de ideias filosófico de tipo habitual. A ênfase hierárquica dessas ideias não transforma o romance de Dostoiévski em um romance monológico habitual, que em fundamento último é sempre monoenfático. Do ponto de vista da construção artística do romance, essas ideias são apenas participantes da ação, com direitos iguais, junto às ideias de Raskólnikov, de Ivan Karamázov e outros. Além do mais, o tom

---

[39] Para Ivan Karamázov, como autor do "Poema filosófico", a ideia é também o princípio de representação do mundo, mas cada um dos personagens de Dostoiévski é potencialmente um autor.

da construção do todo é como se fosse dado justamente por personagens como Raskólnikov e Ivan Karamázov; por isso distinguem-se tão nitidamente nos romances de Dostoiévski os tons hagiográficos nas falas da aleijada, nos contos e falas do peregrino Makar Dolgorúki e, finalmente, e na "Vida de Zossima". Se o mundo do autor coincidisse com o plano da terra, os romances teriam sido construídos no estilo hagiográfico correspondente a esse plano.

Assim, nenhuma das ideias dos personagens — nem dos personagens "negativos", nem dos "positivos" — se torna um princípio de representação autoral ou constitui o mundo romanesco em seu todo. Isso também nos coloca diante da questão: como os mundos dos personagens e as ideias que estão na sua base se unem no mundo do autor, no mundo do romance em seu todo? Engelhardt dá uma resposta incorreta para essa questão; ou, mais precisamente, ele evita essa questão ao responder a uma questão que é, em sua essência, totalmente diferente.

De fato, as inter-relações dos mundos ou planos do romance — que de acordo com Engelhardt são "meio", "solo" e "terra" — não estão dados em absoluto no próprio romance como elos de uma ordem dialética única, como etapas do caminho da formação de um único espírito. Efetivamente, se as ideias em cada romance individual — pois os planos dos romances são determinados pelas ideias que estão na sua base — estivessem distribuídas como elos de uma ordem dialética única, cada romance seria um filosofema acabado, construído segundo o método dialético. Teríamos diante de nós, no melhor dos casos, um romance filosófico, um romance com uma ideia (ainda que dialética) e, no pior, filosofia em forma de romance. O último elo da ordem dialética seria inevitavelmente uma síntese do autor que elimina os elos anteriores como abstratos e totalmente superados.

De fato, não é assim: em nenhum dos romances de Dostoiévski há uma formação dialética de um único espírito, nem formação de modo geral, o crescimento inexiste exatamente na mesma medida em que essas formações inexistem na tragédia (nesse sentido, a analogia entre os romances de Dostoiévski e a tragédia está correta).[40] Em cada romance é dada não uma oposição dialeticamente eliminada de muitas consciências infundíveis na unidade de um espírito em formação, assim como os espíritos e as almas não se fundem no mundo formalmente polifônico de Dante. No melhor dos casos, essas almas e espíritos poderiam, como no mundo dantesco, formar — sem perder sua individualidade e sem se fundir, mas combinando-se — uma figura estática, como uma coexistência imóvel, semelhante à imagem dantesca da cruz (das almas dos cruzados), da águia (das almas dos imperadores), ou da rosa mística (das almas dos bem-aventurados). Nos limites do próprio romance, não se desenvolve e também não evolui o espírito do autor; como no mundo dantesco, ele ou contempla ou se torna um dos participantes. Nos limites do romance, os mundos dos personagens entram em inter-relações de coexistência, mas essas inter-relações, como já falamos, de modo algum podem ser reduzidas à relação entre tese, antítese e síntese.

No entanto, mesmo a criação artística de Dostoiévski, em seu todo, não pode ser compreendida como formação dialética do espírito. Pois o caminho da sua criação é a evolução artística do seu romance, que apesar de estar ligada à evolução ideológica, é insolúvel nela. Apenas fora dos limites da criação artística de Dostoiévski é possível levantar uma

[40] O único projeto de romance biográfico de Dostoiévski — *Jitié velíkogo griéchnika* [*Vida do grande pecador*] —, que deveria representar a história da formação da consciência, ficou inexequível, ou mais precisamente, no processo de sua execução ele acabou se desintegrando em um conjunto de romances polifônicos. Cf. Komaróvitch "Nenapíssannaia poema Dostoiévskogo" ["O poema não escrito de Dostoiévski"], na coletânea *F. M. Dostoiévski. Statií i materiáli* [*F. M. Dostoiévski. Artigos e materiais*], vol. I, *op. cit.* [Ver p. 46 desta edição (N. da T.).]

hipótese sobre a evolução dialética do espírito, que perpassa as etapas do meio, do solo e da terra. Enquanto unidades artísticas, seus romances não representam e não expressam a formação dialética do espírito.

No fim das contas, Engelhardt, assim como seus predecessores, monologiza o mundo de Dostoiévski, reduzindo-o a um monólogo filosófico que se desenvolve dialeticamente. O espírito único em formação dialética, compreendido à moda hegeliana, não pode engendrar nada a não ser um monólogo filosófico. O idealismo monístico é o lugar menos apropriado para que a multiplicidade de consciências imiscíveis prospere. Nesse sentido, um único espírito em formação, mesmo como imagem, é algo organicamente alheio a Dostoiévski. O mundo de Dostoiévski é profundamente *plural*. Já se procurarmos uma imagem para esse mundo, ao encontro do qual ele pareça ser atraído em seu todo, uma imagem no espírito da visão de mundo do próprio Dostoiévski seria a de uma igreja, como uma comunhão de almas imiscíveis onde se reúnem tanto pecadores quanto justos; ou talvez a imagem do mundo dantesco, onde a multiplanaridade é transferida para a eternidade, em que há impenitentes e arrependidos, condenados e salvos. Essa imagem vai ao encontro do estilo do próprio Dostoiévski, ou, mais precisamente, da sua ideologia, enquanto a imagem do espírito único é profundamente alheia a ele.

Contudo, mesmo a imagem da igreja permanece só uma imagem, que não explica nada da própria estrutura do romance. Em sua essência, a tarefa artística solucionada pelo romance é independente da refração ideológica secundária que, talvez, tenha acompanhado essa tarefa na consciência de Dostoiévski. As ligações artísticas concretas dos planos do romance e a sua reunião na unidade da obra devem ser explicadas e mostradas no material do próprio romance, sendo que o "espírito hegeliano" e a "igreja" igualmente conduzem para fora dessa tarefa imediata.

Se levantarmos a questão sobre aqueles motivos e fatores extra-artísticos que tornaram possível a construção do romance polifônico, mesmo aqui os fatores de ordem subjetiva serão menos importantes, por mais profundos que sejam. Se o caráter multiplanar e contraditório tivesse sido dado a Dostoiévski ou percebido por ele apenas como um fato da vida pessoal, como a natureza multiplanar e contraditória do espírito — seu e alheio —, Dostoiévski teria sido um romântico, e teria criado um romance monológico sobre a formação contraditória do espírito humano, o que, de fato, corresponde à concepção hegeliana. Contudo, Dostoiévski encontrou e soube perceber, de fato, a multiplanaridade e a contraditoriedade não no espírito, mas no mundo social objetivo. Nesse mundo social, os planos não são etapas, mas *posições*, e as relações contraditórias entre eles não são um caminho da personalidade, ascendente ou descendente, mas a *situação da sociedade*. O caráter multiplanar e contraditório da realidade social foi apresentado como um fato objetivo da época.

A própria época tornou possível o romance polifônico. Dostoiévski foi um participante *subjetivo* dessa multiplanaridade contraditória do seu tempo; ele mudava de posição, passava de um a outro lado, e nessa relação os planos que coexistiam na vida social objetiva eram, para ele, etapas do seu caminho de vida e de sua formação espiritual. Essa experiência pessoal foi profunda, mas Dostoiévski não deu a ela uma expressão monológica direta na sua criação. Essa experiência só pôde ajudá-lo a compreender mais profundamente as contradições coexistentes e extensivamente desdobradas, contradições entre pessoas, e não entre ideias em uma única consciência. Desse modo, as contradições objetivas da época determinaram a criação de Dostoiévski não no plano das suas superações pessoais na história do espírito do autor, mas no plano das suas visões objetivas, como forças simultaneamente coexistentes (é verdade que se trata de uma visão aprofundada pela vivência pessoal).

Aqui nos aproximamos de uma particularidade muito importante da visão criativa de Dostoiévski, particularidade que é ou completamente incompreendida ou menosprezada na literatura sobre ele. O menosprezo a essa particularidade levou às conclusões enganosas também de Engelhardt. A categoria fundamental da visão artística de Dostoiévski não foi a formação, mas a *coexistência* e a *interação*. Ele viu e pensou seu mundo preferencialmente no espaço, não no tempo. Disso decorre a sua atração profunda à forma dramática.[41] Ele tende a organizar em um mesmo tempo, na forma da justaposição dramática, todo o material semântico e da realidade acessíveis a ele, e a desdobrá-los extensivamente. Um artista, como, por exemplo, Goethe, é atraído organicamente pela série em formação. Ele tende a perceber todas as contradições coexistentes como etapas diferentes de um único desenvolvimento, e a ver em cada fenômeno atual um vestígio do passado, um apogeu do presente ou uma tendência do futuro; em consequência disso, nada se situa, para ele, em um único plano extensivo. Em todo caso, essa foi a tendência fundamental de sua visão e compreensão do mundo.[42]

Em oposição a Goethe, Dostoiévski tendeu a perceber as próprias etapas em sua *simultaneidade*, a *compará-las e contrapô-las* dramaticamente, e não a dispô-las em uma série em formação. Para ele, orientar-se no mundo significava refletir todos os seus conteúdos como simultâneos e *adivinhar a sua inter-relação no corte de um único momento*.

Essa sua mais obstinada tendência de ver tudo como coexistente, de perceber e mostrar tudo contígua e simultaneamente, como se estivesse no espaço e não no tempo, leva-o a

[41] Contudo, como falamos, sem a premissa dramática da unidade do mundo monológico.

[42] Sobre essa particularidade de Goethe ver o livro de Georg Simmel, *Goethe* (tradução russa na editora Akademiia, 1928), e também Friedrich Gundolf, *Goethe* (1916).

dramatizar no espaço até mesmo as contradições e etapas interiores do desenvolvimento de um único homem, obrigando os personagens a conversar com seu duplo, com o demônio, com o seu *alter ego*, com a sua caricatura (Ivan e o diabo, Ivan e Smierdiakóv, Raskólnikov e Svidrigáilov etc.). O fenômeno dos pares de personagens, comum em Dostoiévski, pode ser explicado por essa mesma particularidade sua. É possível dizer diretamente que de cada contradição do interior de uma pessoa Dostoiévski tende a fazer duas pessoas, a fim de dramatizar essa contradição e desenvolvê-la extensivamente. Essa particularidade encontra sua expressão exterior também na propensão de Dostoiévski para cenas de multidão, para sua tendência a concentrar em um só lugar e em um só tempo, frequentemente à revelia da verossimilhança pragmática, o máximo possível de indivíduos e temas, isto é, concentrar em só um instante o máximo possível de diversidade qualitativa. Disso decorre a tendência de Dostoiévski a seguir, no romance, o princípio dramático da unidade de tempo. Disso também decorre a rapidez catastrófica da ação, o "movimento de turbilhão", a dinâmica de Dostoiévski. Aqui, a dinâmica e a rapidez (como, aliás, em tudo) não significam o triunfo do tempo, mas sua superação, pois a rapidez é o único modo de superar o tempo no tempo.

Para Dostoiévski, a possibilidade da coexistência simultânea, a possibilidade de estar junto ou um contra o outro, é uma espécie de critério para distinguir o essencial do não essencial. Só aquilo que pode ser conscientemente dado na simultaneidade, aquilo que pode ser conscientemente conectado em um mesmo tempo, entra de modo essencial no mundo de Dostoiévski; isso pode ser transferido também para a eternidade, pois, segundo Dostoiévski, na eternidade tudo é simultâneo e tudo coexiste. Aquilo que tem sentido apenas como "antes" ou como "depois", que é autossuficiente em seu momento, que é justificado só como passado ou como futuro, ou como presente em relação ao passado e ao futuro, não é, para ele, essencial, e não entra no seu mundo. Por isso, seus personagens não se lembram de nada, não têm biografia no sentido do passado e daquilo que foi vivido plenamente. De seu passado eles lembram apenas aquilo que, para eles, não deixou de ser presente e de ser vivido por eles como presente: um pecado não redimido, um crime, uma ofensa não perdoada. Apenas esse tipo de fato da biografia dos personagens é introduzido por Dostoiévski nos limites dos seus romances, pois está de acordo com o seu princípio da simultaneidade.[43] Por isso, no romance de Dostoiévski não há causalidade, não há gênese, não há explicações a partir do passado, das influências do meio, da criação etc. Cada ato do personagem transcorre todo no presente e, nesse aspecto, não é predeterminado; ele é visto e representado pelo autor como livre.

Obviamente, a particularidade de Dostoiévski caracterizada por nós não é a particularidade da sua visão de mundo no sentido habitual da palavra, mas a particularidade da sua percepção artística do mundo: ele soube ver e representar o mundo apenas na categoria da coexistência. Contudo, é claro, essa particularidade seria refletida também na sua visão de mundo abstrata. Nela também observamos fenômenos análogos: na mentalidade de Dostoiévski não há categorias genéticas ou causais. Ele polemiza constantemente, e o faz com uma certa hostilidade orgânica, contra a teoria do meio social, seja em qual forma ela se manifestar (por exemplo, nas justificativas a respeito do meio dadas pelos advogados); ele quase nunca apela para a história como tal, e trata toda questão social e política no plano da contemporaneidade; e isso é explicado não só por sua posição de jornalista, que exige o tratamento de todas as coisas no corte da contemporaneidade; pelo contrário, pensamos que a paixão de Dostoié-

---

[43] Há imagens do passado apenas nas primeiras obras de Dostoiévski (por exemplo, a infância de Várienka Dobrosiólova [personagem da novela *Gente pobre*, publicada em 1846]). (N. da T.)

vski pelo jornalismo e seu amor pelo jornal, sua compreensão profunda e sutil da página de jornal como reflexo vivo da contemporaneidade social contraditória no corte de um único dia, onde os materiais mais variados e contraditórios desenrolam-se extensivamente lado a lado e um contra o outro, é explicado justamente por essa particularidade fundamental da sua visão artística.[44] Finalmente, no plano da visão de mundo abstrata, essa particularidade se manifestou na escatologia política e religiosa de Dostoiévski, na sua tendência a antecipar os finais, a tateá-los ainda no tempo presente, a adivinhar o futuro como algo já presente na luta das forças coexistentes.

A excepcional capacidade artística de Dostoiévski de ver tudo sob o prisma da coexistência e da interação é a sua maior força, mas também sua maior fraqueza. Ela o tornou cego e surdo para muitas coisas essenciais; muitos aspectos da realidade não puderam entrar no seu horizonte artístico. Por outro lado, essa capacidade aguçou ao extremo sua percepção no corte de um dado instante e permitiu que ele visse multiplicidade e diversidade onde outros viram apenas unidade e igualdade. Onde outros viram uma única ideia, ele

[44] Sobre a paixão de Dostoiévski pelo jornal, escreve Leonid Grossman: "Dostoiévski nunca experimentou, o que é característico das pessoas de sua compleição intelectual, aversão à página de jornal, aquela repulsa desdenhosa pela imprensa cotidiana que foi expressa abertamente por Hoffmann, Schopenhauer ou Flaubert. Diferentemente deles, Dostoiévski gostava de mergulhar nas notícias de jornal, reprovava os escritores contemporâneos por sua indiferença em relação a esses 'fatos dos mais intrincados e contemporâneos', e com o sentimento de um jornalista autêntico soube reconstituir a imagem integral do momento histórico em curso a partir dos detalhes fragmentários do dia passado. [...] 'A senhora recebe algum jornal?', ele pergunta, em 1887, a uma de suas correspondentes, 'Leia, pelo amor de Deus, hoje não pode ser de outro modo, não por moda, mas para que a relação visível de todos os assuntos, gerais e particulares, torne-se cada vez mais forte e clara'." Cf. Leonid Grossman, *Poétika Dostoiévskogo* [*A poética de Dostoiévski*], *op. cit.*, p. 176.

soube encontrar e tatear duas, uma bifurcação; onde viram uma única qualidade, ele descobriu a presença de uma outra qualidade oposta nela. No seu mundo, tudo o que parecia simples tornou-se complexo e heterogêneo. Em cada voz, ele soube ouvir duas vozes em conflito; em cada expressão, uma fratura e a prontidão imediata para passar a outra expressão, oposta; em cada gesto ele captou certeza e incerteza, ao mesmo tempo; ele percebeu a ambiguidade e a polissemia profundas de cada fenômeno. Contudo, essas contradições e bifurcações não se tornaram dialéticas, não foram postas em movimento em um percurso temporal, em uma série em formação, mas desenrolaram-se em um mesmo plano como se estivessem lado a lado e em oposição, como se fossem concordantes porém imiscíveis, ora irreparavelmente contraditórias, ora uma harmonia eterna de vozes infundíveis, ora uma discussão incessante e inconciliável dessas vozes. A visão de Dostoiévski encerrou-se nesse instante da multiplicidade revelada e nele permaneceu, organizando e formatando essa multiplicidade no corte de um dado instante.

Esse dom especial de Dostoiévski para ouvir e compreender todas as vozes, de uma só vez e simultaneamente (dom igual só pode ser encontrado em Dante), permitiu-lhe criar o romance polifônico. A complexidade objetiva, o caráter contraditório e a plurivocalidade da época de Dostoiévski, a situação de *raznotchínetz* e de andarilho social, o envolvimento mais profundamente biográfico e interior na vida objetiva e multiplanar, e, por fim, o dom de ver o mundo nas categorias da interação e da coexistência, tudo isso formou o solo no qual cresceu o romance polifônico de Dostoiévski.

Assim, o mundo de Dostoiévski é formado por uma coexistência organizada artisticamente e a interação da diversidade de espíritos, e não de etapas da formação de um único espírito. Por isso os mundos dos personagens, planos do romance, apesar das suas ênfases hierárquicas diversas, ficam, na própria construção do romance, lado a lado no plano da coexistência (assim como os mundos de Dante) e da interação (inexistente na polifonia formal de Dante), e não uns após os outros, como etapas da formação. No entanto, isso não significa, é claro, que o mundo de Dostoiévski é dominado por uma fatalidade lógica simplória, por uma irresolução reflexiva e uma contradição subjetiva simplória. Não, o mundo de Dostoiévski é, ao seu modo, tão acabado e redondo quanto o mundo de Dante. Contudo, é inútil procurar nele uma conclusibilidade *monológico-sistemática*, *filosófica*, mesmo que dialética, e isso não porque essa conclusibilidade não foi alcançada pelo autor, mas porque ela não integrava o seu projeto.

E o que obrigou Engelhardt a procurar nos escritos de Dostoiévski "elos isolados de uma construção filosófica complexa, que expressam a história da formação gradual do espírito humano",[45] isto é, a tomar o caminho já trilhado da monologização filosófica de sua criação?

Parece-nos que o erro fundamental de Engelhardt ocorreu no início do caminho, quando ele elaborou a definição do "romance ideológico" de Dostoiévski. A ideia como objeto de representação ocupa um lugar imenso na criação de Dostoiévski, mas, apesar disso, ela não é o personagem principal dos seus romances. O seu protagonista foi o homem, e, no fim das contas, Dostoiévski representou não a ideia no homem, mas, empregando suas próprias palavras, "o homem no homem". Para Dostoiévski, a ideia foi ou uma pedra de toque para o experimento do homem no homem, ou a forma de descobri-lo, ou, por fim, e isso é o principal, aquele *medium*, o meio no qual a consciência humana se revela em sua essência mais profunda. Engelhardt subestima o personalismo profundo de Dostoiévski. O escritor não conhece, não

---

[45] Cf. "Ideologuítcheskii roman Dostoiévskogo" ["Romance ideológico de Dostoiévski"] na coletânea *F. M. Dostoiévski. Statií i materiáli* [*F. M. Dostoiévski. Artigos e materiais*], vol. II, *op. cit.*, p. 105.

contempla nem representa as "ideias em si", no sentido platônico, ou a "existência ideal", no sentido dos fenomenólogos. Para Dostoiévski, não há ideias, pensamentos, situações que não pertençam a alguém, ou seja, não há ideias "em si". Mesmo a "verdade em si", ele a representa no espírito da ideologia cristã, como encarnada no Cristo, isto é, ele a representa como um indivíduo que entra em inter-relação com outros indivíduos.

Logo, Dostoiévski representou não a vida de uma ideia na consciência solitária, nem a inter-relação entre as ideias, mas a interação de consciências no *medium* das ideias (mas não somente das ideias). E uma vez que, no mundo de Dostoiévski, a consciência não é dada no trajeto de sua formação e desenvolvimento, isto é, não historicamente, mas junto a outras consciências, ela não pode se concentrar em si e em sua ideia, no desenvolvimento lógico imanente da sua ideia, e é posta em interação com outras consciências. Para Dostoiévski, a consciência nunca é autossuficiente, mas encontra-se em relação de tensão com outra consciência. Cada vivência e cada pensamento dos personagens são internamente dialógicos, são matizados polemicamente, são repletos de confronto ou, pelo contrário, abertos à influência do outro e não estão, em todo caso, concentrados simplesmente no seu objeto, mas providos de um olhar constante para a outra pessoa. É possível que Dostoiévski elabore uma espécie de sociologia das consciências na forma literária, porém com uma base idealista, com um material ideologicamente alheio e apenas no plano da coexistência. Entretanto, apesar desses aspectos negativos, Dostoiévski como artista eleva-se até uma visão *objetiva* da vida das consciências e das formas de sua coexistência viva, e por isso fornece um material valioso também para o sociólogo.

Em razão disso, consideramos o termo "romance ideológico" inadequado e um desvio da tarefa artística autêntica de Dostoiévski.

Desse modo, Engelhardt não compreendeu por completo a vontade artística de Dostoiévski; ao assinalar uma série de aspectos essenciais dessa vontade, ele a interpreta em seu todo como uma vontade filosófico-monológica, transformando a polifonia de consciências coexistentes na formação homofônica de uma única consciência.

Aquilo que, no romance europeu e russo anterior a Dostoiévski, foi a totalidade última — o mundo monológico uno da consciência autoral — torna-se, no romance de Dostoiévski, uma parte ou um elemento do todo; aquilo que foi a realidade torna-se um dos aspectos da realidade; aquilo que ligava o todo — a ordem pragmática do enredo, bem como o tom e o estilo pessoais — torna-se um aspecto secundário. Surgem novos princípios de combinação artística dos elementos e de construção do todo; para dizer de modo metafórico, surge o contraponto romanesco.

O conteúdo ideológico desse novo mundo artístico é alheio e inadmissível (além de não ser novo), assim como é inadmissível o conteúdo ideológico de um poema de Byron ou do cosmos de Dante; porém a construção desse mundo — conquistada ainda que por meio de uma ligação indissolúvel com a ideologia que o preenche e com a época que o engendra — permanecerá, mesmo quando a época, com seus mundos sociológicos e com suas ideologias, já tiver passado. E permanece — assim como ocorre com os monumentos artísticos que nos rodeiam — não só como documento, mas também como modelo.

Atualmente, o romance de Dostoiévski é talvez o modelo mais influente não só na Rússia, onde toda a nova prosa encontra-se mais ou menos sob sua influência, mas também no Ocidente. Enquanto artista, ele é seguido por pessoas com as mais diversas ideologias, muitas vezes hostis à do próprio Dostoiévski, pois sua vontade artística as subjuga. Contudo, até o momento, a consciência dos críticos e pesquisadores tem sido subjugada pela ideologia. A vontade artística não atinge uma consciência teórica precisa. Parece que todos que entram no labirinto do romance polifônico são incapazes de encontrar o caminho e de ouvir o todo que está além das vozes isoladas. Muitas vezes não percebem nem mesmo os contornos confusos do todo; os princípios artísticos da combinação de vozes não é em absoluto capturado pelo ouvido. Cada um interpreta a seu modo a última palavra de Dostoiévski, mas a interpretam do mesmo jeito, como *uma* palavra, *uma* voz, *uma* ênfase, e nisso está o erro fundamental. A unidade supraverbal, supravocal e supraenfática do romance polifônico permanece não revelada.

2

O personagem em Dostoiévski

Apresentamos a tese e fizemos, à luz dela, um panorama "monológico" das principais tentativas de definir a particularidade fundamental da criação de Dostoiévski. Durante o processo de análise crítica, esclarecemos o nosso ponto de vista. Agora devemos passar para sua exposição mais detalhada e fundamentada, com base no material das obras de Dostoiévski.

Trataremos sucessivamente dos três aspectos da nossa tese: a liberdade relativa bem como a autonomia do personagem e da sua voz nas condições do projeto polifônico; a colocação peculiar da ideia nesse projeto; e, por fim, os novos princípios de conexão que formam o todo do romance. O presente capítulo é dedicado ao personagem.

O personagem interessa Dostoiévski não como elemento da realidade, possuidor de sinais sociotípicos e caracterológico-individuais sólidos e definidos, nem como imagem determinada constituída de traços monossemânticos e objetivos, que, em seu conjunto, respondem à pergunta: "Quem é ele?". Não, o personagem interessa Dostoiévski como um *ponto de vista particular sobre o mundo e sobre si próprio*, como posição semântica e avaliativa do homem em relação a si próprio e à realidade circundante. Para Dostoiévski, é importante não o que o personagem é no mundo, mas o que é o mundo para o personagem e o que ele mesmo é para si.

Essa é uma particularidade muito importante e fundamental da percepção do personagem. Enquanto ponto de vista e olhar sobre o mundo, o personagem exige métodos totalmente específicos de revelação e de caracterização artística. Aquilo que deve ser revelado e caracterizado não é uma determinada existência do personagem, nem sua imagem fixa, mas a última conclusão de sua *consciência e autoconsciência*, ou seja, *a última palavra do personagem sobre si próprio e sobre o seu mundo*.

Consequentemente, não são os traços da realidade — do próprio personagem e do seu meio cotidiano — que servem como elementos por meio dos quais se forma a imagem do personagem, mas a *significação desses traços para ele próprio*, isto é, para sua autoconsciência. Todas as qualidades estáveis e objetivas do personagem, sua situação social, sua tipicidade sociológica e caracterológica, seu *habitus*, sua imagem espiritual e até sua própria aparência, isto é, tudo o que o autor normalmente usa para criar uma imagem fixa e estável do personagem — o "quem é ele" — torna-se, em Dostoiévski, objeto de reflexão do próprio personagem, ou seja, objeto de sua autoconsciência; o objeto da visão e da representação do autor já é uma função dessa autoconsciência. Enquanto a autoconsciência do personagem, normalmente, é apenas um dos elementos de sua realidade, apenas um dos traços da sua imagem integral, em Dostoiévski, ao contrário, toda a realidade se torna um elemento dessa autoconsciência. O autor não mantém para si, isto é, apenas no seu horizonte, nenhuma definição, nenhum sinal, nenhum pequeno traço do personagem: tudo ele introduz no horizonte do próprio personagem, tudo ele lança no cadinho de sua autoconsciência. Já no horizonte do autor, o que resta é a pura autoconsciência em sua integralidade como objeto de visão e de representação.

Já na primeira fase de sua criação, o "período gogoliano", Dostoiévski representa não o "funcionário público pobre", mas a sua *autoconsciência* (de Diévuchkin, Golyádkin e até Prokhartchin).[46] Aquilo que era dado no horizonte de Gógol como um conjunto de traços objetivos, formadores do caráter sociocaracterológico fixo do personagem, é introduzido por Dostoiévski no horizonte do próprio personagem e torna-se objeto da sua autoconsciência atormentada; Dostoiévski faz com que o próprio personagem contemple no espelho sua aparência de "funcionário público pobre" (que Gógol representou).[47] Entretanto, graças a isso, todos os traços fixos do personagem, ao permanecerem os mesmos do ponto de vista do conteúdo, quando transferidos de um plano de representação para outro adquirem uma significação artística completamente diferente: eles já não são capazes de concluir e fechar o personagem, ou seja, de construir sua imagem integral e de dar uma resposta artística à pergunta: "Quem é ele?". Não vemos quem ele é, mas como ele toma consciência de si; nossa visão artística já não se encontra diante da realidade do personagem, mas diante da pura função de sua tomada de consciência dessa realidade. É desse

[46] Respectivamente, personagens de *Gente pobre*, *O duplo* e "O senhor Prokhartchin". (N. da T.)

[47] Diévuchkin, ao dirigir-se ao general, se vê no espelho: "Estava tão perplexo que me tremiam não só os lábios como me tremiam as pernas. E razão havia, minha filha. Em primeiro lugar, a vergonha; lancei um olhar à direita, para o espelho, e com o que vi lá tinha motivo, pura e simplesmente, para enlouquecer. [...] Sua Excelência imediatamente reparou em meu aspecto e em meus trajes. Lembrei-me do que vira no espelho: precipitei-me a apanhar o botão!" (*Pólnoie sobránie sotchinénii Dostoiévskogo* [*Obras completas de Dostoiévski*], 7ª ed., 1906, vol. I, pp. 96-7 [ed. bras.: *Gente pobre*, trad. Fátima Bianchi, São Paulo, Editora 34, 2009, pp. 145-6]. Diévuchkin vê no espelho aquilo que Gógol representou ao descrever a aparência e o uniforme de Akáki Akákievitch; porém, ele vê aquilo que o próprio Akáki Akákievitch não viu e não se deu conta; a função de espelho é também desempenhada pela reflexão constante e torturante dos personagens sobre a própria aparência, o que representa o duplo para Golyádkin.

modo que o personagem gogoliano torna-se personagem de Dostoiévski.[48]

É possível fazer uma síntese um tanto simplificada da revolução que o jovem Dostoiévski realizou no mundo gogoliano: ele transferiu o conjunto dos pontos de vista, bem como as descrições, caracterizações e definições dos personagens, feitas pelo autor e pelo narrador, para o horizonte do próprio personagem e, com isso, transformou a sua realidade concludente e totalizante no material de sua autoconsciência. Não foi sem razão que Dostoiévski obrigou Makar Diévuchkin a ler "O capote", de Gógol, e a entendê-lo como uma novela sobre si próprio, como um "pasquim" sobre si mesmo; por meio disso, ele introduz literalmente o autor no horizonte do personagem. Em pequena escala, Dostoiévski realizou uma espécie de revolução copernicana, ao tornar um aspecto da autodefinição do personagem o que antes era uma definição autoral fixa e acabada. O mundo gogoliano, o mundo de "O capote", "O nariz", "Avenida Niévski" e "Diário de um louco", permaneceu, do ponto de vista do conteúdo, o mesmo nas primeiras obras de Dostoiévski — em *Gente pobre* e *O duplo*. Contudo, a distribuição desse mesmo material conteudístico entre os elementos estruturais da obra é completamente diferente. Aquilo que o autor realizava agora é o personagem quem realiza, ao elucidar a si próprio de todos os pontos de vista possíveis; o autor já não elucida a realidade do personagem, mas sua autoconsciência como uma realidade de uma ordem segunda. Apesar de Dostoiévski qua-

---

[48] Dostoiévski fornece reiteradamente retratos externos dos seus personagens a partir do autor, do narrador ou de outros personagens. Contudo, em Dostoiévski esses retratos externos não desempenham uma função finalizadora em relação ao personagem, isto é, não criam uma imagem fixa e predeterminada. Obviamente, a função de um ou outro traço do personagem não depende apenas dos métodos artísticos elementares de revelação desses traços (por meio da autocaracterização do personagem, do autor, indiretamente etc.).

O personagem em Dostoiévski

se não ter acrescentado nenhum material essencialmente novo, isto é, que não fosse gogoliano, a dominante de toda a visão e construção artística deslocou-se, e o mundo todo passou a ser visto de um modo novo.[49]

Não só a realidade do próprio personagem, mas também seu mundo exterior circundante e seu cotidiano são envolvidos no processo de autoconsciência, transferem-se do horizonte autoral para o horizonte do personagem. Eles já não se situam no mesmo plano do personagem, junto a ele e fora dele num único mundo autoral, e portanto não podem ser fatores causais e genéticos determinantes do personagem, não podem exercer uma função explicativa na obra. Ao lado da autoconsciência do personagem, que assimilou todo o mundo objetual, nesse mesmo plano só pode haver outra consciência: ao lado do seu horizonte há um outro horizonte, ao lado do seu ponto de vista sobre o mundo há um outro ponto de vista sobre o mundo. À consciência do personagem, que tudo absorve, o autor pode contrapor apenas um mundo objetivo: o mundo das outras consciências de direitos iguais.

---

[49] "O senhor Prokhartchin" também permanece nos limites do material gogoliano. A novela "Sbritye bakenbardy" ["Costeletas raspadas"], que foi destruída por Dostoiévski, parece também ter ficado nesses limites. Nesta, contudo, Dostoiévski sentiu que a realização do seu novo princípio nos mesmos materiais gogolianos já era uma repetição, e que era necessário dominar um outro material, novo do ponto de vista do conteúdo. Em 1846 ele escreve ao irmão: "Já não estou escrevendo nem 'Costeletas raspadas'. Abandonei tudo, pois não era outra coisa que a repetição do velho, daquilo que foi dito por mim há muito tempo. Agora, pensamentos mais claros, originais e vivos pedem que eu os coloque no papel. Quando terminei de escrever 'Costeletas raspadas', tudo isso ficou evidente para mim. Na minha posição, a monotonia é a morte" (*Biográfiia, písma i zamiétki iz zapisnói kníjki F. M. Dostoiévskogo* [*Biografia, cartas e observações do caderno de anotações de F. M. Dostoiévski*], São Petersburgo, A. S. Suvórin, 1883, p. 55). Ele passa a escrever *Niétotchka Niezvânova* e *A senhoria*, isto é, tenta introduzir seu novo princípio num outro campo desse mesmo mundo gogoliano (de "O retrato" e, parcialmente, "A terrível vingança").

Não se pode interpretar a autoconsciência do personagem em um plano sociocaracterológico e ver nela só um novo traço do personagem; conceber, por exemplo, Diévuchkin ou Golyádkin como um personagem gogoliano mais a autoconsciência. Foi justamente assim que Bielínski compreendeu Diévuchkin. Ele cita o trecho sobre o espelho e o botão solto no uniforme, que o surpreendeu, mas não capta sua significação artístico-formal: para ele, a autoconsciência apenas enriquece a imagem do "homem pobre" em um sentido humano, colocada lado a lado com outros traços na imagem sólida do personagem, imagem construída no horizonte autoral costumeiro. Talvez tenha sido isso que atrapalhou Bielínski de fazer uma avaliação correta de O *duplo*.

A autoconsciência como *dominante artística* na construção do personagem não pode ficar ao lado de outros traços de sua imagem; ela absorve esses traços, como se fossem seu material, e os priva das forças que definem e finalizam o personagem.

A autoconsciência pode ser transformada na dominante da representação de qualquer pessoa. Entretanto, nem toda pessoa é igualmente um material propício para essa representação. Nesse aspecto, o funcionário público gogoliano proporcionou possibilidades restritas demais. Dostoiévski procurava um personagem que pudesse ser predominantemente consciente, cuja vida se concentrasse na pura função da consciência de si e do mundo. Assim surgiu na sua criação o "sonhador" e o "homem do subsolo". Tanto a natureza "sonhadora" quanto a "subterrânea" são traços sociocaracterológicos das pessoas, mas correspondem à dominante artística de Dostoiévski. A consciência do sonhador e do homem do subsolo, não encarnados e que não podem ser encarnados, torna-se um terreno tão favorável para a diretriz criativa de Dostoiévski que lhe permite uma espécie de fusão da dominante artística da representação com a dominante vital e caracterológica da pessoa representada.

"Oh, se eu não fizesse nada unicamente por preguiça! Meu Deus, como eu me respeitaria então! Respeitar-me-ia justamente porque teria a capacidade de possuir em mim ao menos a preguiça; haveria, pelo menos, uma propriedade como que positiva, e da qual eu estaria certo. Pergunta: quem é? Resposta: um preguiçoso. Seria muito agradável ouvir isto a meu respeito. Significaria que fui definido positivamente; haveria o que dizer de mim. 'Preguiçoso!' realmente é um título e uma nomeação, é uma carreira."[50]

O homem do subsolo não só dissolve em si mesmo todos os possíveis traços sólidos da sua imagem, fazendo deles objeto de reflexão, mas também ele já não tem esses traços e definições sólidas, sobre ele não há nada a dizer, ele figura não como um homem da vida, mas como sujeito da consciência e do sonho. Para o autor ele não é o portador de qualidades e peculiaridades que seriam neutras para sua autoconsciência e poderiam concluí-lo, não, as intenções do autor estão direcionadas justamente para sua autoconsciência e a inconclusibilidade desesperadora, para a eternidade nociva dessa autoconsciência. Em razão disso, a definição caracterológica da vida do "homem do subsolo" e a dominante artística da sua imagem fundem-se em uma unidade. Só entre os neoclássicos, só em Racine ainda é possível encontrar uma convergência tão profunda e completa da forma do personagem com a forma do homem, da dominante de construção da imagem com a dominante do caráter. Contudo, essa comparação com Racine soa como um paradoxo, pois, de fato, o material, no qual nesse e em outros casos realiza-se essa

[50] Fiódor Dostoiévski, *Memórias do subsolo*, trad. Boris Schnaiderman, São Paulo, Editora 34, 2000, p. 31.

plenitude da adequação artística, é muito diferente. O personagem de Racine é todo existência, estável e fixo, como uma escultura plástica. O personagem de Dostoiévski é todo autoconsciência. O personagem de Racine é uma substância imóvel e acabada, o personagem de Dostoiévski é uma função infinita. O personagem de Racine é igual a si próprio, o personagem de Dostoiévski nem por um instante coincide consigo. Entretanto, o personagem de Dostoiévski é artisticamente tão preciso quanto o de Racine.

A autoconsciência como dominante artística da construção do personagem já é por si própria suficiente para decompor a unidade monológica do mundo artístico, mas com a condição de que o personagem como autoconsciência de fato se represente e não se expresse, isto é, não se funda com o autor, não se torne o seu porta-voz, e, consequentemente, com a condição de que as ênfases da autoconsciência do personagem de fato sejam objetivadas e que na própria obra ocorra uma distância entre o personagem e o autor. Se o cordão umbilical que une o personagem ao seu criador não tiver sido cortado, teremos diante de nós não uma obra, mas um documento pessoal.

Nesse sentido, as obras de Dostoiévski são profundamente objetivas e por isso a autoconsciência do personagem, tornada dominante, decompõe a unidade monológica da obra (é claro, sem destruir a unidade artística do novo tipo não monológico). O personagem torna-se relativamente livre e autônomo, pois tudo o que, no projeto autoral, tornou-o definido, isto é, fadado, tudo que o qualificou de uma vez por todas como imagem acabada da realidade, agora tudo isso já não funciona como uma forma que o conclui, mas como material de sua autoconsciência.

No projeto monológico o personagem é fechado e suas fronteiras semânticas são fortemente contornadas: ele age, vivencia, pensa e toma consciência nos limites do que ele é, isto é, nos limites de sua imagem definida como realidade; ele não tem como deixar de ser ele mesmo, isto é, sair dos limites do seu caráter, da sua tipicidade, do seu temperamento, sem destruir, com isso, o projeto monológico do autor sobre ele. Essa imagem é construída no mundo autoral objetivo em relação à consciência do personagem; a construção desse mundo — com seus pontos de vista e suas definições acabadas — pressupõe uma posição exterior estável, ou seja, um horizonte autoral estável. A autoconsciência do personagem está inserida em uma moldura sólida inacessível a ele, a qual define e representa a consciência autoral e é mostrada contra o pano de fundo sólido do mundo exterior.

Dostoiévski rejeita todas essas premissas monológicas. Tudo o que o autor monologista guardou para si e aplicou na criação da unidade última da obra e do mundo nela representado, Dostoiévski dá para o seu personagem, transformando tudo isso em um aspecto da sua autoconsciência.

Sobre o personagem de *Memórias do subsolo* não temos literalmente nada a dizer que ele próprio já não saiba: sua tipicidade para seu tempo e para seu círculo social, a definição psicológica racional ou até psicopatológica da sua imagem interior, a categoria caracterológica da sua consciência, sua comicidade e sua tragicidade, todas as definições morais possíveis da sua individualidade etc. — tudo isso, de acordo com o projeto de Dostoiévski, ele próprio sabe muito bem, e assimila de dentro de si, obstinada e dolorosamente, todas essas definições. É como se o ponto de vista exterior fosse de antemão privado de forças e da palavra conclusiva.

Uma vez que nessa obra à dominante da representação coincide mais adequadamente a dominante do representado, a tarefa formal do autor encontra uma expressão conteudística muito clara. O homem do subsolo pensa sobretudo a respeito daquilo que os outros pensam e podem pensar sobre ele, tende a adiantar-se a qualquer consciência alheia, a qualquer pensamento alheio, a cada ponto de vista sobre ele. Em todos os aspectos essenciais das suas confissões ele tenta antecipar uma possível definição e avaliação dos outros sobre ele, adivinhar o sentido e o tom dessa avaliação, e tenta formular cuidadosamente essas possíveis palavras alheias sobre ele, interrompendo seu discurso com as réplicas alheias imaginadas.

"— Mas não é uma vergonha, não é uma humilhação?! — talvez me digais, balançando com desdém a cabeça. — Está ansiando pela vida, mas resolve os problemas da existência com um emaranhado lógico. E como são importunas, como são insolentes as suas saídas, e, ao mesmo tempo, como o senhor tem medo! Afirma absurdos e se satisfaz com eles; diz insolências, mas sempre se assusta com elas e pede desculpas. Assegura não temer nada e, ao mesmo tempo, busca o nosso aplauso. Garante estar rangendo os dentes e, simultaneamente, graceja, para nos fazer rir. Sabe que os seus gracejos não têm espírito, mas, ao que parece, está muito satisfeito com a sua qualidade literária. É possível que tenha sofrido realmente; todavia, não respeita um pouco sequer o seu próprio sofrimento. No senhor há verdade, mas não há pureza; por motivo da mais mesquinha vaidade, traz a sua verdade à mostra, conduzindo-a para ignomínia, para a feira... Realmente, quer dizer algo, no entanto, por temor, oculta a sua palavra derradeira, porque não tem suficiente decisão para dizê-la, mas apenas uma assustada impertinência. Vangloria-se da sua consciência, mas, na realidade, apenas vacila, pois, embora o seu cérebro funcione, o seu coração está obscurecido pela perversão, e, sem um coração puro, não pode haver consciência plena, correta. E que capacidade de importunar, que insistência, como careteia! Mentira, mentira, mentira!

Está claro que eu mesmo inventei agora todas estas vossas palavras. Isto provém igualmente do subsolo. Passei ali quarenta anos seguidos, ouvindo por uma pequena fresta estas vossas palavras. Inventei-as eu mesmo, pois não podia inventar outra coisa. Não é para estranhar que se tenham gravado de cor e tomado forma literária..."[51]

O personagem do subsolo escuta atentamente cada palavra alheia sobre si mesmo, é como se ele se olhasse em todos os espelhos das consciências alheias, soubesse todas as refrações possíveis da sua imagem neles; ele conhece ainda sua definição objetiva, neutra tanto em relação à consciência alheia, quanto em relação à própria autoconsciência, e considera o ponto de vista de um "terceiro". Contudo, ele sabe ainda que todas essas definições, tanto tendenciosas quanto objetivas, encontram-se em suas mãos e não o concluem, justamente porque ele próprio tem consciência delas; ele pode sair dos seus limites e torná-las inadequadas. Ele sabe que a última palavra será dele e a todo custo tenta manter essa última palavra sobre si mesmo, a palavra da sua autoconsciência, para tornar-se nela algo diferente do que já foi. Sua autoconsciência vive sua inconclusibilidade, seu não fechamento e sua irresolução.

Esse não é só um traço caracterizador da autoconsciência do homem do subsolo, mas também uma dominante da sua construção pelo autor. De fato, o autor deixa para seu personagem a última palavra. O projeto do autor precisa justamente dessa palavra, ou mais precisamente, da tendência a ela. Ele constrói o personagem não por meio de palavras alheias ou de definições neutras; ele não constrói um caráter, tipo ou temperamento; de modo geral, não há uma imagem

[51] Fiódor Dostoiévski, *Memórias do subsolo*, trad. Boris Schnaiderman, *op. cit.*, pp. 51-2.

do personagem, mas justamente a *palavra* do personagem sobre si próprio e sobre o seu mundo.

O personagem de Dostoiévski não é uma imagem, mas uma palavra plenivalente, uma *voz pura*; nós não o vemos, nós o escutamos; tudo o que vemos e sabemos além de sua palavra não é essencial e é absorvido pela palavra, como seu material, ou permanece fora dela, como um fator estimulador e provocador. Verificaremos adiante que toda a construção artística do romance de Dostoiévski está orientada para a revelação e o esclarecimento dessa palavra do personagem, e exerce em relação a ela uma função provocadora e orientadora. O epíteto "talento cruel", dado a Dostoiévski por Mikhailóvski,[52] tem um fundamento, apesar de não ser tão simples quanto Mikhailóvski considerava. Uma espécie de tortura moral — à qual Dostoiévski submete seus personagens com o propósito de conseguir deles a palavra da autoconsciência e, por meio desta, atingir seus limites extremos — permite dissolver tudo o que é material e objetivo, tudo o que é estável e imutável, tudo o que é mais exterior e neutro na representação do homem no *medium* puro de sua autoconsciência e de seu autoenunciado.

Para nos convencermos da profundidade artística e da sutileza dos procedimentos artísticos provocadores de Dostoiévski é suficiente compará-lo com os imitadores contemporâneos mais fervorosos do "talento cruel", isto é, com os expressionistas alemães: com Paul Kornfeld, Franz Werfel e outros. Na maioria dos casos eles não sabem ir além de provocar histerias e todo tipo de delírios histéricos, uma vez que não sabem criar, em torno do personagem, aquela atmosfera

---

[52] Nikolai Konstantínovitch Mikhailóvski (1842-1904), crítico literário, sociólogo e tradutor, autor do artigo "Um talento cruel" (1882), mencionado por Bakhtin. Há uma tradução desse artigo na coletânea *Antologia do pensamento crítico russo (1802-1901)*, organizada por Bruno Barretto Gomide, São Paulo, Editora 34, 2013, pp. 425-508. (N. da T.)

social mais complexa e sutil que o obriga a revelar-se e a esclarecer-se dialogicamente, a apreender aspectos de si em consciências alheias, a construir evasivas, estendendo e com isso desnudando sua última palavra no processo de interação mais tensa com outras consciências. Aqueles artisticamente mais comedidos, como Werfel, criam um ambiente simbólico para essa autorrevelação do personagem. Assim é, por exemplo, a cena do julgamento em *Spiegelmensch*, de Werfel, onde é o personagem que julga a si próprio, mas esse juiz cumpre o protocolo e convoca testemunhas.

A dominante da autoconsciência na construção do personagem é verdadeiramente percebida pelos expressionistas, mas eles não sabem, de modo convincente, obrigar a autoconsciência a se revelar espontânea e artisticamente convincente. O resultado é ora um experimento exagerado e grosseiro com o personagem, ora uma ação simbólica.

De fato, o autoesclarecimento e a autorrevelação do personagem, sua palavra sobre si próprio, não são predeterminados pela sua imagem neutra como objetivo último da construção, e às vezes tornam a diretriz do autor "fantástica" também nas obras do próprio Dostoiévski. Para o escritor, a verossimilhança do personagem é a verossimilhança de sua palavra interior sobre si próprio em toda a sua pureza, mas para ouvi-la e mostrá-la, para introduzi-la no horizonte de outra pessoa, exige-se a violação das regras desse horizonte, pois o horizonte normal contém a imagem da outra pessoa, mas não o horizonte alheio em seu todo. O autor é obrigado a buscar um ponto de vista fantástico, fora de seu horizonte. Vejamos o que Dostoiévski diz no seu prefácio a "A dócil":

"Agora, sobre a narrativa em si. Intitulei-a 'fantástica', ainda que eu a considere realista no mais alto grau. Mas aqui de fato existe o fantástico, e justamente na própria forma da narrativa, o que considero necessário esclarecer de antemão.

Acontece que não se trata nem de um relato nem de memórias. Imaginem um marido, em cuja casa jaz sobre a mesa a mulher, suicida, que algumas horas antes se atirara da janela. Ele está confuso e ainda não conseguiu juntar os pensamentos. Anda pelos cômodos da casa e tenta entender o que aconteceu, 'concentrar os pensamentos em um ponto'. De mais a mais, trata-se de um hipocondríaco inveterado, daqueles que falam sozinhos. E eis que ele fala consigo mesmo, conta o ocorrido e o *esclarece* para si próprio. Apesar da aparente coerência do discurso, ele algumas vezes se contradiz, tanto na lógica quanto nos sentimentos. Ao mesmo tempo em que se justifica, culpa a mulher e deixa se levar por explicações que não têm nada a ver: há nisso tanta rudeza de pensamento e de coração, como um sentimento profundo. Aos poucos ele de fato *esclarece* para si o ocorrido, e concentra 'os pensamentos num ponto'. A série de recordações evocadas por ele acabam por levá-lo irresistivelmente à *verdade*; a verdade engrandece-lhe irresistivelmente o espírito e o coração. No fim até o tom da narrativa se modifica, em comparação com o seu início desordenado. A verdade revela-se ao infeliz de modo bastante claro e determinante, ao menos para ele.

Eis o tema. É claro que o processo da narração prolonga-se por algumas horas, com alternâncias e pausas, de modo incoerente: ora ele fala para si mesmo, ora dirige-se como que a um ouvinte invisível, a algum juiz. E na realidade é sempre assim mesmo que acontece. Se um estenógrafo o tivesse surpreendido e anotado tudo em seguida, então teria saído um pouco mais áspero e mais tosco do que o apresentado por mim, mas, ao que me parece, a ordem psicológica é provável que tivesse ficado a mesma. Pois é essa suposição de um estenógrafo que houvesse anotado tudo (cuja anotação eu teria reelaborado em seguida) que eu chamo de fantástica na narrativa. Mas, em parte, coisa semelhante já foi admitida mais de uma vez na arte: Victor Hugo, por exemplo, em sua obra-prima *O último dia de um condenado*, utilizou praticamente a mesma técnica e, ainda que não tenha lançado mão do estenógrafo, permitiu-se uma inverossimilhança ainda maior, ao propor que um condenado à morte pudesse (e tivesse tempo de) registrar as memórias não apenas do seu último dia, mas até da sua última hora e literalmente do seu derradeiro minuto. Mas, não tivesse ele se permitido essa fantasia, a obra nem mesmo existiria — a mais real e mais verdadeira de todas as que escreveu."[53]

Citamos esse prefácio em sua quase integralidade em razão da importância excepcional das proposições ali expressas para a compreensão da obra de Dostoiévski: segundo o escritor, aquela *"verdade"* à qual o personagem deve chegar e, por fim, efetivamente chega, ao esclarecer para si próprio os acontecimentos, pode ser, em essência, só *a verdade de sua própria consciência*. Ela não tem como ser neutra em relação à autoconsciência. Nos lábios de outro, aquela mesma palavra ou aquela mesma definição, do ponto de vista do conteúdo, adquiriria outro sentido, outro tom, e já deixaria de ser verdade. Segundo Dostoiévski, a última palavra sobre o homem, que seja de fato adequada a ele, pode ser expressa apenas na forma de uma autoenunciação confessional.

---

[53] "A dócil", trad. Fátima Bianchi, em Fiódor Dostoiévski, *Contos reunidos*, São Paulo, Editora 34, 2017, pp. 361-2.

No entanto, como introduzir essa palavra na narração sem destruir a sua autenticidade e, ao mesmo tempo, sem destruir o tecido da narração, sem rebaixá-la a simples pretexto para a introdução de uma confissão? A forma fantástica de "A dócil" é só uma das soluções para esse problema, e ainda assim restringida pelos limites da novela. Contudo, que esforços artísticos foram necessários para que Dostoiévski suprisse as funções de um taquígrafo fantástico no todo do romance plurivocal!

É claro que não se trata aqui de dificuldades pragmáticas nem de procedimentos composicionais externos. Tolstói, por exemplo, introduz tranquilamente os pensamentos de um personagem diante da morte, o último arroubo da sua consciência e de sua última palavra, diretamente no tecido da narração a partir do próprio autor (e já o faz em *Contos de Sebastópol*; são especialmente significativas suas obras tardias *A morte de Ivan Ilitch* e *Senhor e servo*). Para Tolstói, não surge o problema em si; ele não precisa ressalvar o caráter fantástico do seu procedimento. O mundo de Tolstói é monoliticamente monológico; a palavra do personagem está contida na moldura sólida das palavras autorais sobre ele. No invólucro da palavra alheia (do autor) é dada também a última palavra do personagem; a autoconsciência do personagem é apenas um aspecto da sua imagem sólida e está, em sua essência, predeterminada por essa imagem mesmo quando a consciência, do ponto de vista temático, vivencia a crise e a reviravolta interior mais radicais (*Senhor e servo*). Em Tolstói, a autoconsciência e a transfiguração espiritual permanecem no plano puramente conteudístico e não adquirem uma significação formal; a inconclusibilidade ética do homem diante da morte não se torna um inacabamento[54] artístico-

---

[54] Bakhtin utiliza aqui duas palavras muito próximas no russo tanto do ponto de vista semântico quanto morfológico, a saber: *nezaverchónnost* e *nezaverchímost*, traduzidas aqui respectivamente por "inconclusibilida-

-formal do personagem. A estrutura artístico-formal da imagem de Brekhunóv ou de Ivan Ilitch em nada se diferencia da estrutura da imagem do velho príncipe Bolkónski ou de Natacha Rostóva. A autoconsciência e a palavra do personagem não se tornam uma dominante de sua construção, apesar de toda a sua importância temática na criação de Tolstói. A segunda voz (juntamente com a do autor) não aparece no seu mundo; por isso não surge nem o problema da composição de vozes, nem o problema de uma colocação específica do ponto de vista do autor. O ponto de vista monologicamente ingênuo de Tolstói e sua palavra penetram em tudo, em todos os cantos do mundo e da alma, subordinando tudo à sua unidade.

Em Dostoiévski, a palavra do autor se opõe à palavra plenivalente e pura do personagem. É justamente por isso que surge o problema da colocação da palavra do autor, isto é, o problema da sua posição artístico-formal em relação à palavra do personagem. Esse problema é mais profundo do que a questão da palavra autoral superficialmente composicional e a questão da sua eliminação, também superficialmente composicional, pela forma da *Icherzählung*,[55] a saber: pela introdução do narrador, pela construção do romance por meio das cenas e pelo rebaixamento da palavra autoral a simples rubricas. Todos esses procedimentos composicionais de eliminação ou de enfraquecimento da palavra autoral, por si sós, ainda não tocam na essência do problema; seu sentido artístico autêntico pode ser profundamente distinto, a depender dos distintos objetivos artísticos. A forma da *Icherzählung* em *A filha do capitão*[56] é infinitamente distante da *Icher-*

---

de" e "inacabamento". Ver o verbete "inconclusibilidade" no Glossário. (N. da T.)

[55] Narração em primeira pessoa. (N. da T.)

[56] Obra publicada em 1836 pelo escritor russo Aleksandr Púchkin,

zählung de *Memórias do subsolo*, mesmo se considerarmos em sentido abstrato o conteúdo dessas formas. A narração de Grinióv é construída por Púchkin em um horizonte monológico sólido, mesmo que esse horizonte não se apresente de nenhum ponto de vista composicional externo, pois não há uma palavra autoral direta. Contudo, é justamente esse horizonte que determina toda a construção. O resultado é *a imagem sólida de Grinióv*, uma imagem e não uma palavra; a própria palavra de Grinióv é um elemento dessa imagem, isto é, esgota-se completamente nas funções de caracterização e de construção pragmática do enredo. O ponto de vista de Grinióv sobre o mundo e sobre os acontecimentos é apenas um componente da sua imagem: ele é dado como uma *realidade característica*, e de modo algum como uma *posição semântica* imediatamente significante e plenamente intencional. A intencionalidade imediata só pertence ao ponto de vista do autor, que é a base da construção; todo o resto é apenas seu objeto. A introdução de um narrador também pode não enfraquecer o monologismo da visão una e do conhecimento uno da posição autoral e não fortalecer nem um pouco o peso semântico e a autonomia das palavras do personagem. Isso ocorre, por exemplo, com Biélkin,[57] um dos narradores de Púchkin.

Desse modo, todos esses procedimentos composicionais, por si sós, ainda não são capazes de destruir o monologismo do mundo artístico. Contudo, em Dostoiévski eles de fato exercem essa função, tornando-se instrumento para a realização do seu projeto artístico polifônico. Veremos adiante

que evoluiu das tendências românticas iniciais para um realismo de excepcional vigor e sensibilidade, com isso influenciando vários escritores russos do século XIX, entre eles Gógol, Tolstói e Dostoiévski. (N. da T.)

[57] Referência ao narrador da obra em prosa de Púchkin, *Contos de Biélkin*, composta por cinco histórias e publicada pela primeira vez em 1831. (N. da T.)

como e graças a que eles desempenham essa função. Por enquanto, o projeto artístico é o aspecto mais importante para nós, e não o meio de sua realização concreta.

No projeto de Dostoiévski, o personagem é o portador de uma palavra plenivalente de valores e não um objeto sem voz e mudo da palavra autoral. O projeto autoral sobre o personagem é o *projeto sobre a palavra*. Em razão disso, também a palavra do autor sobre o personagem é uma *palavra sobre a palavra*. Ela é orientada ao personagem como que a uma palavra, e por isso está *dialogicamente orientada a ele*. Por meio de toda a construção do seu romance, o autor fala não *sobre* o personagem, mas *com* o personagem. Nem poderia ser diferente: só uma orientação dialógica e coparticipativa leva a sério a palavra alheia e é capaz de aproximar-se dela, assim como se aproxima de uma posição semântica ou de um outro ponto de vista. Apenas diante de uma posição dialógica interior é que a minha palavra se encontra em conexão estreita com a palavra alheia, mas ao mesmo tempo não se funde com ela, não a absorve e não dissolve em si sua significação, isto é, conserva por completo a sua autonomia como palavra. Manter a distância diante de uma conexão semântica tensa é uma tarefa nada fácil. Contudo, a distância entra no projeto do autor, pois só ela garante o objetivismo puro da representação do personagem.

A autoconsciência como dominante de construção do personagem exige a construção de uma tal atmosfera artística que permitiria que a palavra do personagem se revelasse e se autoelucidasse. Nenhum elemento dessa atmosfera pode ser neutro: tudo deve tocar no vivo do personagem, provocar, interrogar, e até polemizar e zombar, tudo deve dirigir-se ao próprio personagem, isto é, ser voltado para ele, tudo deve ser sentido como uma *palavra sobre um presente*, e não uma palavra sobre um ausente, como palavra direcionada à "segunda" e não à "terceira" pessoa. O ponto de vista semântico de um "terceiro", a partir do qual se constrói uma imagem estável do personagem, destruiria essa atmosfera, e por isso não entra no mundo criativo de Dostoiévski; não por ser inacessível a ele (em decorrência, por exemplo, do autobiografismo dos personagens ou do polemismo excepcional do autor), mas por não entrar em seu projeto criativo. O projeto exige uma dialogização contínua de todos os elementos da construção. Isso explica o nervosismo aparente, a tensão extrema e a inquietação da atmosfera dos romances de Dostoiévski, a qual, para um olhar superficial, oculta a mais sutil intenção artística, bem como a ponderação e a necessidade de cada tom, de cada ênfase, de cada reviravolta inesperada dos acontecimentos, de cada escândalo, de cada excentricidade. Só à luz dessa tarefa artística é que podem ser compreendidas as funções verdadeiras desses elementos composicionais, tais como o narrador e seu tom, o diálogo cênico, as particularidades da narração do autor (quando ele existe) etc.

Essa é a relativa autonomia dos personagens nos limites do projeto criativo de Dostoiévski. Nesse caso, devemos alertar sobre um possível mal-entendido. Pode parecer que a autonomia do personagem contradiz o fato de que ele é dado inteiramente como um aspecto da obra artística e, consequentemente, criado pelo autor do começo ao fim. Na verdade, essa contradição não existe. Afirmamos a liberdade dos personagens nos limites do projeto artístico e, nesse sentido, ela é uma criação do mesmo modo que a não liberdade do personagem-representação. Contudo, criar não significa inventar. Toda criação está ligada tanto às suas próprias leis quanto às leis do material com o qual ela trabalha. Toda criação é determinada pelo seu objeto e pela sua estrutura e, por isso, não permite arbitrariedade e, em essência, não inventa nada, mas só revela o que está dado no próprio objeto. É possível chegar a um pensamento correto, mas esse pensamento tem a sua lógica e por isso não é possível inventá-lo, isto é, criá-lo do começo ao fim. Tampouco inventa-se uma imagem ar-

O personagem em Dostoiévski

tística, seja ela como for, pois ela tem a sua lógica artística, as suas próprias regras. "*Wer A sagt, muss auch B sagen*",[58] dizem os alemães. Uma vez estabelecida uma tarefa determinada, deve-se obedecer às suas regras.

O personagem de Dostoiévski também não é inventado, assim como não são inventados o personagem do romance realista, o personagem romântico e o personagem dos neoclássicos. Contudo, cada um tem as suas leis, a sua lógica, que, apesar de inserida nos limites da vontade artística do autor, não pode ser violada pelo seu prazer pessoal. Uma vez escolhido o personagem e a dominante da sua representação, o autor está atado à lógica interna da sua escolha, que ele deve revelar em sua representação. A lógica da autoconsciência permite apenas certos meios artísticos de revelação e representação. Revelar e representar o personagem só é possível perguntando e provocando-o, mas sem dar a ele uma imagem predeterminada e conclusiva. Essa imagem não domina justamente aquilo que o autor estabelece como seu objeto.

Desse modo, a liberdade do personagem é um aspecto do projeto autoral. A palavra do personagem é criada pelo autor, no entanto, é criada de modo a poder desenvolver sua lógica interna e autonomia, como *palavra alheia*, como a palavra do *próprio personagem*. Em consequência disso, ela é excluída não do projeto autoral, mas só do horizonte autoral monológico. Contudo, é justamente a violação desse horizonte que entra no projeto de Dostoiévski.

[58] Em alemão no original: "Quem diz A deve também dizer B". (N. da T.)

3

A ideia em Dostoiévski

Passemos para o aspecto seguinte de nossa tese: a colocação da ideia no mundo artístico de Dostoiévski. A tarefa polifônica não é compatível com o monoideísmo de tipo habitual. Na colocação da ideia, a peculiaridade de Dostoiévski deve se manifestar de um modo especialmente nítido e claro. Em nossa análise, abstrairemos o aspecto conteudístico das ideias introduzidas por Dostoiévski, pois, para nós, é importante apenas a função artística delas na obra.

O personagem de Dostoiévski não é só uma palavra sobre si próprio e sobre o seu meio mais próximo, mas é também uma palavra sobre o mundo: ele não só toma consciência, como também é um ideólogo.

O "homem do subsolo" já é um ideólogo, porém é nos romances que a criação ideológica dos personagens recebe a plenitude da significação; de fato, aqui a ideia torna-se quase que a heroína da obra. Contudo, também aqui a dominante de representação do personagem permanece a mesma: a autoconsciência.

Com isso, a palavra sobre o mundo funde-se com a palavra confessional sobre si próprio. Segundo Dostoiévski, a verdade sobre o mundo é inseparável da verdade da personalidade. As categorias da autoconsciência, que determinavam a vida já em Diévuchkin e sobretudo em Golyádkin — a aceitação e a não aceitação, a rebelião ou a resignação — tornam-se agora categorias fundamentais de reflexão sobre o mundo. Portanto, os mais elevados princípios de visão de mundo são os mesmos princípios das vivências pessoais mais concretas. Por meio disso, atinge-se o que é mais característico em Dostoiévski: a fusão artística da vida pessoal com a visão de mundo, da vivência mais íntima com a ideia. A vida pessoal torna-se particularmente desinteressada e fiel a seus princípios, e a reflexão ideológica superior, intimamente pessoal e apaixonada.

Essa fusão da palavra do personagem sobre si próprio com sua palavra ideológica sobre o mundo eleva em muito a intencionalidade direta da autoenunciação, fortalece sua resistência interna contra toda conclusibilidade exterior. No mundo artístico de Dostoiévski, a ideia auxilia a autoconsciência a afirmar sua soberania e a triunfar sobre qualquer imagem fixa, estável e neutra.

Contudo, por outro lado, a própria ideia pode preservar a sua intencionalidade, a sua plena capacidade de pensar apenas no terreno da autoconsciência, como dominante da representação artística do personagem. No mundo artístico monológico, a ideia, colocada na boca de um personagem representado como imagem sólida e conclusiva da realidade, perde inevitavelmente a sua intencionalidade imediata, tornando-se um aspecto da realidade, seu traço predeterminado, como qualquer outra manifestação do personagem. Essa é a ideia socialmente típica ou individualmente caraterística, ou, por fim, o gesto intelectual simples do personagem, a expressão facial intelectual da sua face espiritual. A ideia cessa de ser uma ideia e torna-se uma simples característica artística. Enquanto tal, ela é combinada à imagem do personagem.

Se a ideia conserva a sua importância no mundo monológico como ideia, ela inevitavelmente se destaca da imagem fixa do personagem e já não combina artisticamente com ele: ela apenas foi colocada na boca do personagem, mas poderia ter sido colocada com o mesmo êxito na boca de qualquer outro personagem. Para o autor, é importante que uma dada ideia verdadeira seja enunciada no contexto de dada obra; quem a expressará, e quando, serão determinados por motivações composicionais de conveniência e adequação, ou puramente por critérios negativos: de modo que ela não destrua a verossimilhança da imagem do falante. A ideia, por si só, não é de ninguém. O personagem é só um simples portador de uma ideia com finalidade própria; enquanto ideia verdadeira e significante, ela gravita em torno de um contexto sistêmico-monológico impessoal, em outras palavras, em torno da visão de mundo sistêmico-monológica do próprio autor.

O mundo artístico monológico não conhece o pensamento alheio e a ideia alheia como objetos de representação. Nesse mundo, todo o ideológico divide-se em duas categorias. Na primeira, os pensamentos que são verdadeiros e significativos — são autossuficientes na consciência autoral e tendem a compor uma unidade semântica de visão de mundo; esses pensamentos não são representados, eles são afirmados; esse seu caráter afirmativo encontra expressão objetiva em sua ênfase particular, em sua posição específica no todo da obra, na própria forma estilístico-verbal do modo como são enunciados, e em toda uma série de outros modos, os mais variados, de apresentar o pensamento como significativo e afirmativo. Sempre ouvimos esse pensamento no contexto da obra, o pensamento afirmado sempre soa diferente daquele não afirmado. Na segunda categoria, os pensamentos e as ideias — incorretos e indiferentes do ponto de vista do autor, e que não se inserem na sua visão de mundo — não são afirmados, mas ou são negados de modo polêmico, ou perdem sua significação imediata e tornam-se simples elementos de caracterização, gestos intelectuais do personagem ou qualidades intelectuais mais constantes.

No mundo monológico, *tertium non datur*: o pensamento ou é afirmado, ou é negado, ou simplesmente cessa de ser um pensamento pleno de significação. Para entrar na estrutura artística, o pensamento não afirmado deve no geral perder a sua significação, tornar-se um fato psíquico. No que diz respeito aos pensamentos negados polemicamente, eles também não são representados, pois o refutado, seja qual for a forma que ele assuma, exclui a representação autêntica da ideia. O pensamento alheio negado não abre o contexto monológico, pelo contrário, ele se fecha de modo ainda mais abrupto e obstinado em suas fronteiras. O pensamento alheio negado não é capaz de criar, ao lado de uma consciência, uma consciência alheia plenivalente, se essa negação permanecer uma negação puramente teórica do pensamento, enquanto tal.

A representação artística da ideia é possível apenas quando ela permanece além da afirmação ou da negação, mas, ao mesmo tempo, tampouco é reduzida a uma simples vivência psíquica, privada de significação imediata. No mundo monológico, esse modo de colocar a ideia não é possível, pois nega os princípios mais fundamentais desse mundo. Esses mesmos princípios fundamentais vão muito além dos limites de uma criação artística; eles são os princípios de toda a cultura ideológica dos novos tempos. E quais são esses princípios?

A expressão mais clara e teoricamente mais nítida dos princípios do monologismo ideológico ocorreu na filosofia idealista. No idealismo, o princípio monístico, isto é, a afirmação da unidade da *existência*, transforma-se no princípio da unidade da *consciência*.

É claro que, para nós, não é importante o aspecto filosófico da questão, mas uma certa particularidade ideológica geral, que se manifestou também nessa transformação idealista do monismo da existência no monismo da consciência. Contudo, também essa particularidade ideológica geral nos importa apenas do ponto de vista da sua aplicação artística subsequente.

A unidade da consciência, que substitui a unidade da existência, transforma-se inevitavelmente na unidade de *uma* consciência; diante disso, é completamente indiferente qual forma metafísica ela assume: a "consciência geral" (*Bewusstsein überhaupt*), o "eu absoluto", o "espírito absoluto", a "consciência normativa" etc. Junto a essa consciência una e inevitavelmente única encontra-se uma grande quantidade de consciências humanas empíricas. Do ponto de vista da "consciência geral", essa pluralidade de consciências é ocasional e, por assim dizer, redundante. Tudo o que é essencial ou verdadeiro nelas entra no contexto unitário da consciência geral e é privado de individualidade. Do mesmo modo, o que é individual, o que distingue uma consciência de outra ou de outras consciências, é cognitivamente secundário e se relaciona com o campo da organização psíquica e da limitação do indivíduo humano. Do ponto de vista da verdade não há individualização das consciências. O único princípio de individualização cognitiva que o idealismo conhece é o *erro*. Todo juízo verdadeiro não se fixa na personalidade, mas é autossuficiente em algum contexto sistêmico-monológico uno. Só o erro individualiza. Todo o verdadeiro cabe nos limites de uma única consciência, e, se não cabe de fato, é apenas graças a razões ocasionais e alheias à própria verdade. No ideal, uma única consciência e uma única boca são completamente suficientes para toda a plenitude do conhecimento; não há necessidade de uma variedade de consciências, nem fundamentos para ela.

É preciso admitir que do próprio conceito de verdade única ainda não surge de modo algum a necessidade de uma consciência única e una. É completamente possível admitir e pensar que uma única verdade exige uma multiplicidade de consciências, que ela em princípio não cabe nos limites de uma única consciência, que ela, por assim dizer, é de natureza social e coexistente e nasce no ponto de encontro de diferentes consciências. Tudo depende de como pensar para si a verdade e a sua relação com a consciência. A forma monológica de percepção do conhecimento e da verdade é apenas uma das formas possíveis. Ela surge só quando a consciência se coloca acima da existência, e quando a unidade da existência se transforma em unidade da consciência.[59]

No terreno do monologismo filosófico, não é possível uma interação essencial de consciências, e por isso não é possível um diálogo essencial. O idealismo conhece fundamentalmente apenas um aspecto da interação cognitiva entre consciências: a relação de ensino entre aquele que conhece e domina a verdade e aquele que não a conhece e erra, isto é, a inter-relação do mestre com o discípulo e, consequentemente, só o diálogo pedagógico.[60]

A percepção monológica da consciência também domina em outras esferas da criação ideológica. Em todo lugar, tudo o que é significado e valorado concentra-se em torno de um núcleo: o portador. Qualquer criação ideológica é pensada e percebida como expressão possível de uma única consciência, de um único espírito. Mesmo quando se trata de um coletivo, de uma variedade de forças criativas, a unidade é ilustrada por meio da imagem de uma única consciência: o espírito da nação, o espírito do povo, o espírito da história etc. Tudo o que é significativo pode ser reunido em uma consciência e subjugado a uma única ênfase; já o que não se rende a essa redução é ocasional e irrelevante. Todo o utopismo

[59] No campo do próprio idealismo, atualmente inicia-se uma crítica dos princípios do monologismo como forma kantiana específica de idealismo. Em especial, é preciso apontar os trabalhos de Max Scheler: *Wesen und Formen der Sympathie* [*O ser e formas de simpatia*] (1926) e *Der Formalismus in der Ethik und die materiale Wertethik* [*O formalismo na ética e a ética material dos valores*] (1921).

[60] O idealismo de Platão não é puramente monológico. Ele só se torna puramente monológico na interpretação neokantiana. O diálogo platônico também não é de tipo pedagógico, apesar de o monologismo ser forte nele. Adiante falaremos dos diálogos de Platão, ao tratarmos do diálogo filosófico em Dostoiévski, que normalmente é definido (por exemplo, por Grossman) como diálogo de tipo platônico.

europeu também se fundamenta nesse princípio monológico. É assim o socialismo utópico com sua fé na onipotência da persuasão. Em todo lugar, uma única consciência ou um único ponto de vista torna-se o representante de toda unidade semântica.

Essa fé na autossuficiência de uma única consciência em todas as esferas da vida ideológica não é uma teoria criada por diferentes pensadores, não — ela é um traço estrutural profundo da criação ideológica da atualidade, o qual determina todas as formas externas e internas. Aqui só podem nos interessar as manifestações dessa particularidade na criação literária.

A colocação da ideia na literatura, como vimos, é inteiramente monológica. A ideia ou é afirmada ou é negada. Todas as ideias afirmadas fundem-se na unidade da consciência do autor, que vê e representa; aquilo que não é afirmado é distribuído entre os personagens, mas já não como ideia significante, e sim como manifestações do pensamento, socialmente típicas ou individualmente características. Aquele que conhece, compreende e vê em primeiro grau é apenas o autor. Só ele é ideólogo. Nas ideias autorais está impressa a sua individualidade. Desse modo, nele *a significação direta e ideológica plenivalente e a individualidade combinam-se sem enfraquecerem uma à outra*. Contudo, isso ocorre só nele. Nos personagens, a individualidade mata a significação de suas ideias ou, se a significação dessas ideias for conservada, estas serão isoladas da individualidade do personagem e combinadas com a individualidade autoral. Disso decorre a *monoacentuação de ideias da obra*; o surgimento de uma segunda ênfase inevitavelmente é percebido como uma péssima contradição dentro da visão de mundo autoral.

Na obra de tipo monológico, a ideia autoral afirmada e plenivalente pode exercer três funções: em primeiro lugar, ela é um *princípio da própria visão e representação do mundo*, um princípio de *seleção* e reunião do material, um princípio de *monotonalidade ideológica* de todos os elementos da obra; em segundo lugar, a ideia pode ser dada como uma *conclusão* mais ou menos nítida e consciente daquilo que foi representado; em terceiro lugar, por fim, a ideia autoral pode receber uma expressão imediata na *posição ideológica do personagem principal*.

Enquanto princípio de representação, a ideia funde-se com a forma. Ela determina todas as ênfases formais, todas aquelas avaliações ideológicas que constituem a unidade formal do estilo artístico e o tom único da obra. As camadas profundas dessa ideologia constitutiva da forma possuem um caráter social e, em menor grau, podem ser relacionadas à individualidade autoral. A individualidade autoral apenas as ornamenta. O potencial criativo domina apenas aquelas ênfases que se formaram e se sedimentaram no coletivo ao qual pertence o autor. Na ideologia, que serve de princípio da forma, o autor só aparece como representante do seu grupo social. O monologismo artístico se relaciona com as camadas profundas da ideologia constituinte da forma que assinalamos.

A ideologia como conclusão, como resultado semântico da representação, associada ao princípio monológico inevitavelmente transforma o mundo representado em um *objeto sem voz dessa conclusão*. As próprias formas da conclusão ideológica podem ser extremamente diversas. A depender delas muda-se também a colocação daquilo que é representado: ele pode ser a simples ilustração de uma ideia, um simples exemplo, ou um paradigma, ou um material de generalização ideológica (um romance experimental), ou, finalmente, pode encontrar-se em uma relação mais complexa com o resultado final. Quando a representação é completamente orientada para uma conclusão ideológica, temos diante de nós um romance filosófico de ideias (por exemplo, o *Cândido* de Voltaire) ou, no pior dos casos, simplesmente um romance grosseiramente tendencioso. Contudo, mesmo se não houver essa orientação direta, ainda assim o elemento da conclusão ideológica será esboçado em qualquer representação, por mais modestas e ocultas que sejam as funções formais dessa conclusão. As ênfases da conclusão ideológica não devem encontrar-se em contradição com as ênfases constituintes da forma da própria representação. Se essa contradição existe, ela é sentida como uma insuficiência, pois nos limites do mundo monológico as ênfases contraditórias chocam-se em uma única voz. A unidade do ponto de vista deve constituir um todo único tanto nos elementos mais formais do estilo, quanto nas conclusões filosóficas mais abstratas.

A posição semântica do personagem também pode estar no mesmo plano da ideologia constituinte da forma e da conclusão ideológica total. O ponto de vista do personagem pode ser movido da esfera objetiva para a esfera do princípio. Nesse caso, os princípios ideológicos que estão na base da construção não só representam o personagem, determinando o ponto de vista autoral sobre ele, mas também são expressos pelo próprio personagem, determinando seu próprio ponto de vista sobre o mundo. Em termos formais, esse personagem distingue-se nitidamente daquele de tipo comum. Não há necessidade de extrapolar os limites de determinada obra em busca de outros documentos que atestem a coincidência entre a ideologia do autor e a do personagem. Além disso, essa coincidência conteudística, que não está estabelecida na obra, por si só não tem força probatória. A unidade dos princípios ideológicos autorais de representação e da posição ideológica do personagem deve ser revelada na própria obra, como uma *monoênfase da representação autoral tanto dos discursos quanto das vivências do personagem*, mas não enquanto coincidência conteudística do pensamento do personagem com as opiniões ideológicas do autor, enunciadas em outro lugar. A própria palavra desse personagem e sua vivência são dadas de forma diferente: elas não são objetificadas; elas caracterizam o objeto, ao qual estão orientadas, e não

A ideia em Dostoiévski

só o próprio falante como objeto da intenção autoral. A palavra desse personagem está no mesmo plano da palavra autoral. A ausência de distância entre a posição do autor e a posição do personagem se manifesta também em todo um conjunto de outras particularidades formais. Por exemplo, o personagem não está fechado nem internamente concluído, assim como o próprio autor, por isso ele também não cabe integralmente no leito de Procusto do enredo, que é percebido como um dos enredos possíveis e, consequentemente, no final das contas, como fortuito para esse determinado personagem. Esse personagem não fechado é característico do romantismo, de Byron, de Chateaubriand; assim é Petchiórin,[61] de Liérmontov etc.

Por fim, além da sua organização de acordo com as três funções apontadas, as ideias do autor podem ser esporadicamente dispersas por toda a obra. Elas podem manifestar-se ainda no discurso autoral como máximas isoladas, sentenças ou raciocínios inteiros; elas podem ser colocadas na boca de diferentes personagens, às vezes em blocos grandes e compactos, não se fundindo, porém, com sua individualidade (por exemplo, Potúguin[62] em Turguêniev).

Todo esse bloco ideológico organizado e desorganizado, desde os princípios constituintes de forma até as ocasionais e elimináveis sentenças do autor, deve ser subordinado a uma ênfase, expressar um ponto de vista único. Todo o restante é objeto desse ponto de vista, ou seja, um material sujeito a ênfases. Só a ideia que se alinhou ao ponto de vista autoral pode preservar a sua significação sem destruir a unidade monoacentual da obra. Todas essas ideias autorais, independen-

---

[61] Petchiórin é o personagem principal do romance *O herói do nosso tempo* (1840), de Mikhail Liérmontov. (N. da T.)

[62] Personagem do romance *Dim* [*Fumaça*], publicado em 1867 como folhetim e no ano seguinte como livro pelo escritor russo Ivan Turguêniev (1818-1883). Potúguin é um típico *raznotchínetz*. (N. da T.)

temente da função que elas desempenhem, não são *representadas*: elas ou representam e orientam internamente a representação, ou elucidam o representado, ou, por fim, acompanham a representação, como ornamento semântico isolável. Elas são representadas sem mediação, sem distanciamento. Nos limites do mundo monológico formado por elas, a ideia alheia não pode ser representada. Ela ou é assimilada, ou é negada polemicamente, ou então cessa de ser uma ideia.

Dostoiévski soube justamente *representar a ideia alheia*, conservando toda a sua plenitude semântica enquanto ideia, mas ao mesmo tempo mantendo distância, ao não afirmá-la nem fundi-la com sua própria ideologia expressa. Como ele atinge essa representação da ideia?

Já indicamos uma das condições. Trata-se da autoconsciência, como dominante de construção do personagem, tornando-o autônomo e livre no projeto autoral. Só esse personagem pode ser o portador de uma ideia plenivalente. Contudo, essa condição ainda não é suficiente: ela apenas protege a ideia da depreciação, da transformação em uma característica do personagem. Entretanto, o que a protege da sua assimilação à ideologia autoral ou, ao contrário, do puro choque polêmico com essa ideologia, que leva a uma negação pura da ideia, incompatível com a sua representação?

Trata-se aqui do caráter especial e das funções artísticas específicas da ideologia do próprio autor. A própria apresentação dessa ideologia na estrutura da obra permite que nela sejam introduzidas a plenitude do pensamento alheio e a ênfase alheia não enfraquecida.

Em primeiro lugar, temos em vista aquela ideologia de Dostoiévski que foi o princípio de sua visão e representação do mundo, justamente a ideologia constituinte da forma, pois dela, no fim das contas, dependem também as funções das ideias e dos pensamentos abstratos na obra.

Em Dostoiévski, na ideologia constituinte da forma não existem precisamente aqueles dois elementos fundamentais,

A ideia em Dostoiévski

nos quais toda a ideologia se funda: o pensamento isolado e um único sistema objetual de pensamentos. Na abordagem ideológica habitual, existem pensamentos isolados, de afirmação, de posicionamento, que por si sós podem ser verdadeiros ou falsos, a depender da sua relação com o objeto e independentemente de quem é o seu portador ou a quem eles pertencem. Esses pensamentos objetuais e corretos "de ninguém" são reunidos em uma unidade sistêmica de ordem também objetual. Na unidade sistêmica, os pensamentos estão em contato com outros pensamentos, e apresentam-se com base em um terreno objetual. O pensamento basta ao sistema como um todo último, e o sistema se forma de pensamentos isolados, como se fossem os seus elementos.

Nesse sentido, a ideologia de Dostoiévski não conhece o pensamento isolado nem a unidade do sistema. Para ele, a última unidade indivisível não é o pensamento isolado e restrito pelo objeto, ou seja, um posicionamento ou uma afirmação, mas o ponto de vista integral, a posição integral de um indivíduo. Segundo ele, a significação objetual funde-se de modo indivisível com a posição do indivíduo. É como se a pessoa estivesse inteira em cada pensamento. Em razão disso, uma combinação de pensamentos é uma combinação de posições integrais, uma combinação de indivíduos. Para falar de modo paradoxal, Dostoiévski não pensava com pensamentos, mas com pontos de vista, consciências e vozes. Ele aspirava perceber e formular cada pensamento de modo que o homem inteiro encontrasse expressão nele e ressoasse e *implicitasse* toda a sua visão de mundo, de alfa a ômega. Dostoiévski usou como elemento da sua visão de mundo apenas o pensamento dotado de uma orientação espiritual integral; esse pensamento era uma unidade indivisível para ele; já dessas unidades formou-se não um sistema unificado do ponto de vista objetual, mas uma coexistência concreta de orientações e vozes humanas organizadas. Para Dostoiévski, dois pensamentos já são duas pessoas, pois não há pensamentos

134   O romance polifônico de Dostoiévski

de ninguém, antes cada pensamento representa a pessoa como um todo.

Essa tendência de Dostoiévski de perceber cada pensamento como uma posição pessoal integral, de pensar com vozes, manifesta-se nitidamente já na construção composicional de seus artigos jornalísticos. Sua maneira de desenvolver o pensamento é o mesmo em todo lugar: ele o desenvolve dialogicamente, porém não em um diálogo lógico e seco, e sim por meio do confronto de vozes integrais e profundamente individualizadas. Até em seus artigos polêmicos, ele basicamente não tenta persuadir, mas organiza as vozes, conjuga as orientações semânticas, que adquirem, na maioria dos casos, a forma de um diálogo imaginado.

Essa é, para ele, a construção típica de um artigo jornalístico.

No artigo "Sriedá" ["O meio"], Dostoiévski enuncia primeiramente uma série de reflexões, sob a forma de questões e de hipóteses, a respeito das condições e orientações psicológicas dos membros de um júri, e sempre interrompe e ilustra seus pensamentos com as vozes e as meias vozes das pessoas; por exemplo:

> "Parece que a sensação geral de todos os membros de júri do mundo inteiro, e dos nossos em particular (além de outras sensações, é claro) deve ser a sensação de poder, ou, melhor dizendo, de absolutismo. A sensação às vezes é maléfica, isto é, quando predomina sobre as demais... Nos meus sonhos apareciam sessões nas quais quase sempre participariam, por exemplo, os camponeses, que ainda ontem eram servos. O procurador e os advogados se dirigiriam a eles, bajulando e os olhando nos olhos, enquanto os nossos mujiquezinhos ficariam calados, pensando consigo:
> 'Então agora a coisa está assim: quer dizer, se

A ideia em Dostoiévski

135

eu quiser absolvo, se não quiser, mando lá para a Sibéria...'

'É simplesmente uma pena arruinar o destino do outro, eles também são gente. O povo russo é piedoso', outros concedem, como já me aconteceu de às vezes ouvir."

Adiante, Dostoiévski passa diretamente à orquestração do seu tema com o auxílio de um diálogo imaginado.

"— Mesmo se assumirmos — escuto uma voz — que suas bases sólidas (isto é, cristãs) continuem as mesmas, e que de fato é preciso, acima de tudo, ser um cidadão, e ainda segurar a bandeira etc., como vocês haviam falado, mesmo se assumirmos isso, por enquanto, sem discutir, pensem só, de onde poderíamos tirar os cidadãos? Tentem entender o que ocorreu ainda ontem! Pois os direitos civis (e ainda de que tipo!) de repente caíram do céu sobre a cabeça dele. E eles o esmagaram e por enquanto são para ele apenas um fardo, um fardo!

— É claro que há verdade na observação do senhor — respondo a essa voz, abaixando um pouco a cabeça —, mas apesar de tudo, o povo russo...

— O povo russo? Com licença — uma outra voz se faz ouvir —, pois estão dizendo que as dádivas caíram do céu e o esmagaram. Mas talvez ele não só sinta que recebeu todo esse poder como uma dádiva, mas sinta também que a recebeu de graça, isto é, que não merece essas dádivas por enquanto...

[Segue-se o desenvolvimento desse ponto de vista.]

'Trata-se em parte de uma voz eslavófila', reflito comigo mesmo, 'De fato, a ideia é consoladora, mas a hipótese da resignação do povo diante do poder, recebido de graça e concedido ao povo que por enquanto está 'indigno', já vai muito além da hipótese sobre o desejo de "provocar o procurador"'...

[Segue-se o desenvolvimento da resposta.]

— Mas, no entanto — ouço a voz sarcástica de alguém —, o senhor, parece estar impondo ao povo a mais nova filosofia do 'meio social', mas como será que essa filosofia caiu no seu colo? Afinal, esses doze membros do júri são compostos inteiramente por mujiques, e cada um deles considera como pecado mortal comer carne na quaresma. Antes o senhor os acusasse de tendências sociais.

'É claro, é claro, como poderiam chegar à ideia do *meio*, isto é, todos eles', reflito, 'mas as ideias, entretanto, estão no ar, e há algo na ideia que penetra...'

— Ora essa! — a voz sarcástica gargalha.

— E se nosso povo estivesse particularmente inclinado à doutrina do meio, até por sua essência, por suas, digamos, inclinações eslavas? E se justamente o nosso povo também fosse o melhor material da Europa para certos propagandistas?

A voz sarcástica gargalha ainda mais alto, mas com certa afetação."[63]

O desenvolvimento posterior do tema é construído a partir de meias vozes e do material de cenas e situações corriqueiras e cotidianas concretas, que têm, no fim das contas, o objetivo último de caracterizar alguma orientação humana: de um criminoso, de um advogado, de um membro do júri etc.

[63] Cf. *Obras reunidas* de F. M. Dostoiévski, vol. IX, pp. 164-8.

Assim são construídos todos os artigos jornalísticos de Dostoiévski. Em todo lugar, seu pensamento atravessa um labirinto de vozes, de meias vozes, de palavras alheias, de gestos alheios. Ele nunca demonstra suas teses com base no material de outras teses abstratas, ele não elabora o pensamento segundo um princípio objetivo, mas confronta orientações e por meio delas constrói a sua orientação.

É evidente que essa particularidade constituinte da forma na ideologia de Dostoiévski não pode se manifestar de modo suficientemente profundo nos artigos jornalísticos. O jornalismo possui as condições menos favoráveis para isso. No entanto, aqui também Dostoiévski não sabe e não quer separar o pensamento da pessoa, dos seus lábios vivos, e correlacioná-lo com outro pensamento em um plano puramente objetual. Enquanto a orientação ideológica habitual vê no pensamento seu sentido objetual, sua "fronde" objetual, Dostoiévski vê acima de tudo suas "raízes" no ser humano; para ele, o pensamento tem dois lados; e esses dois lados, segundo Dostoiévski, são inseparáveis até na abstração. Todo o seu material se desdobra diante dele como uma série de orientações humanas. Seu caminho não vai de um pensamento a outro pensamento, mas de uma orientação a outra orientação. Pensar para ele significa interrogar e ouvir, experimentar as orientações, combinar umas, desmascarar outras.

O resultado dessa abordagem ideológica é que, diante de Dostoiévski, não se desdobra um mundo de objetos, elucidado e organizado pelo seu pensamento monológico, mas um mundo de consciências que se elucidam mutuamente, um mundo de orientações semânticas humanas conjugadas. Dentre elas, ele busca a orientação superior e com maior autoridade, e não a compreende como seu pensamento verdadeiro, mas como outra pessoa verdadeira e sua palavra. Ele vê a resolução das buscas ideológicas na imagem do homem ideal ou na imagem do Cristo. Essa imagem ou essa voz superior deve coroar o mundo de vozes, organizá-lo e subjugá-lo. Em

Dostoiévski, é justamente a imagem do homem e da sua voz alheia ao autor que representa o critério ideológico último: não se trata de fidelidade às próprias convicções, nem de fidelidade às convicções em si, tomadas de modo abstrato, mas precisamente de fidelidade à imagem do homem, dotada de autoridade.[64]

Em resposta a [Konstantin] Kaviélin, Dostoiévski esboçou em seu caderno de notas:

> "É insuficiente definir a moralidade com base na fidelidade às próprias convicções. É preciso também constantemente colocar-se a questão: as minhas convicções são justas? O parâmetro para elas é um só, Cristo. Contudo, já não se trata de filosofia, e sim de fé, e a cor da fé é vermelha...
>
> Não posso reconhecer aquele que queima hereges como um homem moral, pois não reconheço a sua tese, de que a moralidade seja uma concordância com as convicções internas. Isso é somente *honestidade* (a língua russa é rica), mas não moralidade. Para mim, Cristo é um exemplo moral e um ideal. Pergunto: ele teria queimado hereges? — Não. Então, queimar hereges é um ato imoral.
>
> Cristo errou, está provado! Esse sentimento ardente fala: antes ficar ao lado do erro, de Cristo, do que com vocês.
>
> A vida viva voou para longe de vocês, restaram apenas fórmulas e categorias, e vocês parecem

---

[64] Evidentemente, aqui temos em vista não uma imagem concluída e fechada da realidade (o tipo, o caráter, o temperamento), mas uma imagem-palavra aberta. Essa imagem ideal dotada de autoridade, que não é contemplada, mas que é seguida, era considerada o limite último dos projetos artísticos de Dostoiévski, mas essa imagem acabou por não encontrar realização em sua criação.

felizes com isso. Além disso, dizem, há a tranquilidade (a preguiça)...

O senhor diz que é moral apenas quando se age segundo as próprias convicções. Mas de onde o senhor concluiu isso? Eu sinceramente não acredito no senhor e digo o contrário, que é imoral agir segundo as próprias convicções. É claro que o senhor não me refutaria em nada."[65]

Nesses pensamentos, não é a confissão cristã de Dostoiévski, por si só, que é importante para nós, mas as *formas* vivas do seu pensamento ideológico, que aqui atingem a sua conscientização e expressam a sua nitidez. As fórmulas e as categorias são alheias ao seu pensamento. Ele prefere ficar ao lado do erro, mas com Cristo, isto é, sem a verdade no sentido teórico dessa palavra, sem a verdade-fórmula e sem a verdade-tese. É extremamente característico o questionamento de uma imagem ideal (como Cristo teria agido), isto é, a orientação dialógica interior em relação a ela, não uma fusão com ela, mas o segui-la.

A orientação ideológica constituinte da forma de Dostoiévski é a incredulidade em relação às convicções e, no geral, à sua função monológica habitual, a busca da verdade não enquanto conclusão da sua consciência, e de modo algum no contexto monológico da própria consciência, mas na imagem ideal, dotada de autoridade, de outra pessoa; a orientação para a voz alheia e a palavra alheia. A ideia ou o pensamento autoral não deve desempenhar na obra a função de elucidação total do mundo representado, mas deve entrar nele como imagem do homem, como orientação entre outras orientações, como palavra entre outras palavras. Essa orien-

[65] *Biográfia, písma i zamiétki iz zapisnói kníjki F. M. Dostoiévskogo* [*Biografia, cartas e observações do caderno de anotações de F. M. Dostoiévski*], *op. cit.*, 1883, pp. 371-2 e 374.

tação ideal (a palavra verdadeira) e sua possibilidade devem estar diante dos nossos olhos, mas não devem colorir a obra como tom ideológico pessoal do autor.

No plano de *Vida do grande pecador*, há a seguinte passagem, muito significativa:

> "I. *Primeiras páginas*: 1) o tom; 2) introduzir as ideias de modo artístico e sucinto.
>
> Primeira NB é o tom (a narração hagiográfica, isto é, ainda que seja em nome do autor, deve ser feita de modo sucinto, sem poupar explicações, mas também apresentando cenas. Aqui é preciso harmonia). A aridez da narrativa, às vezes como a de *Gil Blas*. Nos pontos dramáticos e de efeito, isso não deve ser valorizado em absoluto.
>
> Contudo, para que a ideia dominante da hagiografia fique visível, isto é, apesar de não explicar com palavras toda a ideia dominante e sempre deixá-la em mistério, o leitor deve sempre ver que a ideia é piedosa, que a hagiografia é tão importante que vale a pena começar pela infância. Também por meio da seleção daquilo em relação a que serão narrados todos os fatos, como se algo fosse exposto o tempo todo e o homem futuro fosse colocado o tempo todo em primeiro plano e num pedestal."[66]

Certamente há uma "ideia dominante" em cada romance de Dostoiévski. Em suas cartas, é frequentemente enfatizada a importância excepcional dessa ideia fundamental para ele. A respeito de *O idiota*, ele diz, em uma carta a [Nikolai] Strákhov: "No romance muita coisa foi escrita às pressas,

---

[66] Cf. F. M. Dostoiévski, *Dokumiénti po istórii literatúri i obschéstvennosti* [*Documentos em história da literatura e da sociedade*], 1ª ed., Moscou, Tsentrárkhiva/RSFSR, 1922, pp. 71-2.

A ideia em Dostoiévski

há muito de prolixo e que não ficou bom, mas alguma coisa saiu acertada. Não sou favorável ao romance, mas defendo a minha ideia".[67] Sobre *Os demônios*, ele escreve a [Apollón] Máikov: "A *ideia* me seduziu e me apaixonei perdidamente por ela, mas se vou conseguir ou não... ao longo de todo o romance, aí está o problema".[68] Contudo, nos romances de Dostoiévski a ideia dominante possui uma função particular. Ele não esclarece por meio dela o mundo representado, pois esse mundo autoral não existe. Ela o orienta apenas na escolha e na distribuição do material ("da seleção daquilo em relação a que serão narrados todos os fatos"), mas esse material são vozes alheias, pontos de vista alheios, e entre eles "é posta o tempo todo em primeiro plano" a possibilidade de uma voz alheia verdadeira, e "o homem futuro é colocado num pedestal".

Já dissemos que a ideia é o princípio monológico habitual da visão e da compreensão do mundo só para os personagens. Entre eles está distribuído tudo o que na obra pode servir de expressão imediata e de suporte para a ideia. O autor encontra-se diante do personagem ou diante da voz pura dele. Em Dostoiévski, não há representação objetiva do meio, do cotidiano, da natureza, das coisas, isto é, de tudo aquilo que poderia tornar-se um suporte para o autor. O mundo multiforme de objetos e relações objetuais integrante dos romances de Dostoiévski é dado por meio da elucidação dos personagens, por meio do seu espírito e do seu tom. O autor, como portador de sua própria ideia, não tem relação imediata com nenhum objeto, mas relaciona-se só com pessoas. É perfeitamente compreensível que, nesse mundo de sujeitos,

[67] Cf. *Biográfia, písma i zamiétki iz zapisnói kníjki F. M. Dostoiévskogo* [*Biografia, cartas e observações do caderno de anotações de F. M. Dostoiévski*], *op. cit.*, pp. 267-8.

[68] Cf. *idem*, p. 252.

não seja possível o *leitmotiv* nem a conclusão ideológica, que transformam o seu material em objeto.

Em 1878 Dostoiévski escreve a um dos seus correspondentes: "Acrescente a isso além de tudo o que foi dito [falava-se sobre a não subordinação do homem à lei geral da natureza, M.B.] o meu *eu*, que tomou consciência de tudo. Se ele tomar consciência disso tudo, isto é, de toda a terra e do seu axioma [a lei da autopreservação, M.B.], então o meu *eu* estaria acima de tudo isso, ou ao menos não se encaixaria nele, mas ficaria como que apartado, acima de tudo, julgaria e tomaria consciência de tudo. Contudo, nesse caso, esse *eu* não só não se subordina ao axioma terrestre, à lei terrestre, mas também extrapola seus limites e tem sua lei que está acima deles".[69]

Entretanto, em sua criação artística, Dostoiévski não aplicou de modo monologístico essa avaliação da consciência, que fundamentalmente é idealista. Tanto o "eu" que toma consciência e julga quanto o mundo como seu objeto não são dados aqui no singular, mas no plural. Ele não reservou a consciência idealista para si, mas para os seus personagens, e não para um só, mas para todos. No lugar da relação entre o "eu" que toma consciência e que julga e o mundo, ele colocou no centro de sua criação o problema da inter-relação desses "eus" que tomam consciência e julgam.

[69] Cf. *idem*, p. 118.

A ideia em Dostoiévski

4

As funções do enredo de aventura
nas obras de Dostoiévski[70]

Passemos para o terceiro aspecto da nossa tese: o princípio de ligação do todo. Aqui nos deteremos apenas nas funções do enredo em Dostoiévski. Já na segunda parte do nosso trabalho, analisaremos os próprios princípios de ligação entre as consciências, entre as vozes dos personagens, que não se encaixam nos limites do enredo.

A unidade do romance de Dostoiévski, como já falamos, não se baseia no enredo, pois as relações de enredo não podem ligar entre si consciências plenivalentes com seus mundos. Apesar disso, essas relações estão presentes no romance. Em todas as suas obras, Dostoiévski soube criar um enredo extremamente interessante, seguindo, nisso, o romance de aventura. Como o romance de aventura entra no mundo de Dostoiévski e quais são as suas funções?

Entre os personagens de aventura e os personagens de Dostoiévski há uma semelhança de forma que é essencial para a construção do romance. No romance de aventura é também impossível dizer quem é o personagem. Ele não possui características sociais e individuais fixas, a partir das quais

---

[70] Na edição de 1963, este capítulo foi consideravelmente reformulado e ampliado. Ver o ensaio introdutório desta edição. (N. da T.)

se formaria uma imagem estável do seu caráter, tipo e temperamento. Essa imagem definida tornaria mais pesado o enredo aventuresco e limitaria as possiblidades da aventura. Tudo pode acontecer com o personagem de aventura, que pode se tornar tudo. O personagem tampouco é uma substância, mas uma pura função nas aventuras e peripécias. O personagem de aventura também não é concluído e não é predefinido por sua imagem, como ocorre com os personagens de Dostoiévski.

É verdade que essa é uma semelhança muito superficial e muito grosseira. Contudo, ela é suficiente para fazer do personagem de Dostoiévski um portador adequado do enredo de aventura. Diferentemente disso, o enredo do romance biográfico não é adequado a esse personagem, pois esse enredo se apoia integralmente em uma definição social e caracterológica, bem como em uma encarnação plena e vital do personagem. Deve haver uma unidade profundamente orgânica entre o caráter do personagem e o enredo da sua vida. Nisso se fundamenta o romance biográfico. O personagem e o seu mundo objetivo circundante devem ser feitos do mesmo material. Nesse sentido, o personagem de Dostoiévski não é encarnado nem pode se encarnar. Ele não pode ter um enredo biográfico normal. Os próprios personagens almejam e anseiam em vão por encarnar-se ou comungar com o enredo da vida. O anseio pela encarnação do sonhador, nascido da ideia e do personagem da "família fortuita", é um dos temas mais importantes de Dostoiévski. Contudo, privados de um enredo biográfico, os personagens se tornam portadores mais livres do enredo de aventura. Com eles nada se realiza, mas em compensação com eles tudo acontece. O conjunto daquelas relações que os personagens podem travar e daqueles acontecimentos, dos quais eles podem se tornar participantes não é predeterminado nem limitado pelo caráter deles e pelo mundo social, no qual eles efetivamente poderiam ser encarnados. Em razão disso, Dostoiévski pode tranquilamente empregar os procedimentos mais extremos e coerentes não só do nobre romance de aventura, mas também do romance de bulevar. Seu personagem não exclui nada de sua vida, com exceção de uma coisa: a boa imagem social do personagem plenamente encarnado do romance biográfico de enredo.

É por isso que Dostoiévski não pode seguir nem se aproximar de modo essencial de Turguêniev, Tolstói e dos representantes do romance biográfico da Europa Ocidental. Em compensação, de todos os diferentes gêneros foi o romance de aventura que deixou uma marca profunda na sua criação. De acordo com Grossman,

> "[...] ele reproduziu, acima de tudo, pela única vez em toda a história do romance russo clássico, fábulas típicas da literatura de aventura. Os padrões tradicionais do romance europeu de aventuras serviram a Dostoiévski mais de uma vez como imagens preliminares para a construção de suas intrigas.
>
> Ele utilizou até os clichês desse gênero literário. No fervor dos trabalhos apressados, ele se deixava seduzir pelos tipos correntes de fábulas de aventura, usados à exaustão pelos romancistas de bulevar e pelos autores de folhetim.
>
> Parece que não houve nenhum atributo do velho romance de aventuras que não tenha sido utilizado por Dostoiévski; além dos crimes misteriosos e das catástrofes coletivas, dos títulos e das heranças inesperadas, encontramos o traço mais típico do melodrama: as peregrinações dos aristocratas por bairros miseráveis e sua confraternização amistosa com a escória social. Entre os personagens de Dostoiévski, Stavróguin não é o único a possuir esse traço. Ele é igualmente característico de príncipe

Valkóvski,[71] do príncipe Sokólski e até em parte do príncipe Míchkin."[72]

A semelhança formal que estabelecemos entre os personagens de Dostoiévski e os personagens de aventura explica apenas a possibilidade artística de introduzir o enredo de aventura no tecido do romance. Contudo, com que propósito Dostoiévski necessitou do mundo de aventura? Quais funções esse mundo desempenha no todo do seu projeto artístico?

Leonid Grossman também coloca essa questão. Ele aponta três funções principais do enredo de aventura. Em primeiro lugar, com a introdução do mundo de aventura atingiu-se um interesse narrativo arrebatador, que facilitou ao leitor o duro caminho através do labirinto de teorias filosóficas, imagens e relações humanas contidas em um único romance. Em segundo lugar, no romance de folhetim Dostoiévski encontrou "a fagulha da simpatia pelos humilhados e ofendidos, que se sente em todas as aventuras dos miseráveis tornados felizes e dos enjeitados salvos". Finalmente, nisso teve influência "um traço autêntico da criação de Dostoiévski: a tendência a introduzir o excepcional no seio do corriqueiro, a fundir num todo único, segundo o princípio romântico, o elevado e o grotesco, e por meio de uma transformação imperceptível levar imagens e fenômenos da realidade corriqueira até os limites do fantástico".[73]

Só podemos concordar com Grossman, todas as funções mostradas por ele de fato caracterizam o material de aventu-

---

[71] Valkóvski, Sokólski e Míchkin são personagens, respectivamente, dos romances *Humilhados e ofendidos* (1861), *O adolescente* (1875) e *O idiota* (1869). (N. da T.)

[72] Leonid Grossman, *Poétika Dostoiévskogo* [*A poética de Dostoiévski*], *op. cit.*, pp. 53, 56-7.

[73] Cf. *idem*, pp. 61-2.

ra no romance de Dostoiévski. Entretanto, parece-nos que isso de modo algum esgota a questão. O entretenimento em si nunca foi a finalidade última de Dostoiévski, tampouco foi sua finalidade artística última o princípio romântico do entrelaçamento entre o elevado e o grotesco, o excepcional e o rotineiro. Se os autores do romance de aventura, ao introduzirem os bairros miseráveis, as galés e os hospitais, de fato prepararam o caminho para o romance social, Dostoiévski tinha diante de si os modelos do romance social autêntico, do sociopsicológico, do romance de costumes, do biográfico, aos quais, porém, quase não recorreu. Tendo começado junto com Dostoiévski, Grigoróvitch e outros aproximaram-se do mesmo mundo dos humilhados e ofendidos, mas seguiram modelos completamente distintos.

As funções apontadas por Grossman são secundárias. O que é fundamental e principal não está nelas.

O enredo dos romances sociopsicológico, de costumes, familiar e biográfico liga um personagem a outro não como uma pessoa a outra pessoa, mas como pai e filho, marido e mulher, rival e rival, amante e amada, ou como latifundiário e camponês, proprietário e proletariado, pequeno-burguês bem-sucedido e sem teto desclassificado etc. As relações familiares, fabulísticas cotidianas e biográficas, de estratos sociais e de classes sociais, são as bases fixas e determinantes de todas as relações do enredo; o acaso aqui está excluído. O personagem é comungado com o enredo enquanto pessoa encarnada e localizada com rigor na vida, no invólucro concreto e impenetrável da sua classe ou da sua casta, da sua situação familiar, da sua idade, dos seus objetivos biográficos e de vida. Sua *humanidade* é tão concretizada e especificada por seu lugar na vida que por si só está privada de exercer alguma influência determinante sobre as relações do enredo. Ela pode acontecer apenas nos limites rígidos dessas relações. Os personagens estão posicionados pelo enredo e podem unir-se entre si somente em um terreno concreto e determinado. As suas inter-relações são criadas pelo enredo e nele encontram a sua conclusão. A sua autoconsciência e a sua consciência, como pessoas, não podem encerrar em si quaisquer ligações essenciais extraenredo. Aqui o enredo nunca pode se tornar um simples material de comunicação extraenredo das consciências, pois o personagem e o enredo são feitos do mesmo material. Os personagens, enquanto tais, são gerados pelo próprio enredo. O enredo não é só a roupa deles, mas também seu corpo e sua alma. E vice-versa, seu corpo e sua alma podem revelar-se e concluir-se essencialmente só no enredo.

Ao contrário, o enredo de aventura é justamente uma vestimenta, que se ajusta bem ao personagem e que ele pode mudar o quanto quiser. O enredo de aventura apoia-se não no que é um personagem e no lugar que ele ocupa na vida, mas sobretudo no que ele não é e no que, do ponto de vista de qualquer realidade já presente, não está predeterminado e é inesperado. O enredo de aventura não se apoia em situações presentes e estáveis — familiares, sociais, biográficas —, mas se desenvolve contrariando-as. A situação de aventura é aquela em que qualquer pessoa pode se encontrar, enquanto pessoa. Mais do que isso, o enredo de aventura utiliza qualquer localização social estável não como uma forma da vida concludente, mas como "situação". Assim, o aristocrata do romance de bulevar não tem nada em comum com o aristocrata do romance sociofamiliar. O aristocrata do romance de bulevar é a situação na qual a pessoa se encontra. A pessoa age no traje de um aristocrata, como pessoa: atira, comete um crime, foge de inimigos, supera obstáculos etc. Nesse sentido, o enredo de aventura é profundamente humano. Todas as organizações e os estabelecimentos sociais e culturais, castas, classes, relações familiares são somente situações nas quais o homem eterno e igual a si mesmo pode se encontrar. São as tarefas ditadas por sua natureza humana eterna — a autopreservação, a sede de vitória e de triunfo, a sede de posse, o amor sentimental — que determinam o enredo de aventura.

É verdade que essa pessoa eterna do enredo de aventura, por assim dizer, é uma pessoa de carne e de carne-espírito. Em razão disso, a pessoa é vazia fora do próprio enredo e, consequentemente, não estabelece quaisquer ligações com outros personagens fora do enredo. Portanto, o enredo de aventura não pode ser a ligação última no mundo romanesco de Dostoiévski, mas, enquanto enredo, ele é só um material favorável para a realização do seu projeto artístico.

O enredo em Dostoiévski é completamente privado de quaisquer funções conclusivas. O seu objetivo é colocar a pessoa em situações reveladoras e provocativas variadas, fazer com que as pessoas se encontrem e se confrontem, mas de tal modo que, dentro do enredo, elas não permaneçam nos limites desse contato e o extrapolem. As ligações autênticas começam onde o enredo acaba, tendo cumprido sua função auxiliar.

Antes do início de uma conversa sincera entre eles, Chátov diz a Stavróguin: "[...] somos dois seres e nos encontramos no infinito... pela última vez no mundo. Deixe de lado o seu tom e assuma um tom humano! Fale ao menos uma vez com voz humana".[74]

Em sua essência, todos os personagens de Dostoiévski se encontram fora do tempo e do espaço, como dois seres no infinito. As consciências deles entrecruzam-se com seus mundos, entrecruzam-se com seus horizontes valorativos. O ponto culminante do romance encontra-se no ponto de intersecção dos seus horizontes. Nesses pontos também se encontram as ligações do todo do romance. Elas estão fora do enredo e não se adequam a nenhum dos esquemas de construção do romance europeu. Quais são elas? Não daremos aqui uma

---

[74] Fiódor Dostoiévski, *Os demônios*, trad. Paulo Bezerra, São Paulo, Editora 34, 2018, p. 246.

resposta a essa questão fundamental. Os princípios de combinação de vozes podem ser revelados só depois de uma análise cuidadosa da palavra em Dostoiévski. Trata-se da reunião das palavras plenivalentes dos personagens sobre si próprios e sobre o mundo; palavras provocadas pelo enredo, mas que não cabem no enredo. A próxima parte do nosso trabalho é justamente dedicada à análise da palavra.

* * *

Em seu caderno de anotações, Dostoiévski fornece uma observação notável das particularidades da sua criação artística: "Em pleno realismo encontrar o homem no homem... Chamam-me de psicólogo: não é verdade, sou só um realista em sentido elevado, isto é, represento todas as profundezas da alma humana".[75]

"As profundezas da alma humana", ou aquilo que os idealistas românticos designaram como "espírito", diferentemente da alma, torna-se, na criação de Dostoiévski, objeto de uma representação objetivo-realista, sóbria e prosaica. As profundezas da alma humana, no sentido de todo um conjunto de atos ideológicos superiores — cognitivos, éticos e religiosos —, foram, na criação artística, só um objeto da expressão patética imediata, ou então determinaram essa criação como seu princípio. O espírito foi dado ou como espírito do próprio autor, objetificado no todo da obra artística criada por ele, ou como aspecto lírico do autor, como sua confissão imediata nas categorias da sua própria consciência. Tanto num quanto noutro caso, ele foi "ingênuo", e a própria ironia romântica não pôde aniquilar essa ingenuidade, pois permaneceu nos próprios limites desse mesmo espírito.

[75] *Biográfia, písma i zamiétki iz zapisnói kníjki F. M. Dostoiévskogo* [*Biografia, cartas e observações dos cadernos de anotações de F. M. Dostoiévski*], op. cit.

Dostoiévski está íntima e profundamente ligado ao romantismo europeu, porém aquilo que o romântico abordou a partir do interior, nas categorias do seu "eu", aquilo que o obcecava, Dostoiévski abordou a partir do exterior e o fez de tal modo que essa abordagem objetiva não rebaixou uma nota sequer a problemática espiritual do romantismo e não a transformou em psicologia. Ao objetivar o pensamento, a ideia, a vivência, Dostoiévski nunca ataca por trás ou pelas costas. Da primeira à última página de sua criação artística, ele se orientou pelo princípio de nada utilizar para objetificar e concluir uma consciência alheia, nada que não estivesse acessível a essa própria consciência ou que estivesse fora do seu horizonte. Mesmo no panfleto ele nunca utilizou aquilo que o personagem não vê ou não sabe de modo a desmascará-lo (talvez com raríssimas exceções), ele não desmascara o ser humano pelas costas. Nas obras de Dostoiévski, não há literalmente nenhuma palavra essencial sobre o personagem que o personagem não pudesse falar sobre si próprio (do ponto de vista do conteúdo e não do tom). Dostoiévski não é psicólogo. Mas ao mesmo tempo, Dostoiévski é objetivo e tem todo o direto de se chamar de realista.

Por outro lado, toda aquela subjetividade criativa do autor, que de modo onipotente colore o mundo representado no romance monológico, Dostoiévski também objetiva, ao tornar objeto de percepção aquilo que foi uma forma de percepção. Em razão disso, ele afasta a própria forma (e sua subjetividade autoral imanente) mais para o fundo e para longe, tão longe que ela já não pode encontrar sua expressão no estilo e no tom. Seu personagem é um ideólogo. A consciência do ideólogo, com toda a sua seriedade e todos os seus recursos, com toda a sua principialidade e profundeza, com todo o seu isolamento da existência, entra tão essencialmente no conteúdo do seu romance que esse ideologismo monológico direto e imediato já não pode determinar sua forma artística. Depois de Dostoiévski, o ideologismo monológico torna-se *dostoiévschina.*[76] Com isso, a própria posição monológica de Dostoiévski e sua avaliação ideológica não turvaram o objetivismo de sua visão artística. Seus métodos artísticos de representação do homem interior, "o homem no homem", tornam-se, em virtude do seu objetivismo, modelos para qualquer época e qualquer ideologia.

---

[76] Termo recorrente na crítica literária russa para se referir de modo negativo às características mais marcantes da obra de Fiódor Dostoiévski, tais como a psicologização e o desequilíbrio mental de seus personagens. (N. da T.)

Parte II

A palavra em Dostoiévski
(ensaio de estilística)

1

Tipos da palavra[1] prosaística: a palavra em Dostoiévski

Existe um grupo de fenômenos artístico-discursivos que atualmente começa a atrair uma atenção especial dos pesquisadores. Trata-se dos fenômenos da estilização, da paródia, do *skaz* e do diálogo.

Apesar de apresentarem diferenças fundamentais entre si, todos eles têm um traço comum: neles, a palavra possui uma orientação dupla, tanto para o objeto do discurso, como palavra habitual, quanto para *outra palavra, para o discurso alheio*. Se não soubermos da existência desse segundo contexto do discurso alheio e percebermos a estilização ou a paródia assim como se percebe um discurso habitual — direcionado só ao seu objeto —, não compreenderemos esses fenômenos em sua essência: a estilização será percebida como estilo, e a paródia, simplesmente como uma obra ruim.

Essa orientação dupla da palavra é menos evidente no *skaz* e no diálogo (nos limites de uma única réplica). De fato, o *skaz* às vezes pode ter só uma orientação, a objetual. Assim

---

[1] No original, *slovo*, cuja primeira acepção é "palavra", mas também poderia ser "discurso", opção assumida por Paulo Bezerra na sua tradução do livro *Problemas da poética de Dostoiévski*. No segundo parágrafo, fica claro que aqui Bakhtin utiliza *slovo* como sinônimo de *riétch* (fala, discurso, linguagem), o mesmo termo que ocorre em *Os gêneros do discurso*, por exemplo. Optamos por "palavra" para o termo russo *slovo* a fim de manter a variação terminológica entre os dois, *slovo* e *riétch*, ambos empregados por Bakhtin. (N. da T.)

também a réplica do diálogo pode tender para uma significação objetual direta e imediata. Contudo, na maioria dos casos, tanto o *skaz* quanto a réplica são orientados para o discurso alheio: o *skaz* ao estilizá-lo, e a réplica ao considerá-lo, responder a ele e pressenti-lo.

Os fenômenos apontados têm uma importância primordial e profunda. Eles exigem uma abordagem completamente nova do discurso, que não se enquadra nos limites da análise estilística e lexicológica habitual. De fato, uma abordagem habitual toma a palavra nos limites de *um* único *contexto monológico*, no qual a palavra é definida na relação com seu objeto (o estudo dos tropos) ou na relação com outras palavras do mesmo contexto e do mesmo discurso (a estilística em sentido estrito). Contudo, a lexicologia conhece uma relação um tanto diferente com a palavra. A tonalidade lexical da palavra, por exemplo, o arcaísmo ou o provincialismo, aponta para um outro contexto, no qual essa palavra funciona *normalmente* (a escrita antiga, a fala provinciana), mas esse outro contexto é linguístico e não discursivo (no sentido preciso), ele não é um enunciado alheio, mas um material linguístico impessoal e não organizado em um enunciado concreto. Se a tonalidade lexical for individualizada, mesmo que até certo grau, isto é, se apontar para um determinado enunciado alheio, do qual essa palavra é emprestada, ou no espírito do qual ela foi construída, já temos diante de nós ou uma estilização ou uma paródia, ou então um fenômeno análogo. Desse modo, também a lexicologia permanece essencialmente nos limites de um contexto monológico e conhece só a orientação direta e imediata da palavra para o objeto sem a consideração da palavra alheia, do segundo contexto.

A própria presença de palavras com dupla orientação, que contêm, como aspecto necessário, a relação com o enunciado alheio, coloca-nos diante da necessidade de oferecer uma classificação plena e exaustiva das palavras do ponto de vista desse novo princípio, que nem a estilística, nem a lexicologia, nem a semântica consideraram. É possível facilmente convencer-se de que, além das palavras diretamente intencionais (objetuais) e das palavras orientadas para a palavra alheia, há ainda mais um tipo. Contudo, mesmo as palavras com dupla orientação (as que consideram a palavra alheia), por incluírem fenômenos tão heterogêneos como a estilização, a paródia e o diálogo, necessitam de uma diferenciação. É necessário apontar suas variedades essenciais (do ponto de vista do mesmo princípio). Adiante, surgirá de modo inevitável a questão sobre a possibilidade ou os modos de combinação de palavras que pertencem a diversos tipos nos limites de um único contexto. Nesse terreno surgem problemas estilísticos novos, que até o momento foram totalmente ignorados pelas estilística. No entanto, para a compreensão do estilo do discurso da prosa, esses problemas têm justamente uma importância primordial.[2]

Ao lado da palavra direta e imediatamente intencional — que nomeia, comunica, expressa, representa — voltada também para uma compreensão objetual imediata (o primeiro tipo de palavra), observamos ainda a *palavra objetificada* ou representada (o segundo tipo). O tipo mais característico e difundido da palavra representada, objetificada, é o *discurso direto dos personagens*. Ele tem uma significação objetual imediata, embora não esteja no mesmo plano do discurso autoral, mas em uma espécie de perspectiva distanciada dele. O discurso direto dos personagens não só é compreendido do ponto de vista do seu objeto, mas ele próprio é objeto de uma intenção, como palavra característica, típica, dotada de um certo colorido.

Quando no contexto autoral há o discurso direto, por

---

[2] Não daremos exemplos para a classificação (citada adiante) dos tipos e variedades da palavra, uma vez que no próximo capítulo forneceremos um material extensivo da obra de Dostoiévski para cada um dos casos aqui analisados.

exemplo, de um único personagem, temos diante de nós, nos limites de um único contexto, dois centros discursivos e duas unidades discursivas: a unidade do enunciado autoral e a unidade do enunciado do personagem. No entanto, a segunda unidade não é autônoma, está subordinada à primeira e inclui-se nela, como um dos seus elementos. A elaboração estilística de um e de outro enunciado é distinta. A palavra do personagem é elaborada justamente como palavra alheia, como palavra de uma pessoa determinada por meio do seu caráter ou do seu tipo, isto é, elaborada como objeto da intenção autoral e de modo algum do ponto de vista da sua própria orientação objetual. A palavra do autor, ao contrário, é elaborada estilisticamente na direção da sua significação objetual direta. Ela deve ser adequada ao seu objeto (cognitivo, poético ou outro). Ela deve ser expressiva, forte, significativa, refinada etc. do ponto de vista da sua tarefa objetual direta — designar, expressar, comunicar, representar algo. Mesmo sua elaboração estilística é orientada para a compreensão objetual em correalização. Já se a palavra autoral é elaborada de modo a evidenciar que ela seja característica ou típica de determinada pessoa, de determinada posição social, de determinada maneira artística, teremos diante de nós uma estilização: ou uma estilização literária habitual ou um *skaz* estilizado. Falaremos sobre esse *terceiro* tipo adiante.

A palavra intencional direta conhece apenas a si própria e a seu objeto, ao qual ela tende a se adequar ao máximo. Além disso, se ela imita alguém, ou aprende com alguém, isso em nada altera a sua essência: são os andaimes que não fazem parte do todo arquitetônico, apesar de serem necessários e planejados pelo construtor. A imitação da palavra alheia e a presença de todo tipo de influência de palavras alheias, que são nitidamente claras para um historiador da literatura e para qualquer leitor competente, não integram a tarefa da própria palavra. Já se a imitação e a presença integram essa tarefa, isto é, se na própria palavra houver uma referência explícita à palavra alheia, teremos novamente diante de nós uma palavra do terceiro tipo e não do primeiro.

A elaboração estilística da palavra objetificada, isto é, da palavra do personagem é subordinada em uma instância superior e última às tarefas estilísticas do contexto autoral, do qual ela é um elemento objetificado. Disso surge uma série de problemas estilísticos ligados à introdução e à inclusão orgânica do discurso direto do personagem no contexto autoral. A instância semântica última e por consequência também a instância estilística última são apresentadas no discurso autoral direto.

A instância semântica última que exige uma compreensão objetual direta e correalizadora existe, é claro, em toda obra literária, mas ela nem sempre é representada pela palavra autoral direta. Esta última pode estar ausente por completo, ao ser substituída no plano da composição pela palavra do narrador ou não ter nenhum equivalente composicional, como ocorre no drama. Nesses casos, todo o material verbal da obra refere-se ao segundo ou terceiro tipo de palavra. O drama quase sempre se constrói de palavras objetificadas representadas. Por exemplo, já nos *Contos de Biélkin*, de Púchkin, a narração (as palavras de Biélkin) é construída com as palavras do terceiro tipo, enquanto as palavras dos personagens referem-se, é claro, ao segundo tipo. A falta de uma palavra intencional direta é um fenômeno comum. A instância semântica última — a intenção do autor — é realizada não na sua palavra direta, mas por meio de palavras alheias criadas e distribuídas de um determinado modo como alheias.

O grau de objetificação da palavra representada do personagem pode ser distinto. Basta comparar, por exemplo, as palavras do príncipe Andrei,[3] em Tolstói, com as palavras

---

[3] Trata-se de Andrei Bolkónski, um dos personagens principais do romance *Guerra e paz* (1865-69), de Lev Tolstói. (N. da T.)

dos personagens gogolianos, por exemplo, Akáki Akákievitch.[4] À medida que ganha força a intencionalidade objetual direta da palavra do personagem e por conseguinte enfraquece a sua objetificação, a inter-relação entre o discurso do autor e o discurso do personagem começa a aproximar-se da inter-relação entre duas réplicas de um diálogo. A relação de perspectiva entre elas enfraquece, e elas podem se encontrar no mesmo plano. É verdade que isso aparece apenas como tendência, como aspiração a um limite que não é atingido.

No artigo científico, onde são citados enunciados alheios de diferentes autores sobre dada questão, alguns para contestar, outros, ao contrário, para confirmar e completar, temos diante de nós o caso de uma inter-relação dialógica entre as palavras diretamente intencionais nos limites de um único contexto. As relações de concordância/discordância, afirmação/complementação, pergunta/resposta e assim por diante são relações puramente dialógicas, e ainda, é claro, não entre palavras, frases ou outros elementos de um único enunciado, mas entre enunciados inteiros. No diálogo dramático ou no diálogo dramatizado, introduzido no contexto autoral, essas relações vinculam enunciados objetificados representados e, por isso, elas próprias são objetificadas. Não é um embate de duas instâncias semânticas últimas, mas um embate objetificado (no nível do enredo) de duas posições representadas, inteiramente subordinado a uma instância autoral superior e última. Nesse caso, o contexto monológico não é interrompido nem enfraquecido.

O enfraquecimento ou a destruição do contexto monológico ocorre somente quando se encontram dois enunciados diretamente intencionais. Duas palavras igual e diretamente intencionais nos limites de um único contexto não po-

---

[4] Protagonista de "O capote" (1842), de Gógol. (N. da T.)

dem estar uma ao lado da outra sem que se cruzem dialogicamente, seja para confirmar ou completar uma à outra ou, pelo contrário, para contradizer-se, seja para encontrar-se em quaisquer outras relações dialógicas (por exemplo, estar em relação de pergunta e resposta). Se duas palavras de peso igual sobre um mesmo tema acabaram de se encontrar, elas devem inevitavelmente se orientar mutuamente. Dois sentidos não podem estar um ao lado do outro, como duas coisas, sem que se toquem internamente, isto é, sem entrar em relação semântica.

A palavra imediata e intencional é direcionada para seu objeto e é a última instância nos limites de um contexto. A palavra objetificada é também direcionada só para o objeto, mas ao mesmo tempo ela própria também é objeto da intenção autoral alheia. Essa intenção alheia não penetra no interior da palavra objetiva, mas a toma como um todo e, sem mudar seu sentido e tom, a subordina às suas tarefas. A intenção alheia não insere na palavra um outro sentido objetual. É como se a palavra que se tornou objeto não soubesse disso, semelhantemente à pessoa que faz seu trabalho e não sabe que a observam; a palavra objetiva soa como se ela fosse uma palavra intencional direta. Tanto nas palavras do primeiro quanto do segundo tipo há apenas uma intenção e apenas uma voz. *São palavras monovocais.*

Contudo, o autor pode utilizar a palavra alheia para seus propósitos, ao introduzir uma nova intenção na palavra, que já tem e preserva a sua própria intenção objetual. Nesse caso, essa palavra tem por tarefa ser percebida como alheia. Em uma palavra encontram-se duas intenções, duas vozes. Assim é a palavra paródica, a estilização, o *skaz* estilizado. Aqui passamos para as características das palavras de terceiro tipo.

A estilização pressupõe o estilo, isto é, pressupõe que aquele conjunto de procedimentos estilísticos, que ela reproduz, tinha outrora uma intencionalidade direta e imediata, expressava uma instância semântica última. Só a palavra de primeiro tipo pode ser objeto de estilização. A estilização força a intenção objetual alheia (artístico-objetual) a servir seus objetivos, isto é, suas novas intenções. O estilizador utiliza a palavra alheia como alheia e, com isso, lança uma sombra objetiva tênue nessa palavra. É verdade que a palavra não se torna um objeto. Com efeito, para o estilizador é importante um conjunto de procedimentos do discurso alheio, justamente como expressão de um ponto de vista específico. Ele opera com um ponto de vista alheio. Por isso uma sombra objetificada recai justamente no próprio ponto de vista, na própria intenção, que, como resultado, se torna convencional. O discurso[5] objetificado do personagem nunca é convencional. O personagem sempre fala sério. A intenção autoral não penetra no interior do seu discurso, o autor a observa do exterior.

A palavra convencional é sempre uma palavra bivocal. Só aquilo que outrora não era convencional, que era sério, pode se tornar convencional. Essa significação primeira, que é direta e não convencional, serve agora a novos objetivos que a dominam, a partir do seu interior, bem como a tornam convencional. Essa é a diferença entre a estilização e a imitação. A imitação não torna a forma convencional, pois ela mesma leva o imitado a sério, apropria-se dele, assimila imediatamente a palavra alheia. Aqui ocorre uma fusão completa de vozes e, se escutamos uma outra voz, isso de modo algum está nos planos do imitador.

Desse modo, embora entre a estilização e a imitação haja uma fronteira semântica nítida, historicamente existem entre elas passagens mais sutis e às vezes imperceptíveis. Na medida em que a seriedade do estilo se enfraquece nas mãos dos imitadores — epígonos —, seus procedimentos se tornam

---

[5] Aqui Bakhtin utiliza a palavra *riétch*, que traduzimos por "discurso", e que é empregada como sinônimo de *slovo*, que foi traduzida por "palavra". (N. da T.)

cada vez mais convencionais e a imitação se torna semiestilização. Por outro lado, a estilização também pode se tornar imitação se a admiração do estilizador por seu modelo destruir a distância e enfraquecer a perceptibilidade deliberada do estilo reproduzido, tomado como estilo *alheio*. De fato, foi justamente essa distância que criou a convencionalidade.

A narração do narrador é análoga à estilização, por ser a substituição composicional da palavra autoral. A narração do narrador pode se desenvolver nas formas da palavra literária (Biélkin, os narradores-cronistas em Dostoiévski) ou nas formas da linguagem[6] oral: *skaz* em sentido próprio. Também nesse caso, a maneira de falar alheia é utilizada pelo autor como ponto de vista, como posição necessária a ele para conduzir a narração. Contudo, a sombra objetiva, que recai sobre a palavra do narrador, é aqui muito mais espessa do que na estilização, enquanto a convencionalidade é muito mais fraca. É claro, os graus de uma e de outra podem ser muito diversos. Entretanto, a palavra do narrador nunca pode ser puramente objetificada, mesmo quando ele é apenas um dos personagens e toma para si só uma parte da narração. De fato, o que importa para o autor no personagem não é só sua maneira individual e típica de pensar, vivenciar, falar, mas, acima de tudo, seu modo de ver e representar: nisso está a sua tarefa primeira como narrador que substitui o autor. Por isso as intenções do autor, como também ocorre na estilização, penetram dentro da palavra dele, tornando-a convencional em um grau maior ou menor. O autor não nos mostra a palavra dele (como palavra objetificada do personagem), mas a utiliza, a partir do interior dela, para os seus próprios objetivos, obrigando-nos a sentir de modo nítido a distância entre nós mesmos e essa palavra alheia.

[6] Aqui novamente o autor utiliza o termo russo *riétch*, que traduzimos por "linguagem oral". Outra opção seria "fala oral", mas que ficaria, a nosso ver, redundante. (N. da T.)

Tipos da palavra prosaística

O elemento do *skaz*, isto é, da orientação para a linguagem oral, é intrínseco a qualquer narração. O narrador, ainda que seja aquele que escreve a sua narração e lhe atribui uma certa elaboração literária, não é um escritor profissional, ele não domina um estilo determinado, mas apenas uma maneira de narrar determinada social e individualmente, que tende ao *skaz* oral. Já se ele domina um determinado estilo literário, que é reproduzido pelo autor em nome do narrador, temos diante de nós uma estilização e não uma narração (por sua vez, a estilização pode ser introduzida e motivada de modos diferentes).

A narração e mesmo o *skaz* puro podem perder toda a convencionalidade e tornar-se uma palavra direta do autor, que expressa de modo imediato as suas intenções. Em Turguêniev, o *skaz* quase sempre é assim. Ao introduzir o narrador, Turguêniev na maioria dos casos, está longe de estilizar uma maneira individual e social *alheia* de narrar. Por exemplo, a narração em *Andrei Kólossov*[7] é a de uma pessoa literata e intelectual do círculo de Turguêniev. Ele próprio narraria assim e narraria os assuntos mais sérios de sua vida. Aqui não há a orientação para um tom de *skaz* socialmente alheio, para uma maneira socialmente alheia de ver e transmitir aquilo que foi visto. Tampouco há a orientação para uma maneira individualmente característica. O *skaz* de Turguêniev é plenamente intencional e nele há uma só voz, que expressa imediatamente as intenções autorais. Temos diante de nós um simples procedimento composicional. A narração (apresentada pelo narrador na forma escrita) em *O primeiro amor* tem esse mesmo caráter.[8]

---

[7] Novela de Turguêniev publicada em 1844. (N. da T.)

[8] B. M. Eikhenbaum observa de modo completamente justo, mas de outro ponto de vista, essa peculiaridade da narração de Turguêniev: "É extremamente disseminada a forma da introdução de um narrador especial, motivado pelo autor, e que se torna responsável pela narração. Entre-

Isso não pode ser dito do narrador Biélkin: ele é importante para Púchkin enquanto voz alheia, e acima de tudo enquanto pessoa de um tipo social específico que possui um nível espiritual e uma visão de mundo correspondentes e, em seguida, também enquanto imagem dotada de características individuais. Consequentemente, ocorre aqui uma refração das intenções autorais na palavra do narrador; a palavra aqui é bivocal.

Entre nós, o primeiro a levantar o problema do *skaz* foi B. M. Eikhenbaum.[9] Ele percebe o *skaz* exclusivamente como *orientação à forma oral de narração*, uma orientação à linguagem oral e suas particularidades correspondentes (a entonação da fala, a construção sintática da linguagem oral, o léxico correspondente etc.). Ele não considera em absoluto que na maioria dos casos o *skaz* é acima de tudo a orientação ao *discurso alheio*, e dele, em decorrência, à linguagem oral.

Para uma elaboração do problema histórico e literário do *skaz*, a compreensão que sugerimos parece muito mais substancial. Acreditamos que, na maioria dos casos, o *skaz*

---

tanto, essa forma muitas vezes tem um caráter completamente convencional (como em Maupassant ou em Turguêniev), testemunhando apenas sobre a sobrevivência da própria tradição do narrador como um personagem específico da novela. Nesses casos, o narrador permanece sendo o autor, e a motivação introdutória desempenha o papel de simples introdução" (Boris Eikhenbaum, *Leskov i sovremiénnaia proza*, Leningrado, Literatura/ Priboi, 1927, p. 217). [*O primeiro amor* é uma novela de Turguêniev publicada em 1860. (N. da T.)]

[9] Primeiramente no artigo "Como foi feito o capote" ["Kak sdiélana chiniél"], na coletânea *Poética* (1919), da Opoiaz (Sociedade para o Estudo da Linguagem Poética). Em seguida, especialmente no artigo "Leskov e a prosa contemporânea" ["Leskov i sovremiénnaia proza"], *Literatura*, pp. 210 ss. [Tradução para o português em: Boris Eikhenbaum, "Como é feito o capote de Gógol", em *Teoria da literatura: formalistas russos*, organização de Dionísio de Oliveira Toledo, prefácio de Boris Schnaiderman, 3ª ed., Porto Alegre, Globo, 1976, pp. 227-44. (N. da T.)]

é introduzido justamente *devido à voz alheia*, voz determinada socialmente e que traz consigo uma série de pontos de vista e avaliações que são necessárias ao autor. É introduzido, essencialmente, um narrador que não é uma pessoa letrada e na maioria dos casos pertence a uma camada social mais baixa, ao povo (o que é precisamente importante para o autor), e traz consigo a linguagem oral.

Não é em todas as épocas que é possível a palavra autoral direta, nem toda época possui seu estilo, pois o estilo pressupõe a presença de pontos de vista com autoridade e de avaliações sociais segmentadas, também com autoridade. Nessas épocas, resta ou o caminho da estilização ou o uso de formas extraliterárias de narração, que possuem uma determinada maneira de ver e representar o mundo. Onde não há uma forma adequada para a expressão imediata das intenções autorais, tem-se de recorrer à sua refração na palavra alheia. Às vezes, as próprias tarefas artísticas são de tal natureza que elas em geral só podem ser realizadas por meio da palavra bivocal (como veremos, é justamente o que ocorre em Dostoiévski).

Parece-nos que Leskov recorreu ao narrador por causa da palavra socialmente alheia e da visão de mundo socialmente alheia e, em segundo lugar, por causa do *skaz* oral (uma vez que a palavra folclórica o interessava). Já Turguêniev, pelo contrário, buscou no narrador justamente a forma oral da narração, mas tendo em vista a expressão *direta* das suas intenções. De fato, sua obra se caracteriza pela orientação para a linguagem oral, e não para a palavra alheia. Turguêniev não apreciava e não sabia refratar suas intenções na palavra alheia. A palavra bivocal não lhe saía muito bem (por exemplo, nos lugares satíricos e paródicos do romance *Fumaça*).[10] Por isso, ele escolhia um narrador do seu círculo

---

[10] *Dim*, romance publicado em 1867. (N. da T.)

social. Esse narrador devia inevitavelmente falar a língua literária,[11] incapaz de manter até o fim o *skaz* oral. Para Turguêniev, o importante era apenas avivar a sua linguagem literária com entonações orais. Já a atração atual da literatura pelo *skaz*, ao que nos parece, é uma atração pela palavra alheia. Na atualidade, a palavra autoral direta vivencia uma crise, cujas origens são sociais.

Aqui não há espaço para comprovar todas as afirmações histórico-literárias apresentadas. Que essas suposições permaneçam como estão. No entanto, insistimos em um ponto: é completamente necessário que haja no *skaz* uma distinção rigorosa entre a orientação para a palavra alheia e a orientação para a linguagem oral. Ver no *skaz* apenas a linguagem oral significa não enxergar o principal. Além disso, por meio do *skaz* (dada a orientação do autor para o discurso alheio), uma série inteira de fenômenos *linguísticos* entonacionais, sintáticos e de outros tipos pode ser explicada, justamente por sua bivocalidade, pelo cruzamento de duas vozes e duas ênfases. Confirmaremos isso na análise da narração em Dostoiévski. Em Turguêniev, por exemplo, não há fenômenos semelhantes, apesar de seus narradores tenderem justamente para a linguagem oral de maneira mais acentuada do que os narradores de Dostoiévski.

A *Icherzählung*[12] é análoga à narração do narrador: às vezes a orientação para a palavra alheia a determina, em outros casos, como na narração em Turguêniev, ela pode se aproximar e finalmente fundir-se com a palavra autoral direta, ou seja, trabalhar com a palavra monovocal de primeiro tipo.

É preciso ter em vista que as formas composicionais, por si sós, ainda não resolvem a questão sobre o tipo de palavra.

---

[11] Seu equivalente em português seria "norma-padrão". Ver Glossário. (N. da T.)

[12] Narração em primeira pessoa. (N. da T.)

Tipos da palavra prosaística

Tais definições como *Icherzählung*, "narração do narrador", "narração do autor" etc. são definições puramente composicionais. Essas formas composicionais tendem, é verdade, para um determinado tipo de palavra, mas não estão obrigatoriamente relacionadas a ele.

Todos os fenômenos do terceiro tipo de palavra que analisamos até o presente momento — a estilização, a narração, a *Icherzählung* — caracterizam-se por um traço comum, graças ao qual eles compõem uma variedade específica (primeira) do terceiro tipo. Esse traço comum consiste no seguinte: a intenção autoral usa a palavra alheia na direção das intenções dessa palavra. A estilização estiliza o estilo alheio na direção dos objetivos dele. Ela só faz com que esses objetivos se tornem convencionais. Do mesmo modo, a narração do narrador, ao refratar em si as intenções autorais, não desvia do seu caminho direto e mantém-se nos tons e entonações que lhe são de fato próprios. A intenção autoral, tendo penetrado na palavra alheia e passado a habitá-la, não entra em colisão com a intenção alheia, mas a segue em sua própria direção, ao fazer dela só uma direção convencional.

No caso da paródia ocorre algo diferente. Aqui, assim como na estilização, o autor fala com a palavra alheia, mas, diferentemente da estilização, ele introduz nessa palavra uma intenção que é diretamente oposta à intenção alheia. A segunda voz, ao habitar a palavra alheia, entra aqui em colisão hostil com seu proprietário original e o obriga a servir a objetivos diretamente opostos. A palavra se torna arena para o combate entre as duas intenções. Por isso, na paródia é impossível a fusão de vozes, do modo como ela é possível na estilização ou na narração do narrador (por exemplo, em Turguêniev); as vozes aqui não só são isoladas, distanciadas, mas também contrapostas de modo hostil. Por isso a percepção deliberada da palavra alheia na paródia deve ser especialmente nítida e clara. Já as intenções autorais devem ser mais individualizadas e preenchidas do ponto de vista do conteúdo. É possível parodiar o estilo alheio em diversas direções e introduzir nele as ênfases mais variadas e novas, porém é possível estilizá-lo essencialmente em uma direção: na direção do objetivo dele próprio.

A palavra parodística pode ser bastante variada. É possível parodiar o estilo alheio enquanto estilo; é possível parodiar um modo alheio de ver, pensar e falar enquanto tipo social ou caracterização individual. Em seguida, a paródia pode ser mais ou menos profunda: é possível parodiar só as formas verbais superficiais, mas é possível também parodiar os princípios mais essenciais da palavra alheia. Em seguida, a própria palavra parodística pode ser empregada pelo autor de diferentes modos: a paródia pode ser um objetivo em si (por exemplo, a paródia literária como gênero), mas também pode servir para alcançar outros objetivos positivos (por exemplo, o estilo parodístico em Ariosto, o estilo parodístico em Púchkin). Contudo, apesar de todas as variedades possíveis da palavra parodística, a relação entre a intenção autoral e a alheia permanece a mesma: essas intenções são *multidirecionadas*, o que as distingue das intenções unidirecionadas da estilização, da narração e das formas análogas a elas.

Por isso a diferença entre o *skaz* parodístico e o simples é extremamente importante. A luta de duas intenções no *skaz* parodístico gera os fenômenos linguísticos completamente específicos mencionados acima. No *skaz*, a desconsideração da orientação para a palavra alheia, e, por conseguinte, a desconsideração da sua bivocalidade, impede a compreensão daquelas inter-relações complexas, das quais podem participar as vozes nos limites do *skaz*, ao se tornarem multidirecionadas. Na maioria dos casos, o *skaz* atual adquire um leve tom parodístico. Por exemplo, o *skaz* de Zóschenko[13]

---

[13] Mikhail Zóschenko (1894-1958), satirista que retratava de modo

é parodístico. Nas narrativas de Dostoiévski, como veremos, estão sempre presentes elementos parodístico de um tipo específico.

A palavra alheia irônica e toda palavra alheia utilizada de modo ambíguo são análogas à palavra parodística, pois também nesses casos a palavra alheia é empregada para a transmissão de intenções hostis a ela. Na linguagem prático-cotidiana,[14] esse uso da palavra alheia é extremamente comum, sobretudo no diálogo, onde o interlocutor de modo muito frequente repete literalmente a afirmação do outro interlocutor, ao inserir nela uma intenção nova e enfatizá-la à sua maneira: com expressão de dúvida, indignação, ironia, zombaria, escárnio etc.

No livro sobre as particularidades da linguagem coloquial italiana, Leo Spitzer afirma o seguinte:

> *"Mit der Übernahme eines Stückes der Partnerrede vollzieht sich schon an und für sich durch den Wechsel der sprechenden Individuen eine Transposition der Tonart: die Worte 'des andern' klingen in unserem Mund immer fremd, ja sehr leicht höhnisch, karikiert, fratzenhaft <...> Hier möchte ich die leicht scherzhafte oder scharf ironische Wiederholung des Verbs der Frage in der darauffolgenden Antwort anführen. Man kann dabei beobachten, dass man nicht nur zu sprachlich möglichen sondern auch zu kühnen, ja eigentlich undenkbaren Konstruktionen greift — nur um ein Stück der*

irônico os traços de ignorância e mesquinharia burguesa no novo homem soviético. (N. da T.)

[14] Tradução de *jíznenno-praktítcheskaia riétch*. Aqui também traduzimos *riétch* por linguagem, uma vez que se trata de um modo de falar, de um uso particular da língua. (N. da T.)

Partnerrede 'anzubringen' und ironisch zeichnen zu können."[15]

["Quando reproduzimos um trecho do enunciado de nosso interlocutor, já ocorre, devido à alternância dos indivíduos falantes, uma transposição do tom: as palavras 'do outro' sempre soam alheias em nossos lábios, e até um tanto desdenhosas, caricaturadas, desprezadas. [...] Aqui eu gostaria de mencionar a repetição do verbo de uma questão quando feita de modo levemente jocoso ou afiadamente irônico na réplica seguinte. Podemos observar que, ao fazê-lo, recorremos não só a construções gramaticalmente possíveis, mas também a construções de fato impensáveis — apenas para 'retomar' um trecho do discurso do interlocutor e poder fazê-lo de modo irônico."]

As palavras alheias introduzidas na nossa fala inevitavelmente assumem uma nova intenção nossa, isto é, tornam-se bivocais. A diferença pode estar apenas na inter-relação dessas duas vozes. Já a transmissão da afirmação alheia na forma de pergunta leva a uma colisão de duas intenções em uma mesma palavra: afinal, não só perguntamos, como problematizamos a afirmação alheia. Nossa linguagem prático-cotidiana é repleta de palavras alheias: com algumas fundimos por completo a nossa voz, esquecendo de quem são; com outras reforçamos as nossas palavras, percebendo-as como dotadas de autoridade; por fim, povoamos as terceiras com nossas próprias intenções alheias ou hostis a elas.

Passemos à última variante do terceiro tipo. Tanto na estilização quanto na paródia, isto é, em ambas as variantes pre-

---

[15] Leo Spitzer, *Italienische Umgangssprache*, Leipzig, K. Schroeder, 1922, pp. 175-6.

cedentes do terceiro tipo, o autor utiliza as palavras alheias para a expressão de suas próprias intenções. Na terceira variante, a palavra alheia permanece fora dos limites do discurso autoral, mas este a leva em consideração e está voltado para ela. Aqui a palavra alheia não é reproduzida com uma nova intenção, mas age, influencia e de alguma maneira define a palavra autoral, permanecendo fora dela. Assim é a palavra na polêmica velada e, na maioria dos casos, na réplica do diálogo.

Na polêmica velada a palavra autoral está direcionada para seu objeto, como qualquer outra palavra, mas cada afirmação sobre esse objeto é construída de modo a, além do seu significado objetual, atingir polemicamente a palavra alheia proferida sobre o mesmo tema, a afirmação alheia proferida sobre o mesmo objeto. A palavra direcionada para seu objeto colide, nesse próprio objeto, com a palavra alheia. A própria palavra alheia não é reproduzida, apenas subentendida, mas toda a estrutura do discurso seria completamente outra se não existisse essa reação a uma palavra alheia subentendida. Na estilização, o modelo real reproduzido — o estilo alheio — também permanece fora do contexto autoral: ele é subentendido. Do mesmo modo, na paródia a palavra real parodiada é apenas subentendida. Contudo, aqui a própria palavra autoral ou se faz passar pela palavra alheia ou faz com que a palavra alheia se passe por sua. De todo modo, ela trabalha diretamente com a palavra alheia, enquanto o modelo subentendido (a palavra alheia real) apenas fornece o material, sendo um documento a comprovar que o autor de fato reproduz uma determinada palavra alheia. Já na polêmica velada, a palavra alheia é repelida, e essa rejeição é o que define a palavra autoral, não menos do que o próprio objeto abordado por ela. Isso muda radicalmente a semântica da palavra: junto com o sentido objetual surge um sentido segundo — a orientação para a palavra alheia. É impossível compreender essa palavra por completo e em sua essência considerando apenas a sua significação objetual direta. A tonalidade polêmica da palavra se manifesta também em outras características puramente linguísticas: na entonação e na construção sintática.

Em um caso concreto, às vezes é muito difícil estabelecer uma distinção nítida entre a polêmica velada e a explícita, aberta. No entanto, as diferenças semânticas são muito evidentes. A polêmica explícita está simplesmente orientada para a palavra alheia refutada como para um objeto. Já na polêmica velada, a palavra está direcionada para um objeto comum, ao nomeá-lo, representá-lo, expressá-lo, e atinge apenas indiretamente a palavra alheia, como se colidisse com ela no próprio objeto. Graças a isso, a palavra alheia começa a influenciar a palavra autoral a partir de seu interior. É por isso que também a palavra veladamente polêmica é bivocal, apesar de a inter-relação das duas vozes ser aqui específica. Nesse caso, a intenção alheia não entra ela mesma no interior da palavra, mas só é refletida nela, determinando seu tom e sua significação. A palavra percebe tensamente a palavra alheia a seu lado que fala sobre o mesmo objeto, e essa percepção determina toda a sua estrutura interior.

A palavra internamente polêmica — a palavra que olha para uma palavra alheia hostil — é extremamente comum tanto na linguagem prático-cotidiana quanto na literária, e tem uma importância enorme para a formação do estilo. Na linguagem prático-cotidiana, pertencem a esse tipo todas as palavras com "indiretas", com "alfinetadas". Contudo, pertence a esse tipo ainda todo discurso servil, floreado, que de antemão recusa a si mesmo, ou seja, o discurso com milhares de ressalvas, concessões, evasivas etc. Esse discurso parece se contorcer na presença ou no pressentimento de uma palavra alheia, de uma resposta, de uma objeção. A maneira individual como uma pessoa constrói seu discurso se define pelo grau de percepção da palavra alheia e pelos meios de reagir a ela.

Tipos da palavra prosaística

Na linguagem literária, a importância da polêmica velada é enorme. Na verdade, em todo estilo há um elemento de polêmica interior, a diferença está apenas no seu grau ou no seu caráter. Toda palavra literária percebe com maior ou menor nitidez o seu ouvinte, o seu leitor, o seu crítico, e reflete em si objeções, avaliações e pontos de vista antecipados. Além disso, a palavra literária percebe ao seu lado uma outra palavra, também literária, um outro estilo. O elemento da assim chamada reação a um estilo literário anterior, presente em cada novo estilo, é igualmente uma polêmica interior ou, por assim dizer, uma antiestilização velada do estilo alheio, frequentemente combinada com uma parodização explícita deste. A polêmica interior é extremamente importante nas autobiografias e nas formas da *Icherzählung* de tipo confessional. Bastar citar as *Confissões* de Rousseau.

Análoga à polêmica velada é a réplica a qualquer diálogo essencial e profundo. Cada palavra dessa réplica, direcionada para o objeto, simultaneamente reage com tensão à palavra alheia, respondendo a ela e antecipando-a. O momento da resposta e da antecipação penetra de maneira profunda no interior da palavra tensa e dialógica. É como se essa palavra absorvesse e assimilasse em si as réplicas alheias e suas intenções, elaborando-as com tensão. A semântica da palavra dialógica é específica por completo. Infelizmente, as mais sutis mudanças de sentido que ocorrem na dialogicidade tensa foram até o presente momento completamente ignoradas. A consideração da contrapalavra (*Gegenrede*) produz mudanças específicas na estrutura da palavra dialógica, tornando-a internamente coexistencial e elucidando seu próprio objeto de um modo novo, ao revelar nela novos aspectos, inacessíveis à palavra monológica.

É particularmente significativo e importante para os nossos objetivos posteriores o fenômeno da dialogicidade velada, que não coincide com o da polêmica velada. Imaginemos um diálogo entre duas pessoas em que as réplicas do segundo interlocutor foram omitidas, mas de modo que o sentido geral não fosse em nada turvado. O segundo interlocutor está presente de modo invisível, suas palavras estão ausentes, mas seu vestígio profundo determina todas as palavras presentes do primeiro interlocutor. Sentimos que é uma conversa, apesar de só um falar, e a conversa é das mais tensas, pois cada palavra presente responde e reage com todas as suas fibras ao interlocutor invisível, aponta para fora de si, para além dos seus limites, para uma palavra alheia não proferida. Veremos adiante que, em Dostoiévski, esse diálogo velado ocupa um lugar muito importante e é elaborado de modo extremamente profundo e sutil.

A terceira variante trabalhada por nós, como vimos, distingue-se nitidamente das duas variantes anteriores do terceiro tipo. Essa última variante pode ser chamada de *ativa*, em contraste às variantes *passivas* anteriores. De fato: na estilização, na narração e na paródia, a palavra alheia é totalmente passiva nas mãos do autor que a opera. Ele toma, por assim dizer, uma palavra alheia indefesa, sem reação e submissa, e a povoa com suas intenções, obrigando-a a servir a novos objetivos. Já na polêmica velada e no diálogo, pelo contrário, a palavra alheia age de modo ativo sobre o discurso autoral, obrigando-o a mudar de maneira correspondente, sob sua influência e inspiração.

Entretanto, também em todos os fenômenos da segunda variante do terceiro tipo é possível um aumento do ativismo da palavra alheia. Quando a paródia sente uma resistência substancial, certa força e profundidade na palavra alheia parodizada, ela se torna mais complexa devido aos tons da polêmica velada. Essa paródia já soa de um modo diferente. A palavra parodiada soa mais ativa e exerce uma oposição à intenção autoral. Ocorre a dialogização interna da palavra parodística. Os mesmos fenômenos ocorrem também quando há junção da polêmica velada com a narração; de modo geral, em todos os fenômenos do terceiro tipo, quando há a presença da multidirecionalidade das intenções alheias e autorais.

À medida que diminui a objetividade da palavra alheia, a qual, como sabemos, em certo grau é própria de todas as palavras do terceiro tipo, ocorre uma fusão das vozes autoral e alheia nas palavras unidirecionadas (na estilização, na narração unidirecionada). A distância desaparece; a estilização se torna estilo; o narrador se transforma em simples convenção composicional. Já nas palavras multidirecionadas, a diminuição da objetividade e o correspondente aumento do ativismo das intenções da própria palavra alheia inevitavelmente resultam em uma dialogização interior da palavra. Nessa palavra já não há a dominação opressora da intenção autoral sobre a alheia, a palavra perde sua tranquilidade e confiança, torna-se inquieta, internamente não resolvida e bifacetada. Essa palavra não é apenas bivocal, mas possui também uma dupla ênfase, é difícil entoá-la, pois uma entonação viva e proferida em voz alta monologiza em demasia a palavra e não pode ser justa à intenção alheia contida nela.

Essa dialogização interna, associada à diminuição da objetividade nas palavras multidirecionadas do terceiro tipo, não é, certamente, uma variedade nova desse tipo. Ela é só uma tendência inerente a todos os fenômenos desse tipo (desde que sejam multidirecionados). No seu limite, essa tendência leva à desintegração da palavra bivocal em duas palavras, em duas vozes bastante autônomas e isoladas. Já uma outra tendência própria às palavras unidirecionadas ocorre com a diminuição da objetividade da palavra alheia, resultando, no limite, em uma fusão completa de vozes e, consequentemente, em uma palavra monovocal do primeiro tipo. Todos os fenômenos do terceiro tipo movimentam-se entre esses dois limites.

Certamente estamos longe de esgotar todos os fenômenos possíveis da palavra bivocal e todos os meios possíveis de orientação em relação à palavra alheia em geral, orientação essa que complexifica o direcionamento objetual comum do discurso. É possível fazer uma classificação mais profunda e sutil com uma grande quantidade de variantes e talvez também de tipos. Contudo, para os nossos objetivos, a classificação que apresentamos parece suficiente.

Daremos uma apresentação esquemática dela.

A classificação apresentada a seguir possui, é claro, um caráter puramente semântico e abstrato. Uma palavra concreta pode pertencer ao mesmo tempo a variantes e até a tipos distintos. Além disso, as inter-relações com a palavra alheia em um contexto concreto vivo não possuem um caráter imóvel, mas dinâmico: a inter-relação de vozes na palavra pode mudar de modo brusco, a palavra unidirecionada pode passar a ser multidirecionada,[16] a dialogização interior pode se fortalecer ou enfraquecer-se, o tipo passivo pode se tornar ativo etc.

O plano proposto por nós de análise da palavra do ponto de vista da sua relação com a palavra alheia tem, parece-nos, uma importância extremamente grande para a compreensão da prosa literária.[17] O discurso poético em sentido estrito exige uma uniformização de todas as palavras, ou seja, sua redução a um único denominador intencional, o qual pode pertencer ou à palavra do primeiro tipo ou às variações enfraquecidas de outros tipos. É claro, nesse caso também

---

[16] No esquema a seguir, nos itens III.1 e III.2, tanto em *Problemas da obra de Dostoiévski* (1929) quanto em *Problemas da poética de Dostoiévski* (1963) são empregadas as expressões *odnonaprávlennoe dvugolóssoe slovo* e *raznonaprávlennoe dvugolóssoe slovo*, respectivamente. Essas expressões tanto podem ser traduzidas como "palavra bivocal unidirecionada" e "palavra bivocal multidirecionada" (nossa opção), quanto "discurso bivocal de orientação única" e "discurso bivocal de orientação vária" (opção de Paulo Bezerra). (N. da T.)

[17] O adjetivo russo *khudójestvenni* pode ser traduzido por "artístico", "literário" ou "ficcional". Por se tratar nitidamente da literatura, optamos por "literário". (N. da T.)

pode haver obras que não reduzem todo o seu material verbal a um único denominador, mas esses fenômenos são raros e específicos. Por exemplo, é assim a lírica "prosaica" de [Heinrich] Heine, [Auguste] Barbier, [Nikolai] Nekrássov e outros. A possibilidade de empregar, no plano de uma única obra, palavras de vários tipos, em toda sua nítida expressividade e sem reduzi-las a um único denominador, é uma das particularidades mais essenciais da prosa. Essa é uma profunda diferença entre o estilo da prosa e o da poesia. Contudo, mesmo na poesia há uma série de problemas essenciais que não podem ser solucionados sem que se considere o plano de análise da palavra que propusemos, pois na poesia os diferentes tipos de palavra exigem elaborações estilísticas variadas.

A estilística moderna que ignora esse plano de análise é, em sua essência, uma estilística apenas do primeiro tipo de palavra, ou seja, da palavra autoral direta e orientada para o objeto. A estilística moderna, cujas raízes remontam à poética do neoclassicismo, até hoje não consegue se livrar de suas orientações e limitações específicas. A poética do neoclassicismo é orientada para a palavra intencional direta, ligeiramente deslocada na direção da palavra convencional estilizada. A palavra semiconvencional e semiestilizada dá o tom à poética do classicismo. E até hoje a estilística se orienta para essa palavra direta semiconvencional, que é de fato identificada com a palavra poética como tal. Para o classicismo existe a palavra da língua, a palavra de ninguém, a palavra coisificada, que integra o léxico poético e que do acervo da linguagem poética passa diretamente para o contexto monológico de dado enunciado poético. Por isso a estilística crescida no solo do classicismo conhece apenas a vida da palavra em um único contexto fechado. Ela ignora todas aquelas mudanças que ocorrem com a palavra em seu processo de passagem de um enunciado concreto para outro e no processo de orientação mútua desses enunciados. Ela conhece apenas aquelas

I. *Palavra direta, orientada imediatamente para seu objeto, como expressão da instância semântica última do falante*

II. *Palavra objetificada (palavra da pessoa representada)*

1) Com predomínio de determinação sociotípica

2) Com predomínio de determinação caracteriológico-individual

> Diferentes graus de objetificação.

III. *Palavra orientada para a palavra alheia (palavra bivocal)*

1) Palavra bivocal unidirecionada

   a) Estilização
   b) A narração do narrador
   c) Palavra não objetificada do personagem-portador (parcial) das intenções autorais
   d) *Icherzählung*

> Com a diminuição da objetificação tendem à fusão de vozes, isto é, à palavra do primeiro tipo.

2) Palavra bivocal multidirecionada

   a) Paródia com todas as suas tonalidades
   b) Narração parodística
   c) *Icherzählung* parodístico
   d) A palavra do personagem parodisticamente representada
   e) Toda transmissão da palavra alheia com mudança de ênfase

> Com a diminuição da objetificação e a ativação da intenção alheia dialogizam-se internamente e tendem a se desintegrar em duas palavras (duas vozes) do primeiro tipo.

3) Tipo ativo (palavra alheia refletida)

   a) Polêmica interna velada
   b) Autobiografia e confissão com tonalidades polêmicas
   c) Toda palavra com olhar para a palavra alheia
   d) Réplica do diálogo
   e) Diálogo velado

> A palavra alheia age de fora; são possíveis as mais variadas formas de inter-relação com a palavra alheia e diferentes graus de sua influência deformadora.

mudanças que se realizam no processo de passagem da palavra do sistema da língua para o enunciado poético monológico. A vida e as funções da palavra no *estilo* de um enunciado concreto são percebidas no contexto da sua vida e das suas funções na *língua*. São ignoradas as relações internamente dialógicas que a palavra mantém consigo mesma em um contexto alheio, em lábios alheios. Até o presente momento, a estilística foi elaborada nesses moldes.

O romantismo trouxe consigo a palavra intencional sem nenhuma inclinação à convencionalidade. É característica do romantismo a palavra autoral direta e expressiva ao extremo, que não perde sua expressividade nem mesmo ao ser refratada em um ambiente verbal alheio. Na poética romântica, tiveram grande importância as palavras da segunda e sobretudo da última variação do terceiro tipo,[18] mas ainda assim, mesmo levada até o seu limite, a palavra imediatamente intencional, a palavra do primeiro tipo, era tão predominante que mesmo no terreno do romantismo não podiam ocorrer mudanças essenciais nesse quesito. Nesse ponto a poética do classicismo quase não sofreu abalos. Aliás, a estilística contemporânea está longe de ser adequada até mesmo ao romantismo.

A prosa, sobretudo o romance, é totalmente inacessível a essa estilística. Esta última pode elaborar com maior ou menor êxito apenas aquelas pequenas áreas da criação que são menos características e essenciais para a prosa. Para o artista da prosa, o mundo está repleto de palavras alheias,

---

[18] Em relação ao interesse pelo "popular" (não como uma categoria etnográfica), adquirem importância enorme no romantismo as diferentes formas do *skaz* como palavra alheia refratora com um grau fraco de objetificação. Para o classicismo, no entanto, a "palavra popular" (no sentido da palavra alheia sociotípica e de características individuais) foi uma palavra puramente objetificada (nos gêneros baixos). Das palavras do terceiro tipo teve importância especial no romantismo a *Icherzählung* internamente polêmica (particularmente do tipo confessional).

entre as quais ele se orienta, e cujas particularidades específicas ele deve perceber com ouvidos sensíveis. Ele deve introduzi-las no plano de sua própria palavra de modo que esse plano não seja destruído.[19] Ele trabalha com uma paleta verbal muito rica e o faz com excelência. E nós, ao assimilarmos a prosa, orientamo-nos com muita sutileza em meio a todos os tipos e variações de palavras analisadas aqui. Mais do que isso, na vida ouvimos com muita sensibilidade e sutileza todas essas tonalidades nas falas das pessoas ao nosso redor, e nós mesmos empregamos muito bem todas as cores da nossa paleta verbal. Adivinhamos com muita sensibilidade a mais ínfima mudança de intenção, a mais leve alternância de vozes na palavra prático-cotidiana do outro, que nos é essencial. As reservas, ressalvas, evasivas, as alusões e os insultos verbais de todo tipo não escapam aos nossos ouvidos e não são estranhos aos nossos próprios lábios. É muito surpreendente que, até hoje, isso não tenha obtido uma reflexão teórica clara e uma avaliação adequada! Conhecemos teoricamente apenas as inter-relações estilísticas dos elementos nos limites de um enunciado fechado com base em categorias linguísticas abstratas. Só esses fenômenos monovocais são acessíveis àquela estilística linguística superficial que até hoje, apesar de todo o seu valor linguístico na criação literária, é capaz de registrar, na periferia verbal das obras, apenas vestígios e sedimentos de tarefas artísticas, que lhe são desconhecidas. A vida autêntica da palavra na prosa não se encaixa nesses moldes. Até para a poesia eles são estreitos.

O problema da orientação do discurso para a palavra alheia é de importância sociológica primordial. A palavra é social por natureza. A palavra não é um objeto, mas um meio

---

[19] A maioria dos gêneros em prosa, em especial o romance, são construtivos: seus elementos são enunciados integrais, ainda que esses enunciados não tenham plenos direitos e sejam subordinados a uma unidade monológica.

Tipos da palavra prosaística

de comunicação social em eterno movimento e em eterna mudança. Ela nunca é autossuficiente como uma única consciência, uma única voz. A vida da palavra está na passagem de uma boca a outra boca, de um contexto a outro contexto, de uma coletividade social a outra, de uma geração a outra geração. Ao mesmo tempo, a palavra não esquece o seu caminho, tampouco pode se libertar por completo do poder daqueles contextos concretos dos quais ela fez parte. Todo membro de uma coletividade falante já encontra a palavra não como palavra neutra da língua, livre das intenções e despovoada de vozes alheias. Não, ele recebe a palavra de uma voz alheia, preenchida por essa voz alheia. A palavra chega ao contexto dele vinda de outro contexto e atravessada de intenções alheias. A intenção dele encontra a palavra já povoada. Por isso a orientação da palavra entre palavras, as diferentes percepções da palavra alheia e os diferentes modos de reagir a ela talvez sejam os problemas mais essenciais da sociologia da palavra, e de toda palavra, inclusive a literária. Em qualquer época, todo grupo social possui sua percepção da palavra e seu diapasão de possibilidades verbais. Não é em qualquer situação social que a última instância semântica do criador pode se expressar de maneira imediata em uma palavra autoral direta, não refratada e incondicional. Quando não há a sua própria palavra "última", toda intenção criativa, todo pensamento, sensação e vivência devem ser refratados pela palavra alheia, pelo estilo alheio, pelo modo alheio, com os quais é impossível fundir-se imediatamente sem ressalva, distância ou refração. Se um dado grupo social tiver à sua disposição um *medium* de refração com certa autoridade e consolidação, a palavra convencional irá dominar em alguma das suas variações e com algum grau de convenção. Já se esse *medium* não existir, irá predominar a palavra bivocal multidirecionada, isto é, a palavra parodística em todas as suas variações, ou um tipo específico de palavra semiconvencional e semi-irônica (a palavra do classicismo tardio). Em tais épocas, sobretudo naquelas em que domina a palavra convencional, a palavra direta, intencional, incondicional e refratada será percebida como uma palavra bárbara, crua e selvagem. A palavra cultural é uma palavra refratada por um *medium* de autoridade consolidada.

Qual palavra predomina em dada época e em dado meio social, quais são as formas de sua refração e o que serve de meio de refração? — Todas essas questões são de importância primordial para a sociologia da palavra literária. É claro que aqui apenas esboçamos por cima e de passagem esses problemas e o fizemos sem provas, sem experimentar com um material concreto, pois este não é lugar para analisá-los em sua essência.

Retornemos a Dostoiévski.

As obras de Dostoiévski surpreendem, acima de tudo, pela variedade incomum dos tipos e variações da palavra, que são dados em sua expressão mais nítida. É clara a predominância da palavra bivocal multidirecionada e ainda internamente dialogizada, bem como a palavra alheia refratada: a polêmica velada, a confissão polemicamente colorida, o diálogo velado. Em Dostoiévski, a palavra quase não existe sem um olhar tenso para a palavra alheia. Ao mesmo tempo, nele quase não há palavras objetificadas, pois os discursos dos personagens são apresentados de modo a serem privados de qualquer objetificação. Em seguida, surpreende a alternância constante e abrupta dos mais diferentes tipos de palavra. As passagens bruscas e inesperadas da paródia à polêmica interna, da polêmica ao diálogo velado, do diálogo velado à estilização de tons cotidianos apaziguados, deles novamente à narração parodística e, por fim, ao diálogo aberto de tensão excepcional: eis a superfície verbal inquieta dessas obras. Tudo isso está entrelaçado por um fio propositalmente desbotado da palavra informativa protocolar, e é difícil identificar onde esta começa e onde termina; mas mesmo sobre essa palavra seca e protocolar recaem reflexos vivos e sombras espessas de enunciados próximos que lhe dão também um tom peculiar e ambíguo.

É claro que não se trata só da variedade ou da mudança brusca de tipos verbais, nem da predominância entre eles de palavras bivocais internamente dialogizadas. A peculiaridade de Dostoiévski consiste em uma disposição específica desses tipos verbais e variações ao longo dos principais elementos composicionais da obra. Como e em quais momentos do todo verbal realiza-se a instância semântica última do autor? É muito fácil responder a essa pergunta no caso de um romance monológico. Sejam quais forem os tipos de palavra introduzidos pelo autor-monologista, bem como sua disposição composicional, as intenções autorais devem dominar sobre o restante e formar um todo compacto e inequívoco. Qualquer fortalecimento das intenções alheias em uma ou outra palavra, em uma ou outra parte da obra, é só um jogo que o autor permite, para que depois a sua própria palavra direta ou refratada possa soar de modo mais enérgico. Qualquer disputa entre as duas vozes de uma palavra pelo domínio sobre ela e pelo predomínio dentro dela está de antemão resolvida, é apenas uma discussão aparente; todas as intenções vitoriosas de sentido pleno mais cedo ou mais tarde se reunirão em um único centro discursivo e em uma única consciência, e todas as ênfases em uma única voz. A tarefa artística de Dostoiévski é completamente outra. Ele não teme a mais extrema ativação das ênfases multidirecionadas na palavra bivocal; ao contrário, é justamente dessa ativação que ele precisa para seus objetivos, pois em seu romance a multiplicidade de vozes não deve ser eliminada, mas prevalecer.

A importância estilística da *palavra alheia* nas obras de Dostoiévski é imensa. Ela vive aqui a vida a mais tensa possível. As ligações estilísticas fundamentais para Dostoiévski não são ligações entre palavras no plano de um enunciado monológico; são fundamentais para ele as ligações dinâmicas e mais tensas entre os enunciados, entre centros discursivos e semânticos autônomos e de plenos direitos, que não se subordinam à ditadura semântico-verbal de um único estilo monológico e de um único tom.

A palavra em Dostoiévski, a vida da palavra na obra e suas funções na realização da tarefa polifônica serão analisadas em conexão com as unidades composicionais nas quais a palavra funciona: na unidade do autoenunciado monológico do personagem, na unidade da narração, seja ela do narrador ou do autor, e, finalmente, na unidade do diálogo entre os personagens. Será essa a ordem da nossa análise.

2

A palavra monológica do personagem
e a palavra narrativa
nas novelas de Dostoiévski

Dostoiévski começou com a *palavra refratora*, com a forma epistolar. A respeito de *Gente pobre*, ele escreve ao irmão: "Eles (o público e a crítica, M.B.) se acostumaram a ver em tudo a cara do escritor; já eu não mostrei a minha. Eles nem adivinham que é Diévuchkin quem fala e não eu, e que Diévuchkin não pode falar de outra maneira. Acham o romance longo demais, mas nele não há uma palavra inútil".[20]

Quem fala é Makar Diévuchkin e Várienka Dobrosiólova, o autor apenas dispõe as palavras deles, e suas intenções são refratadas nas palavras dos personagens. A forma epistolar é uma variedade da *Icherzählung*. Aqui a palavra é bivocal e, na maioria das vezes, unidirecionada. Ela é assim por ser uma substituição composicional da palavra autoral, que aqui está ausente. Veremos que as intenções autorais são refratadas de modo muito sutil e cuidadoso nas palavras dos personagens-narradores, embora toda a obra esteja repleta de paródias abertas e veladas e de polêmica (autoral) aberta e velada.

Contudo, por enquanto o discurso de Makar Diévuchkin é importante para nós apenas como enunciado monológico do personagem, e não como o discurso do narrador

---

[20] *Biográfia, písma i zamiétki iz zapisnói kníjki F. M. Dostoiévskogo* [*Biografia, cartas e notas do caderno de anotações de F. M. Dostoiévski*], São Petersburgo, A. S. Suvórin, 1883, p. 44.

na *Icherzählung*, cuja função ele desempenha aqui (pois não há outros portadores da palavra além do personagem). De fato, a palavra de todo narrador que o autor utiliza para a realização do seu projeto artístico pertence, por sua vez, a algum tipo determinado, além daquele definido pela sua função narrativa. Qual é o tipo de enunciado monológico de Diévuchkin?

A forma epistolar, por si só, não predetermina o tipo de palavra. No geral, essa forma permite possibilidades verbais amplas, porém é mais favorável para a palavra da última variação do terceiro tipo, isto é, para a palavra alheia refletida. É própria da carta uma percepção aguda do interlocutor, do destinatário a quem ela é endereçada. A carta, assim como a réplica do diálogo, é endereçada a uma pessoa determinada, considera suas reações possíveis e sua resposta possível. Essa consideração do interlocutor ausente pode ser mais ou menos intensa. Em Dostoiévski ela tem um caráter extremamente tenso. Em sua primeira obra, Dostoiévski elabora um estilo de linguagem muito característico de toda a sua criação, determinado pela antecipação tensa da palavra alheia. A importância desse estilo em sua criação posterior é imensa: os autoenunciados confessionais mais importantes dos personagens estão repletos de uma relação muito tensa com a palavra alheia antecipada sobre eles e com a reação alheia sobre a palavra deles a respeito de si próprios. Não é só o tom e o estilo, mas também a estrutura semântica interna desses enunciados é determinada pela antecipação da palavra alheia: desde as ressalvas e evasivas ressentidas de Golyádkin até as evasivas éticas e metafísicas de Ivan Karamázov. Em *Gente pobre* começa a ser elaborada a variedade rebaixada desse estilo: a palavra retorcida que lança em volta um olhar tímido e envergonhado, uma provocação abafada.

Esse olhar em volta se manifesta sobretudo no retardamento do discurso e na sua interrupção por ressalvas, ambos característicos desse estilo:

"Eu moro na cozinha, ou eis como seria muito mais correto dizer: contíguo à cozinha há um quarto (é preciso dizer que temos uma cozinha limpa, clara e muito boa), não é um quarto grande, é um cantinho bem modesto... isto é, melhor ainda seria dizer, a cozinha é grande, com três janelas, e eu tenho um tabique paralelo à parede transversal, de modo que é como se houvesse mais um quarto, um quarto extranumerário; é bem espaçoso e confortável, tem janela e tudo — em suma, tem todo o conforto. Bem, esse é o meu cantinho. E não vá pensar, minha filha, que haja nisso alguma outra coisa, qualquer sentido oculto; mas, ora, vai dizer, é uma cozinha! — isto é, na verdade, é nesse quarto mesmo atrás do tabique que estou morando, mas isso não quer dizer nada; por mim vou vivendo quieto, escondidinho, apartado de todos. Coloquei aqui uma cama, uma mesa, uma cômoda, um par de cadeiras e pendurei um ícone na parede. É verdade que há alojamentos até melhores — talvez haja até muito melhores —, mas o mais importante mesmo é a comodidade, já que estou neste apenas pela comodidade, e nem pense que tenha sido por alguma outra coisa."[21]

Depois de quase toda palavra, Diévuchkin olha para seu interlocutor ausente, teme que pensem que ele está se queixando, tenta destruir antecipadamente a impressão que será produzida pelo seu relato de morar na cozinha, não quer afligir sua interlocutora etc. A repetição de palavras é provocada pelo desejo de fortalecer suas ênfases e de dar-lhes uma nova tonalidade em vista da possível reação do interlocutor.

[21] Fiódor Dostoiévski, *Gente pobre*, trad. Fátima Bianchi, São Paulo, Editora 34, 2009, pp. 14-5. (N. da T.)

No trecho citado, a palavra refletida é representada pela palavra possível do destinatário — Várienka Dobrosiólova. Na maioria dos casos, a fala[22] de Makar Diévuchkin sobre si mesmo é determinada pela palavra refletida do outro, "da pessoa alheia". Eis como ele define a pessoa alheia. Ele pergunta a Várienka Dobrosiólova:

> "E o que há de fazer em meio a gente estranha?[23] Pois é evidente que ainda não sabe o que é uma pessoa estranha. Não, queira então perguntar a mim e eu lhe direi o que é uma pessoa estranha. Essa eu conheço, minha filha, conheço bem; aconteceu-me de comer do seu pão. Ela é má, Várienka, má, e tão má que seu coraçãozinho não irá aguentar, de tanto que será martirizada com recriminações, censuras e olhares malévolos."[24]

Uma pessoa pobre, mas "com ambição", como é Makar Diévuhckin na ideia de Dostoiévski, sente constantemente o "olhar malévolo" da pessoa alheia, olhar reprovador ou — o que pode ser ainda pior para ele — zombeteiro. (Para os personagens de tipo mais orgulhoso, o olhar alheio mais malévolo é compassivo.) É sobre esse olhar alheio que a fala de Diévuchkin se contorce. Assim como o homem do subsolo, ele se atenta o tempo todo para a palavra alheia sobre si mesmo.

---

[22] Aqui é utilizado o termo *riétch*, que temos traduzido por "linguagem" e por "discurso" a depender do contexto, porém, quando se trata das intervenções orais dos personagens, preferimos traduzir por "fala". (N. da T.)

[23] A palavra "estranha" traduz o termo russo *tchujói*, o mesmo que temos traduzido por "alheio". (N. da T.)

[24] Fiódor Dostoiévski, *Gente pobre*, trad. Fátima Bianchi, *op. cit.*, p. 86. (N. da T.)

"Ele, o homem pobre, é exigente; até para esse mundo de Deus ele tem outra maneira de olhar, olha de soslaio para cada transeunte, lança a seu redor um olhar confuso e fica atento a cada palavra que ouve — não é dele que estão falando ali, diz?"[25]

Esse olhar para a palavra socialmente alheia determina não só o estilo e o tom da fala de Makar Diévuchkin, mas também a própria maneira de pensar e vivenciar, de ver e compreender a si mesmo e seu mundinho circundante. No universo artístico de Dostoiévski sempre há uma profunda relação orgânica entre os elementos mais superficiais do modo de falar, a forma de se expressar e os fundamentos últimos de uma visão de mundo. Em cada uma das suas manifestações, a pessoa é dada em sua totalidade. Já a própria orientação da pessoa em relação à palavra alheia e à consciência alheia é em essência um tema fundamental de todas as obras de Dostoiévski. A atitude do personagem em relação a si mesmo está indissoluvelmente vinculada à sua atitude em relação ao outro e à atitude do outro em relação a ele. A consciência de si mesmo está o tempo todo se percebendo contra o pano de fundo da consciência que o outro tem dela, o "eu para mim" contra o pano de fundo do "eu para o outro". Por isso a palavra do personagem sobre si mesmo é construída sob influência ininterrupta da palavra alheia sobre ele.

Em obras diversas, esse tema é desenvolvido de formas diferentes, com diferentes preenchimentos de conteúdo e em níveis espirituais diferentes. Em *Gente pobre*, a autoconsciência da pessoa pobre é revelada contra o pano de fundo de uma consciência socialmente alheia sobre ela. A autoafirmação soa como uma ininterrupta polêmica velada, ou como um diálogo velado com o outro, com a pessoa alheia sobre o

[25] *Idem*, p. 104.

tema do eu mesmo. Nas primeiras obras de Dostoiévski, isso ainda tem uma expressão bastante simples e imediata: esse diálogo ainda não entrou no interior, por assim dizer, nos próprios átomos do pensamento e da vivência. O mundo dos personagens ainda é pequeno, eles ainda não são ideólogos. O próprio rebaixamento social faz com que esse olhar e essa polêmica interiores sejam diretos e nítidos, sem aquelas evasivas complexas e interiores que se transformam em construções ideológicas inteiras, características da criação tardia de Dostoiévski. Contudo, aqui a dialogicidade profunda e a polemicidade da autoconsciência e da autoafirmação já se revelam com total nitidez.

"Um dia desses, Evstáfi Ivánovitch mostrava numa conversa particular que a mais importante virtude cívica é saber fazer dinheiro. Eles falavam por brincadeira (eu sei que era por brincadeira), mas, moral da história, não se deve ser um fardo para ninguém; mas eu não sou um fardo para ninguém! Tenho meu próprio pedaço de pão; é verdade que é um pedaço de pão simples, às vezes chega a ser pão seco; mas é ganho com trabalho, consumido de modo legal e irrepreensível. E o que mais posso fazer?! Pois eu mesmo sei que não é grande coisa o que faço, que é copiar; mas assim mesmo me orgulho disso: trabalho, derramo meu suor. E o que há de mais no fato de eu copiar? Será que é pecado copiar? 'Ele, dizem, faz cópias!' 'Essa ratazana, dizem, é funcionário, faz cópias!'[26] E o que há de desonesto nisso? [...] Pois agora me dou conta de que sou necessário, de que sou indispensável e

[26] Esta frase está ausente no citação feita por Bakhtin, sem que haja indicação de que o trecho foi suprimido. (N. da T.)

A palavra monológica do personagem e a palavra narrativa

de que não se deve desorientar uma pessoa com disparates. Pois bem, que seja uma ratazana, já que encontraram semelhança! Mas essa ratazana é necessária, essa ratazana é útil, a essa ratazana se agarram, e dão prêmio a essa ratazana —, aí está, que tipo de ratazana é esta! Aliás, chega desse assunto, minha querida; nem era disso que eu queria falar, mas aí me exaltei um pouco. De qualquer forma, é agradável fazer justiça a si mesmo de vez em quando."[27]

A autoconsciência de Makar Diévuchkin é revelada em uma polêmica ainda mais aguda, quando ele se reconhece no conto "O capote", de Gógol; ele o percebe como palavra alheia sobre si mesmo e tenta destruir polemicamente essa palavra, por ser inadequada a ele.

Entretanto, agora observaremos mais atentamente a própria construção dessa "palavra que olha em volta".

Já no primeiro trecho que citamos, em que Diévuchkin olha para Várienka Dobrosiólova, contando-lhe sobre seu novo quarto, percebemos quebras peculiares da fala que determinam sua construção sintática e enfática. É como se na fala se intrometesse a réplica alheia, que, é verdade, está de fato ausente, mas cuja ação provoca uma aguda reconstrução enfática e sintática da fala. A réplica alheia está ausente, mas a sua sombra e o seu vestígio recaem sobre a fala, e essa sombra e esse vestígio são reais. Contudo, às vezes a réplica alheia, além de agir sobre a estrutura enfática e sintática, deixa na fala de Makar Diévuchkin uma ou duas das palavras suas, às vezes uma frase inteira: "E não vá pensar, minha filha, que haja nisso alguma outra coisa, qualquer sentido oculto; mas, ora, vai dizer, é uma *cozinha*! — isto é, na ver-

[27] Fiódor Dostoiévski, *Gente pobre*, trad. Fátima Bianchi, *op. cit.*, pp. 68-9.

dade, é nesse quarto mesmo atrás do tabique que estou morando, mas isso não quer dizer nada"[28] etc. A palavra "cozinha" irrompe na fala de Diévuchkin a partir de uma possível fala alheia, que ele antecipa. Essa palavra é dada com uma ênfase alheia, a qual Diévuchkin exagera um pouco, de modo polêmico. Ele não aceita essa ênfase, apesar de não poder deixar de reconhecer a sua força, e tenta contorná-la com ressalvas de todo tipo, com recuos e eufemismos parciais que deturpam a construção da sua fala. É como se essa palavra alheia intrusa formasse círculos na superfície plana da fala, criando ondas nela. Além dessa palavra evidentemente alheia com uma ênfase evidentemente alheia, é como se a maioria das palavras do trecho citado fosse abordada pelo falante de dois pontos de vista ao mesmo tempo: como ele mesmo as entende e quer que sejam entendidas e como o outro pode compreendê-las. Aqui a ênfase alheia é apenas esboçada, mas já gera uma ressalva ou um embaraço na fala.

A introdução das palavras e especialmente das ênfases da réplica alheia no discurso de Makar Diévuchkin é ainda mais evidente e aguda no último trecho que citamos. Aqui, a palavra com ênfase alheia, exagerada de modo polêmico, é explicitamente colocada entre aspas: "Ele, dizem, faz cópias!".[29] Nas três linhas precedentes, a palavra "copiar" é repetida três vezes. Em cada um dos três casos se faz presente uma ênfase alheia na palavra "copiar", ainda que reprimida pela própria ênfase de Diévuchkin; porém, a ênfase alheia ganha cada vez mais força até, finalmente, irromper e ganhar a forma do discurso direto alheio. Desse modo, é como se aqui houvesse um aumento gradativo da ênfase alheia: "Pois

[28] *Idem*, p. 15. [Itálico de Bakhtin. (N. da T.)]

[29] Embora na tradução haja uma variação entre "copiar" e "fazer cópias", no original o verbo é sempre o mesmo, "copiar" (*perepíssivat*). (N. da T.)

A palavra monológica do personagem e a palavra narrativa

eu mesmo sei que não é grande coisa o que faço, que é *copiar*... [segue uma ressalva, M.B.] E o que há de mais no fato de eu *copiar*? Será que é pecado *copiar*? Ele, dizem, *faz cópias*!". Acentuamos a ênfase alheia e seu aumento gradativo até que, por fim, ele não domina por completo a palavra, já encerrada entre aspas. Contudo, nessa última palavra, claramente alheia, está presente também a intenção do próprio Diévuchkin, que, como falamos, exagera polemicamente essa ênfase alheia. À medida que a ênfase alheia se fortalece, ganha força também a ênfase de Diévuchkin em oposição a ela.

Todos esses fenômenos que analisamos podem ser definidos de modo descritivo da seguinte maneira: na autoconsciência do personagem introduziu-se a consciência alheia sobre ele; no autoenunciado do personagem foi lançada a palavra alheia sobre ele; a consciência alheia e a palavra alheia despertam fenômenos específicos, que determinam, por um lado, o desenvolvimento temático da autoconsciência, as suas quebras, evasivas, protestos, e, por outro, a fala do personagem, com suas alternâncias[30] enfáticas, quebras sintáticas, repetições, ressalvas e prolixidade.

Daremos ainda uma definição figurativa e uma explicação desses mesmos fenômenos: imaginemos que as duas réplicas de um diálogo extremamente tenso, palavra e contrapalavra, em vez de sucederem uma à outra e serem pronunciadas por lábios diferentes, sobrepuseram-se uma à outra e fundiram-se em um único enunciado e nos lábios de uma

---

[30] Em russo, o termo é *perebói*, que traduzimos por "alternância", mas também poderia ser "intermitência" ou "interferência", o que explica a variação terminológica em *Problemas da poética de Dostoiévski*, em que *perebói* é traduzido por "intermitência", "interferência" e "dissonância" (Mikhail Bakhtin, *Problemas da poética de Dostoiévski*, trad. Paulo Bezerra, 5ª ed., Rio de Janeiro, Forense Universitária, 2010, pp. 240, 271). Ver verbete "polifonia" no Glossário. (N. da T.)

única pessoa. Essas réplicas seguiam direções opostas e chocavam-se entre si; por isso a sobreposição e a fusão em um único enunciado resultam na mais tensa alternância. O choque das duas réplicas — unitárias e monoenfáticas — transforma-se agora dentro do enunciado novo, resultante da sua fusão, em uma alternância brusca de vozes contraditórias, que ocorre em cada detalhe e em cada átomo desse enunciado. O choque dialógico introduziu-se no âmago, nos elementos estruturais mais sutis da fala (e, por conseguinte, nos elementos da consciência).

O trecho citado poderia ser expandido, por exemplo, no seguinte diálogo grosseiro de Makar Diévuchkin com a "pessoa alheia":

> *Pessoa alheia* — É preciso saber fazer dinheiro. Não se deve ser fardo para ninguém. E você é um fardo para os outros.
>
> *Makar Diévuchkin* — Não sou fardo para ninguém. Tenho meu próprio pedaço de pão.
>
> *Pessoa alheia* — Que pedaço de pão é esse?! Hoje tem, mas amanhã não. E deve ser um pedaço de pão seco.
>
> *Makar Diévuchkin* — É verdade que é um pedaço de pão simples, às vezes chega a ser pão seco; mas é ganho com trabalho, consumido de modo legal e irrepreensível.
>
> *Pessoa alheia* — Mas que trabalho é esse! Você faz cópia e nada mais. Não é capaz de fazer mais nada.
>
> *Makar Diévuchkin* — E o que mais posso fazer?! Pois eu mesmo sei que não é grande coisa o que faço, que é copiar; mas assim mesmo me orgulho disso!
>
> *Pessoa alheia* — Grande coisa para se orgulhar! Fazer cópias! É vergonhoso!

Makar Diévuchkin — E o que há de mais no fato de eu copiar etc.

O enunciado de Diévuchkin que citamos surgiu como se fosse o resultado da sobreposição e fusão das réplicas desse diálogo em uma única voz.

É claro que esse diálogo imaginado é bastante primitivo, assim como ainda é primitiva, do ponto de vista do conteúdo, a consciência de Diévuchkin. No final das contas, ele é um Akáki Akákievitch[31] iluminado pela autoconsciência, que obteve a fala e "elabora o estilo". Em compensação, em decorrência do seu caráter primitivo e grosseiro, a estrutura formal da autoconsciência e do autoenunciado é extremamente clara e nítida. Foi por isso que nos detivemos tão detalhadamente nela. Todos os autoenunciados essenciais dos personagens posteriores de Dostoiévski também podem ser desenvolvidos em um único diálogo, pois é como se todos eles surgissem de réplicas fundidas, mas neles a interferência de vozes tem raízes tão profundas nos elementos mais sutis do pensamento e da palavra que desenvolver esses autoenunciados em um diálogo evidente e grosseiro, como acabamos de fazer com o de Diévuchkin, torna-se, é claro, totalmente impossível.

Em *Gente pobre*, os fenômenos que analisamos, produzidos pela palavra alheia na consciência e na fala do personagem, são dados em uma vestimenta estilística adequada à fala do pequeno funcionário petersburguense. As particularidades estruturais por nós analisadas da "palavra que olha em volta", da palavra veladamente polêmica e internamente

---

[31] O protagonista da novela "O capote", de Gógol, se tornou o representante do homem insignificante, um funcionário público de baixo escalão e oprimido. Em *Gente pobre*, Dostoiévski menciona explicitamente essa obra de Gógol, ao fazer com que Makar Diévuchkin a leia e, com isso, tome consciência de sua própria situação. (N. da T.)

dialógica, refratam-se aqui na maneira de falar de Diévuchkin, que é rigorosa e habilmente comedida do ponto de vista sociotípico. Em razão disso, na forma em que são dados aqui, todos esses fenômenos linguísticos — ressalvas, repetições, diminutivos, partículas e interjeições variadas — são impossíveis nos lábios de outros personagens de Dostoiévski, pertencentes a outro mundo social. Esses mesmos fenômenos aparecem em um outro invólucro discursivo sociotípico e caracterológico-individual. Contudo, a essência deles permanece a mesma: em cada elemento da consciência e da palavra ocorre o cruzamento e a intersecção de duas consciências, de dois pontos de vista, de duas ênfases ou, por assim dizer, na alternância intra-atômica de vozes.

A palavra de Golyádkin é construída no mesmo meio sociotípico discursivo, mas com outra maneira individualmente caracterológica. Em *O duplo*, essa particularidade da consciência e da fala que analisamos atinge uma expressão extremamente nítida e distinta, como em nenhuma das demais obras de Dostoiévski. Aqui as tendências que já estavam presentes em Makar Diévuchkin desenvolvem-se com ousadia e coerência excepcionais até atingirem os seus limites semânticos no mesmo material deliberadamente primitivo, simples e grosseiro do ponto de vista ideológico.

Citaremos a construção discursiva e semântica da palavra de Golyádkin conforme a estilização parodística que o próprio Dostoiévski mostrou em carta ao irmão, enquanto trabalhava em *O duplo*. Assim como em qualquer estilização parodística, aqui se delineiam de modo nítido e grosseiro as particularidades e tendências principais da palavra de Golyádkin.

> "Yákov Petróvitch Golyádkin sustenta completamente o seu caráter. Um canalha terrível, não tem jeito de atingi-lo; não quer de jeito nenhum avançar, argumentando que, afinal, ainda não está

pronto, que ele por ora vive lá a sua vida, que não é nada, de jeito nenhum, mas talvez, já que é assim, ele também pode, como não? E por que não? Pois ele é como todo mundo, ele é só um pouco do seu jeito, se não for como todos. Nada o atinge! Um canalha, um canalha terrível! Não aceita de jeito nenhum terminar a carreira antes de meados de novembro. Agora ele já se explicou com Sua Excelência e talvez (por que não?) está prestes a pedir demissão."[32]

Como veremos, a narração da própria novela é conduzida no mesmo estilo em que o personagem é parodiado. Mas voltaremos à narrativa mais tarde.

A influência da palavra alheia sobre a fala de Golyádkin é extremamente nítida. Sentimos de imediato que essa fala, assim como a fala de Diévuchkin, não é autossuficiente, seja em relação a si ou a seu objeto. Entretanto, a inter-relação de Golyádkin com a palavra alheia e com a consciência alheia é um pouco diferente da de Diévuchkin. Por conseguinte, os fenômenos gerados no estilo de Golyádkin pela palavra alheia são de outra espécie.

A fala de Golyádkin tende, acima de tudo, a simular a sua independência completa da palavra alheia: "ele por ora vive lá a sua vida, que não é nada". Do mesmo modo, essa simulação da independência e da indiferença o leva a repetições, a ressalvas incessantes e à prolixidade, mas aqui elas não estão voltadas para fora, não para o outro, mas para si mesmo: ele convence, anima e acalma a si próprio e desempenha o papel de uma outra pessoa em relação a si mesmo. Os diálogos tranquilizantes de Golyádkin consigo mesmo são

[32] *Biográfia, písma i zamiétki iz zapisnói kníjki F. M. Dostoiévsko-go* [*Biografia, cartas e observações do caderno de anotações de F. M. Dostoiévski*], *op. cit.*, p. 39.

200   A palavra em Dostoiévski

o fenômeno mais recorrente dessa novela. Entretanto, junto com a simulação da indiferença ocorre uma outra linha de relações com a palavra alheia: o desejo de esconder-se dela, de não atrair atenção para si, de se esconder no meio da multidão, de ficar invisível, "Pois ele é como todo mundo, ele é só um pouco do seu jeito, se não for como todos". Mas com isso ele já não convence a si próprio, e sim o outro. Por fim, a terceira linha de relação com a palavra alheia é a da concessão, da subordinação a ela, da sua assimilação resignada, como se ele mesmo pensasse assim e concordasse sinceramente com isso: "mas talvez esteja pronto, e já que é assim, ele também pode, como não? e por que não?".[33]

São essas as três linhas gerais da orientação de Golyádkin, às quais, depois, vêm se somar outras que, apesar de secundárias, são bastante importantes. Contudo, cada uma dessas três linhas, por si sós, geram fenômenos muito complexos na consciência de Golyádkin e na palavra de Golyádkin.

Acima de tudo nos deteremos na simulação da independência e da tranquilidade.

Como havíamos dito, as páginas de O duplo estão repletas de diálogos do personagem consigo próprio. É possível dizer que toda a vida interior de Golyádkin desenvolve-se de modo dialógico. Daremos dois exemplos desse diálogo.

> "Pensando bem, será que tudo isso está certo? — continuou nosso herói, descendo da carruagem à entrada de um prédio de cinco andares na rua Litiéinaia, onde mandou o cocheiro parar seu carro —, será que tudo isso está certo? Será decente? Será oportuno? De resto, que importa? — continuou ele, subindo a escada, tomando fôlego e contendo as batidas do coração, que tinha o hábito de bater

---

[33] Neste trecho, observamos que Bakhtin fez pequenas alterações em relação ao texto anteriormente citado. (N. da T.)

em todas as escadas alheias — que importa? ora, vou tratar de assunto meu e nisso não há nada de censurável... Seria uma tolice eu me esconder. Darei um jeito de fazer de conta que vou indo, que entrei por entrar, que estava passando ao lado... E ele verá que é assim que deve ser."[34]

O segundo exemplo de diálogo interior é muito mais complexo e pungente. Golyákdin já o conduz depois da aparição do duplo, isto é, já depois do momento em que a segunda voz objetificou-se para ele no seu próprio horizonte.

"Era assim que se exprimia o entusiasmo do senhor Golyádkin, e no entanto ainda havia qualquer coisa — não se sabe se angústia ou não — teimando em lhe dar fisgadas na cabeça, porque de vez em quando seu coração ficava tão atormentado que ele não sabia com que se consolar. 'De resto, esperemos um dia e a alegria virá. Porque, pensando bem, o que vem a ser isso? Ora, procuremos raciocinar, ver. Vamos, meu jovem amigo, tratemos de raciocinar, tratemos de raciocinar. Vê, um homem igualzinho a ti, em primeiro lugar, igualzinho a ti. Sim, mas o que há de especial nisso? Só porque existe um homem assim terei de chorar? O que é que eu tenho a ver com isso? Estou fora; não ligo, e basta! Por isso vou em frente, e basta! Deixem que ele trabalhe! Ora, é estranho e prodigioso, como andam dizendo, que irmãos siameses... Arre, por que siameses? Suponhamos que sejam gêmeos, mas acontece que por vezes grandes homens pareceram esquisitões. Até se sabe pela história que o

[34] Fiódor Dostoiévski, *O duplo*, trad. Paulo Bezerra, 2ª ed., São Paulo, Editora 34, 2017, p. 17.

famoso Suvórov cantava como um galo... Ah, sim, mas tudo isso fazia parte da política; e também os grandes chefes militares... mas, pensando bem, o que têm a ver os chefes militares? Eu, por exemplo, sou senhor de mim, e basta, não ligo para ninguém, e em minha inocência desprezo o inimigo. Não sou um intrigante e disto me orgulho. Sou puro, franco, asseado, agradável, complacente...'"[35]

Surge, em primeiro lugar, a questão da própria função do diálogo consigo mesmo na vida espiritual de Golyádkin. De modo breve, podemos responder a essa pergunta da seguinte maneira: *o diálogo permite substituir a voz de uma outra pessoa pela sua própria.*

Essa função substitutiva da segunda voz de Golyádkin é sentida em tudo. Sem compreender isso, é impossível compreender seus diálogos interiores. Golyádkin dirige-se a si como se o fizesse a um outro — "meu jovem amigo", elogia a si mesmo como só uma outra pessoa pode elogiar, acaricia a si mesmo com uma ternura sem cerimônias: "Meu queridinho, Yákov Petróvitch, és um pateta, um tremendo Golyádka — assim é o teu sobrenome!",[36] ele acalma e anima a si mesmo com o tom de autoridade de uma pessoa mais velha e confiante. Entretanto, essa segunda voz, segura, tranquila e cheia de si, não pode de modo algum fundir-se com sua primeira voz — insegura e tímida; o diálogo não pode de modo algum transformar-se no monólogo íntegro e seguro de um único Golyádkin. Além disso, essa segunda voz a tal ponto não se funde com a primeira e a tal ponto sente a ameaça de sua independência que nela, aqui e acolá, no lugar de tons tranquilizantes e animadores, começam a se ouvir tons de

[35] *Idem*, pp. 92-3.

[36] O início da citação ("Meu queridinho, Yákov Petróvitch") não corresponde ao texto de Dostoiévski. (N. da T.)

provocação, de escárnio e de traição. Com um tato e uma habilidade surpreendentes, Dostoiévski obriga a segunda voz de Golyádkin a passar, de modo quase insensível e imperceptível para o leitor, do seu diálogo interior para a própria narração: ela começa a soar já como voz alheia do narrador. Contudo, abordaremos a narração um pouco adiante.

A segunda voz de Golyádkin deve substituir, para ele, a falta do seu reconhecimento por outra pessoa. Golyádkin quer passar sem esse reconhecimento, arranjar-se, por assim dizer, por si só. Contudo, esse "por si só" inevitavelmente toma a forma de "eu e você, amigo Golyádkin", isto é, toma uma forma dialógica. Na verdade, Golyádkin vive só no outro, vive o seu reflexo no outro: "Será decente?", "Será oportuno?". Essa questão é sempre resolvida a partir de um ponto de vista possível e presumido do outro: Golyádkin *faz de conta* "que entrei por entrar, que estava passando ao lado", e o outro verá "que é assim que deve ser". Toda a questão está na reação do outro, na palavra do outro, na resposta do outro. A segurança da segunda voz de Golyádkin não consegue de modo algum dominá-lo por completo e de fato tomar o lugar do outro real. A palavra do outro é o principal para ele. "Embora o senhor Golyádkin tivesse dito tudo isso (sobre a sua independência, M.B.) com extrema precisão, clareza, convicção, pesando as palavras e contando com um efeito infalível, agora, não obstante, olhava para Crestian Ivánovitch com intranquilidade, muita intranquilidade, extrema intranquilidade. Agora ele era todo olhos e, com ar tímido e uma impaciência aflitiva e triste, aguardava a resposta de Crestian Ivánovitch."[37]

No segundo trecho do diálogo interior que citamos, as funções substitutivas da segunda voz são totalmente evidentes. Contudo, além disso, aqui já aparece uma terceira voz,

---

[37] Fiódor Dostoiévski, *O duplo*, trad. Paulo Bezerra, *op. cit.*, p. 25.

simplesmente alheia, que interrompe aquela segunda voz que acabara de substituir o outro. Por isso aqui estão presentes fenômenos completamente análogos àqueles que analisamos na fala de Diévuchkin: palavras alheias, semialheias e as alternâncias enfáticas correspondentes: "Ora, é estranho e prodigioso, como andam dizendo, que irmãos siameses... Arre, por que siameses? Suponhamos que sejam gêmeos, mas acontece que por vezes grandes homens pareceram esquisitões. Até se sabe pela história que o famoso Suvórov cantava como um galo... Ah, sim, mas tudo isso fazia parte da política; e também os grandes chefes militares... mas, pensando bem, o que têm a ver os chefes militares?". Aqui, em todo lugar, sobretudo onde há reticências, é como se interferissem réplicas alheias antecipadas. Esse lugar poderia ser desenvolvido na forma de um diálogo. Contudo, aqui ele é mais complexo. Assim como na fala de Diévuchkin uma voz íntegra polemizava com uma "pessoa alheia", aqui há duas vozes: uma segura, segura demais, e a outra tímida demais, que cede em tudo, que capitula por completo.[38]

A segunda voz de Golyádkin, que substitui o outro, a sua primeira voz, que se esconde da palavra alheia ("eu sou como todo mundo", "entrei por entrar") e que depois chega a se render à palavra alheia ("e por que não, se for assim, estou pronto para aceitar"), e por fim a voz alheia, que sempre ressoa nele, encontram-se em tão complexas inter-relações que oferecem um material suficiente para toda uma intriga e servem de base para a construção de toda a novela. O acontecimento real, mais precisamente o pedido de casamento malsucedido a Clara Olsúfievena, e todas as circunstâncias externas não são representadas propriamente na novela: servem apenas de impulso para colocar em movimento as vozes

---

[38] É verdade que embriões do diálogo interior já estavam presentes também em Diévuchkin.

interiores, só atualizam e aguçam aquele conflito interior, que é o verdadeiro objeto de representação na novela. Com exceção de Golyádkin e seu duplo, nenhum personagem tem participação real na intriga, que se desenvolve inteiramente nos limites da autoconsciência de Golyádkin; eles apenas oferecem um material bruto — é como se lançassem combustível — necessário para o mais tenso trabalho dessa autoconsciência. A intriga exterior, propositadamente obscura (todo o principal aconteceu antes do início da novela), serve também de arcabouço sólido e pouco palpável para a intriga interior de Golyádkin. Já a novela conta como Golyádkin quis passar sem a consciência alheia, sem o reconhecimento do outro, quis contornar o outro, afirmar-se, e a que isso levou. Dostoiévski concebeu O *duplo* como uma confissão[39] (é claro, não no sentido pessoal), isto é, como representação de um acontecimento que ocorre nos limites de uma única autoconsciência. O *duplo* é a primeira *confissão dramatizada* na criação de Dostoiévski.

Desse modo, na base da intriga está a tentativa de Golyádkin, em razão do completo não reconhecimento de sua personalidade pelos outros, de substituir a si mesmo por um outro. Golyádkin simula o papel de uma pessoa independente; a consciência de Golyádkin simula confiança e autossuficiência. Um novo e pungente choque com o outro, durante a noite de gala, quando Golyádkin é expulso publicamente, intensifica a cisão. A segunda voz de Golyádkin sobrecarrega a si mesma ao simular desesperadamente uma autossuficiência, a fim de salvar a cara de Golyádkin. A segunda voz não

---

[39] Enquanto trabalhava em *Niétotchka Niezvânova*, Dostoiévski escreveu ao irmão: "Mas logo você lerá *Niétotchka Niezvânova*. Será uma confissão, como *Golyádkin*, embora em outro tom e gênero" (*Biográfia, písma i zamiétki iz zapisnói kníjki F. M. Dostoiévskogo* [*Biografia, cartas e observações do caderno de anotações de F. M. Dostoiévski*], *op. cit.*, p. 63).

206   A palavra em Dostoiévski

pode fundir-se com Golyádkin, pelo contrário, nela cada vez mais ressoam tons traiçoeiros de escárnio. Ela provoca e desafia Golyádkin; ele tira a máscara. Surge o duplo. O conflito interior dramatiza-se; começa a intriga de Golyádkin com o duplo.

O duplo fala com as palavras do próprio Golyádkin; ele não traz consigo quaisquer palavras ou tons novos. No início, ele finge ser um Golyádkin que se esconde e um Golyádkin que se rende. Quando Golyádkin leva o duplo para casa, este aparenta e comporta-se como a voz primeira e insegura no diálogo interior de Golyádkin ("Será oportuno?" "Será decente?" etc.):

> "O hóspede (o duplo, M.B.), pelo visto, estava no auge do desconserto e, muito acanhado, acompanhava com ar submisso todos os movimentos de seu anfitrião, sondava-lhe o olhar e por ele tentava adivinhar os seus pensamentos. Em todos os seus gestos havia um quê de humilhação, retraimento e temor, de tal forma que nesse instante, se é lícita a comparação, ele se parecia bastante com alguém que vestisse roupa alheia por não ter roupa própria: as mangas do casaco deixam os braços de fora, a cintura quase chega à nuca, e ele ora estica a cada instante o coletezinho curto, ora encolhe um ombro e se senta de lado, ora faz de tudo para sumir, ora olha todos nos olhos e apura o ouvido para ver se as pessoas não estarão falando de sua situação, não estarão rindo dele, não estarão envergonhadas de sua presença — e o homem cora, e o homem se perturba, e sofre seu amor-próprio..."[40]

[40] Fiódor Dostoiévski, *O duplo*, trad. Paulo Bezerra, *op. cit.*, pp. 95-6.

Essa é a característica do Golyádkin que se esconde e se acanha. O duplo até fala nos tons e no estilo da primeira voz de Golyádkin. Já a parte da segunda voz, que o encoraja com confiança e ternura, é conduzida em relação ao duplo pelo próprio Golyádkin, e dessa vez parece fundir-se por inteiro com essa voz:

> "Nós dois, Yákov Pietróvitch, vamos viver como o peixe e a água, como irmãos; meu velho, nós dois vamos usar de artimanhas, usar de artimanhas de comum acordo; de nossa parte vamos armar intrigas para chateá-los... armar intrigas para chateá-los. Quanto a ti, não confias em nenhum deles. Porque eu te conheço, Yákov Pietróvitch, e compreendo o teu caráter; vais logo contar tudo, és uma alma sincera! Esquiva-te de todos eles, meu caro."[41]

Contudo, adiante os papéis mudam: o duplo traiçoeiro assimila o tom da segunda voz de Golyádkin, exagerando parodicamente o tom íntimo e sem-cerimônia. Já no próximo encontro, no escritório, o duplo toma para si esse tom e o sustenta até o final da novela, às vezes ele mesmo destacando a igualdade das expressões de sua fala com as palavras de Golyádkin (ditas por ele durante a primeira conversa entre os dois). Durante um dos encontros deles no escritório, o duplo, depois de dar um piparote sem-cerimônia em Golyádkin: "com o sorriso mais venenoso, insinuando muita coisa, disse-lhe: 'Estás brincando, mano Yákov Pietróvitch, estás brincando! Nós dois vamos usar de artimanhas, Yákov Pietróvitch, usar de artimanhas'".[42] Ou um pouco adiante, antes das explicações entre os dois a sós na cafeteria:

[41] *Idem*, p. 102.

[42] *Idem*, p. 120.

"Pois vá lá, meu amor — disse o senhor Go-lyádkin segundo, descendo da *drójki* e batendo desavergonhadamente no ombro de nosso herói —, meu amor; para ti, Yákov Pietróvitch, estou disposto a enveredar por uma travessa (como em certa ocasião o senhor, Yákov Pietróvitch, se dignou observar). Agora, és um finório, palavra, fazes o que queres com uma pessoa!"[43]

Essa transferência de palavras de uma boca a outra — em que elas, embora permaneçam as mesmas do ponto de vista do conteúdo, mudam seu tom e seu sentido último — é o principal procedimento de Dostoiévski. Ele obriga seus personagens a reconhecerem a si mesmos, suas ideias, suas palavras, suas orientações e seus gestos em outra pessoa, na qual todas essas manifestações mudam totalmente seu sentido, soam de modo diferente, como paródia ou escárnio.[44] Quase todos os personagens principais de Dostoiévski têm o

[43] *Idem*, pp. 182-3.

[44] Em *Crime e castigo*, há, por exemplo, uma repetição literal por Svidrigáilov (que é um duplo parcial de Raskólnikov) das palavras mais sagradas de Raskólnikov, ditas por ele para Sônia, e essa repetição ocorre acompanhada de uma piscadela. Citaremos esse trecho na íntegra:
"— Que coisa! Que homem desconfiado! — riu Svidrigáilov. — Ora, eu já disse que não preciso daquele dinheiro. Mas será que o senhor não admite que eu possa agir simplesmente por humanidade? Bem, ela não era um 'piolho' (ele apontou com o dedo para o canto em que estava a morta) como certa velhota usurária. Pois bem, convenha o senhor, 'Lújin deve continuar vivendo e praticando suas torpezas, ou ela deve morrer?' E se eu não ajudar 'Pólietchka, por exemplo, o caminho dela será o mesmo...'.
Pronunciou essas palavras entre *piscadelas* que denunciavam um marotismo alegre, sem desviar os olhos de Raskólnikov. Este empalideceu e gelou ao ouvir suas próprias expressões externadas a Sônia."
(Fiódor Dostoiévski, *Crime e castigo*, trad. Paulo Bezerra, 7ª ed., São Paulo, Editora 34, 2016, p. 442, itálico de Dostoiévski.)

seu duplo parcial em outra pessoa ou até em algumas outras pessoas (Stavróguin e Ivan Karamázov). Em sua última obra, Dostoiévski retornou ao procedimento da encarnação completa da segunda voz, ainda que em uma base mais profunda e sutil. Por seu projeto, que pode parecer formal de um ponto de vista exterior, o diálogo de Ivan Karamázov com o diabo é análogo àqueles diálogos interiores que Golyádkin tem consigo próprio e com seu duplo; apesar de toda a diferença na situação e no preenchimento ideológico, trata-se aqui essencialmente da mesma tarefa artística.

É assim que se desenvolve a intriga de Golyádkin com seu duplo, como uma crise dramatizada da sua autoconsciência, uma confissão dramatizada. A ação não ultrapassa os limites da autoconsciência, pois os personagens são apenas elementos dessa consciência que se tornaram independentes. Três vozes agem, vozes nas quais se decompuseram a voz e a consciência de Golyádkin: seu "eu para mim", que não pode viver sem o outro e sem o seu reconhecimento, o seu fictício "eu para o outro" (o reflexo no outro), isto é, a segunda voz substitutiva de Golyádkin, e, por fim, a voz alheia que não o reconhece e que, no entanto, fora de Golyádkin não tem representação real, pois na obra não há outros personagens com os mesmos direitos dele.[45] Isso resulta em um tipo peculiar de *mystère*, ou, mais precisamente, de *moralité*, em que agem não pessoas integrais, mas as forças espirituais que lutam dentro delas, apesar de ser uma *moralité* privada de qualquer formalismo e de qualquer alegorismo abstrato.

Mas quem é que conduz a narração em *O duplo*? Qual é a posição do narrador e qual é sua voz?

Mesmo na narração não encontraremos nenhum elemento que saia dos limites da autoconsciência de Golyádkin, nenhuma palavra e nenhum tom que já não fizessem parte do

---

[45] Uma segunda consciência com direitos iguais ocorre somente nos romances.

seu diálogo interior consigo próprio ou do seu diálogo com o duplo. O narrador apanha as palavras e os pensamentos de Golyádkin, as palavras de sua *segunda voz*, intensifica os tons de provocação e escárnio contidos nelas e com esses tons representa cada ato, cada gesto, cada movimento de Golyádkin. Já dissemos que a segunda voz de Golyádkin, por meio de transições imperceptíveis, funde-se com a voz do narrador; dá-se a impressão de que *a narração está dialogicamente endereçada ao próprio Golyádkin*, ressoando em seus próprios ouvidos, como a voz do outro, que o provoca, como a voz do seu duplo, embora do ponto de vista formal a narração esteja endereçada ao leitor.

Eis como o narrador descreve o comportamento de Golyádkin no momento mais fatídico de suas aventuras, quando ele, sem ser convidado, tenta entrar no baile de Olsufi Ivánovitch:

> "É melhor nós voltarmos para o senhor Golyádkin, o único, o verdadeiro herói da nossa mui verídica história.
>
> Ocorre que a esta altura ele se encontrava numa situação muito estranha, para não dizer mais. Ele, senhores, também está aqui, quer dizer, não no baile, mas é quase como se estivesse no baile; ele, senhores, vai indo: embora a seu modo, mas neste instante segue uma linha não inteiramente reta; neste momento ele está — é até estranho dizer — neste momento ele está no saguão, na entrada de serviço da casa de Olsufi Ivánovitch. Mas não faz mal que ele se encontre ali; ele está mais ou menos. Ele, senhores, está num cantinho, esquecido num cantinho que, mesmo não sendo dos mais aconchegantes, em compensação é mais escuro, está em parte encoberto por um armário imenso e velhos biombos, no meio de detritos, trastes e trapos de

A palavra monológica do personagem e a palavra narrativa   211 toda espécie, escondendo-se provisoriamente e por ora apenas observando o transcorrer das coisas na qualidade de espectador de fora. Ele, senhores, nesse momento está apenas observando; ora, senhores, ele também pode entrar... e por que não entrar? É só dar um passo que entra, e entra com muita destreza."[46]

Na construção dessa narração observamos a alternância de duas vozes, aquela mesma fusão de duas réplicas que já tínhamos observado nos enunciados de Makar Diévuchkin. Entretanto, aqui os papéis foram trocados: é como se a réplica de uma pessoa alheia absorvesse em si a réplica do personagem. A narração está repleta de palavras do próprio Golyádkin: "ele vai indo", "embora a seu modo" etc. Contudo, essas palavras são entoadas pelo narrador com zombaria, com zombaria e em parte com reprovação, dirigida ao próprio Golyádkin e construída de tal forma a ofendê-lo e provocá-lo profundamente. A narração de escárnio passa imperceptível para a fala do próprio Golyádkin. A pergunta "e por que não entrar?"[47] pertence ao próprio Golyádkin, mas é feita com uma entonação provocadora e desafiadora do narrador. Contudo, mesmo essa entonação não é, em essência, alheia à consciência do próprio Golyádkin. Tudo isso pode ressoar em sua própria cabeça, como sua segunda voz. De fato, o autor pode colocar aspas em qualquer lugar, sem mudar nem o tom, nem a voz, nem a construção da frase.

E é o que ele faz um pouco adiante:

[46] Fiódor Dostoiévski, *O duplo*, trad. Paulo Bezerra, *op. cit.*, pp. 50-1.

[47] A citação de Bakhtin retoma o trecho citado de Dostoiévski com o acréscimo de "adiante". (N. da T.)

"Eis que ele, senhores, agora está ali à espreita do momento, esperando-o há exatas duas horas e meia. Por que não havia de esperar? O próprio Villèle esperou. 'Mas o que tem Villèle com isso! — pensava o senhor Golyádkin — qual Villèle, qual nada! Agora, como eu acharia um jeito de... pegar e penetrar?... Sim senhor, que figurante que és!...'"[48]

Entretanto, por que será que as aspas não foram colocadas na frase acima, antes de "Por que"? Ou ainda antes, substituindo as palavras "ele, senhores" por "Tremendo Golyádka" ou alguma outra forma de tratamento de Golyádkin para consigo? Mas é claro que as aspas não foram colocadas de modo aleatório. Elas foram colocadas com o propósito de tornar a transição especialmente sutil e imperceptível. O nome de Villèle aparece na última frase do narrador e na primeira frase do personagem. Parece que as palavras de Golyádkin continuam imediatamente a narração e respondem a ela no diálogo interior: "O próprio Villèle esperou" — "Mas o que tem Villèle com isso!". De fato, são as réplicas decompostas do diálogo interior de Golyádkin consigo próprio: uma réplica passou para a narração, a outra permaneceu dita por Golyádkin. Ocorreu um fenômeno contrário ao que observamos antes: a fusão alternante de duas réplicas. Contudo, o resultado é o mesmo: uma construção bivocal alternada com todos os fenômenos concomitantes. O campo de ação também é o mesmo: uma única autoconsciência. A única diferença é que o poder dessa consciência foi tomado pela palavra alheia que se apossou dela.

Daremos mais um exemplo com as mesmas fronteiras instáveis entre a narração e a palavra do personagem. Go-

[48] Fiódor Dostoiévski, *O duplo*, trad. Paulo Bezerra, *op. cit.*, pp. 52-3.

A palavra monológica do personagem e a palavra narrativa   213 lyádkin decidiu-se e finalmente conseguiu entrar na sala onde ocorria o baile e viu-se diante de Clara Olsúfievna:

> "Sem nenhuma dúvida, sem pestanejar, nesse instante ele teria o maior prazer em sumir como que por encanto; mas o que está feito não volta atrás... não há como voltar atrás. Então, o que fazer? 'Se fracassas, não desanima; se atinges o objetivo, segue firme. O senhor Golyádkin, está claro, não era um intrigante nem um mestre em rapapés'...[49] e foi isso que se viu. Ademais, os jesuítas também deram um jeito de meter o bedelho... Mas, pensando bem, o senhor Golyádkin não estava nem aí para eles."[50]

Esse trecho é interessante pelo fato de que nele não há em essência palavras gramaticalmente diretas do próprio Golyádkin, e por isso não há razão para enfatizá-las com aspas. A parte da narração enfatizada entre aspas, pelo visto, foi destacada por erro do revisor. Dostoiévski provavelmente destacou apenas o provérbio: "Se fracassas, não desanima; se atinges o objetivo, segue firme". Já a frase seguinte está na terceira pessoa, apesar de, evidentemente, pertencer ao próprio Golyádkin. Adiante, as pausas destacadas pelas reticências pertencem também ao discurso interior de Golyádkin. As frases anteriores e posteriores às reticências relacionam-se umas com as outras no que diz respeito às suas ênfases como réplicas do diálogo interior. Duas frases contíguas nas quais mencionam-se os jesuítas são totalmente aná-

---

[49] As aspas, presentes na citação de Bakhtin, estão ausentes na tradução brasileira de *O duplo* utilizada por nós, pois o tradutor provavelmente usou uma versão mais recente, em que a colocação indevida das aspas, sobre a qual Bakhtin comenta adiante, foi eliminada. (N. da T.)

[50] Fiódor Dostoiévski, *O duplo*, trad. Paulo Bezerra, *op. cit.*, p. 54.

logas às frases sobre Villèle citadas acima e separadas uma da outra por aspas.

Por fim, há mais um trecho em que talvez tenha sido cometido o erro oposto e não foram colocadas as aspas onde elas deveriam estar, do ponto de vista gramatical. Depois de expulso, Golyádkin corre para casa no meio da nevasca e encontra um transeunte, que depois vem a ser o seu duplo:

> "Não é que fosse medo de algum homem mau, mas vá, talvez...[51] E ademais, quem sabe quem é ele, esse retardatário? — passou de relance pela cabeça do senhor Golyádkin —, talvez ele também esteja na mesma situação, talvez ele seja a coisa mais importante nisto, e não esteja passando por aqui à toa, mas sim com um objetivo, cruzando o meu caminho e esbarrando em mim."[52]

Aqui as reticências servem como divisão entre a narração e o discurso direto interior de Golyádkin, construído em primeira pessoa (*"meu* caminho", "esbarrando *em mim"*). Contudo, aqui eles se fundem de modo tão próximo, que, de fato, não dá vontade de colocar aspas. Ademais, essa frase deve ser lida como uma mesma voz, ainda que internamente dialogizada. Aqui ocorre de modo surpreendentemente bem-sucedida a passagem da narração para o discurso do personagem: é como se sentíssemos uma onda de um único fluxo discursivo, que, sem quaisquer barragens nem obstáculos, nos leva da narração para a alma do personagem e dela novamente para a narração; sentimos que nos movemos essencialmente no círculo de uma única consciência.

---

[51] Aqui, na tradução brasileira de Dostoiévski utilizada por nós, abrem-se as aspas para marcar o início da fala de Golyádkin, mas elas estão ausentes da versão citada por Bakhtin. (N. da T.)

[52] Fiódor Dostoiévski, *O duplo*, trad. Paulo Bezerra, *op. cit.*, p. 68.

Poderíamos dar ainda muitos outros exemplos que provam ser a narração uma continuação e um desenvolvimento imediatos da segunda voz de Golyádkin e estar dialogicamente direcionada ao personagem, mas consideramos que os exemplos dados são suficientes. Desse modo, toda a obra é construída como um diálogo interior contínuo de três vozes nos limites de uma única consciência decomposta. Cada um de seus elementos essenciais situa-se no ponto de intersecção dessas três vozes e da alternância brusca atormentadora dessas vozes. Valendo-se da nossa imagem, poderíamos dizer que ainda não se trata de polifonia, mas já não se trata de homofonia. Uma mesma palavra, uma mesma ideia ou um mesmo fenômeno é conduzido por meio de três vozes e soa de modo diferente em cada uma. Por meio do discurso exterior de Golyádkin, do discurso do narrador e do discurso do duplo é conduzido um mesmíssimo conjunto de palavras, tons e orientações interiores, e essas três vozes se dirigem umas às outras, falam não uma sobre a outra, mas uma com a outra. Três vozes que cantam uma mesma coisa, mas não em uníssono, e sim cada uma a sua parte. Contudo, por enquanto essas três vozes ainda não se tornaram completamente autônomas e reais, ou seja, três consciências com direitos iguais. Isso ocorrerá apenas nos romances de Dostoiévski. Em O *duplo*, não há palavra monológica que seja autossuficiente em relação a si própria e a seu objeto. Cada palavra está dialogicamente decomposta, em cada palavra há uma alternância de vozes, mas aqui ainda não há o diálogo autêntico de vozes imiscíveis que depois surgirá nos romances. Aqui já há um embrião de contraponto: ele se esboça na própria estrutura da palavra. Aquelas análises que expusemos acima já seriam uma espécie de análise contrapontística (é claro, falando de modo figurativo). Entretanto, essas novas relações ainda não extrapolaram os limites do material monológico.

Nos ouvidos de Golyádkin soam incessantemente a voz provocativa e escarnecedora do narrador e a voz do duplo.

O narrador grita-lhe ao ouvido suas próprias palavras e pensamentos, mas em um outro tom, irremediavelmente alheio, irremediavelmente condenatório e escarnecedor. Essa segunda voz existe em todos os personagens de Dostoiévski, mas em seu último romance, como dissemos, ela novamente assume a forma de uma existência autônoma. O diabo grita ao ouvido de Ivan Karamázov as suas próprias palavras ao comentar com escárnio a decisão do outro de confessar-se no tribunal e ao repetir com um tom alheio seu pensamentos mais íntimos. Deixaremos de lado o próprio diálogo de Ivan com o diabo, pois os princípios do diálogo autêntico serão abordados no próximo capítulo. Contudo, citaremos a narração inflamada de Ivan a Aliócha que vem logo depois desse diálogo. A sua estrutura é análoga à de *O duplo*, que acabamos de analisar. Nesse caso há o mesmo princípio de combinação de vozes, ainda que tudo aqui seja mais profundo e mais complexo. Nessa narração, Ivan conduz seus próprios pensamentos e decisões simultaneamente em duas vozes, transmite-os em duas tonalidades diferentes. No trecho que citamos parcialmente, foram omitidas as réplicas de Aliócha, uma vez que sua voz real ainda não se encaixa no nosso esquema. Por enquanto, interessa-nos apenas o contraponto intra-atômico das vozes, a combinação dessas vozes apenas nos limites de uma única consciência decomposta.

"Estava me provocando! Sabes, e com astúcia, com astúcia: 'Consciência! O que é a consciência? Eu mesmo a faço. Por que me martirizo? Por hábito. Pelo hábito universal humano adquirido em sete mil anos. Pois abandonemos esse hábito, e seremos deuses'. Foi ele quem disse isso, ele quem disse! [...] Mas ele, ele é malvado. Zombou de mim. Foi insolente, Aliócha — disse Ivan estremecido com a ofensa. — Mas ele me caluniou, caluniou muito. Mentiu contra mim mesmo na minha cara. 'Oh, irás cometer a proeza da virtude, declararás que mataste teu pai, que o criado matou teu pai incitado por ti...' [...] É ele quem diz, ele, e disso ele sabe: 'Irás cometer a proeza da virtude, mas não acreditas na virtude — eis o que te enfurece e atormenta, eis o que te faz tão vingativo'. Foi ele quem me disse isso sobre mim mesmo e ele sabe o que diz... [...] Não, ele sabe atormentar, ele é cruel — continuou Ivan sem ouvir. — Sempre pressenti com que fim ele aparecia. 'Vá, diz ele, que compareças por altivez, mas mesmo assim havia a esperança de que desmascarem Smierdiakóv e o mandem para os trabalhos forçados e absolvam Mítia, e, quanto a ti, só te condenarão *moralmente* (ouve, nesse ponto ele ria!), mas outros acabarão mesmo elogiando. Pois bem, Smierdiakóv morreu, enforcou-se — e agora, quem vai acreditar em ti sozinho lá no julgamento? Sim, porque comparecerás, comparecerás, apesar de tudo comparecerás, decidiste que comparecerás. Para que comparecerás depois disso?' Aliócha, isso é terrível, não consigo suportar essas perguntas. Quem se atreve a me fazer semelhantes perguntas?!"[53]

Todas as evasivas do pensamento de Ivan, todas as suas olhadelas para a palavra alheia e para a consciência alheia, todas as suas tentativas de contornar essa palavra alheia, de substituí-la em sua alma por sua própria autoafirmação, todas as ressalvas da sua consciência, que criam uma alternân-

---

[53] Fiódor Dostoiévski, *Os irmãos Karamázov*, trad. Paulo Bezerra, 3ª ed., São Paulo, Editora 34, 2012, pp. 845-6. Bakhtin retirou todas as réplicas de Aliócha, bem como os travessões que marcavam os inícios das réplicas de Ivan. (N. da T.)

cia em cada um dos seus pensamentos, das suas palavras e vivências, concentram-se, condensam-se aqui nas réplicas acabadas do diabo. A diferença entre as palavras de Ivan e as réplicas do diabo não está no conteúdo, mas apenas no tom, na ênfase. Contudo, essa mudança de ênfase altera completamente o sentido último delas. É como se o diabo transferisse para a oração principal aquilo que em Ivan estava apenas na oração subordinada, aquilo que era pronunciado a meia-voz e sem uma ênfase autônoma; já o conteúdo da oração principal elimina a ênfase da oração subordinada. Para o diabo, a ressalva de Ivan em relação ao motivo principal da decisão transforma-se no motivo principal, e o motivo principal torna-se apenas uma ressalva. Isso resulta em uma combinação de vozes profundamente tensa e coexistencial ao extremo, mas que ao mesmo tempo não se apoia em nenhuma oposição do conteúdo e do enredo. Entretanto, é claro, essa dialogização plena da autoconsciência de Ivan, como sempre ocorre em Dostoiévski, é preparada pouco a pouco. A palavra alheia entra de modo gradual e insinuante na consciência e na fala do personagem: ora como pausa que não deveria existir em uma fala monologicamente confiante, ora como ênfase alheia que deturpou a frase, ora como um tom particular que foi elevado, exagerado ou tornado histérico de modo anormal, e assim por diante. Esse processo de decomposição dialógica gradual da consciência de Ivan estende-se das primeiras palavras e de toda a orientação interior de Ivan na cela de Zossima — passando por suas conversas com Aliócha, com o pai e sobretudo com Smierdiakóv —, até a partida para a Tchermáchnia, chegando, por fim, aos três encontros com Smierdiakóv, depois do assassinato, um processo mais profundo e ideologicamente mais complexo do que o processo de Golyádkin, mas que é bastante análogo a este por sua estrutura.

A voz alheia que sussurra no ouvido do personagem as próprias palavras deste, com a ênfase deslocada, provocando assim uma combinação irrepetivelmente peculiar de palavras multidirecionadas em uma única palavra, em uma única fala, bem como um cruzamento de duas consciências em uma só consciência, é algo que, de uma forma ou de outra, em grau maior ou menor, em uma ou outra direção ideológica, ocorre em todas as obras de Dostoiévski. Essa combinação contrapontística de vozes multidirecionadas nos limites de uma única consciência serve para Dostoiévski como a base, o terreno no qual ele introduz outras vozes reais. Contudo, trataremos disso mais tarde. No momento gostaríamos de citar um trecho em que Dostoiévski, com surpreendente força artística, produz uma imagem musical da inter-relação de vozes que analisamos. A página de *O adolescente* que citaremos torna-se ainda mais interessante porque, com a exceção desse trecho, Dostoiévki quase nunca fala de música em suas obras.

Trichátov conta ao adolescente de seu amor pela música e lhe expõe o projeto de uma ópera:

"Escute, você gosta de música? Eu gosto terrivelmente. Quando for à sua casa vou tocar alguma coisa para você. Toco piano muito bem e estudei durante muito tempo. E estudei a sério. Sabe, se eu compusesse uma ópera, eu pegaria um tema do *Fausto*. Gosto muito desse tema. Criaria toda uma cena numa catedral, assim, só de cabeça, na imaginação. Uma catedral gótica, seu interior, coros, hinos, entra Gretchen, e, sabe, coros medievais para que assim se escute o século XV. Gretchen está melancólica, de início ouve-se um recitativo, baixo, mas terrivelmente angustiante, e os coros soam num tom lúgubre, severo, indiferente:

Dies irae, dies illa!

E de repente ouve-se a voz do diabo, o canto do diabo. Ele está invisível, só se ouve o canto, ao lado dos hinos, junto com os hinos, quase coincidindo com os hinos, e no entanto é totalmente outra coisa — preciso fazer mais ou menos assim. O canto é longo, incansável, de um tenor, forçosamente de um tenor. Começa baixinho, suave: 'Gretchen, tu te lembras quando, ainda inocente, ainda uma criança, vinhas com tua mãe a esta catedral e balbuciavas orações de um livro antigo?'. Porém o canto é cada vez mais forte, cada vez mais apaixonado, mais impetuoso; as notas são altas: nelas há lágrimas, uma melancolia incansável, irremediável e, por fim, o desespero: 'Não há perdão, Gretchen, para ti aqui não há perdão!'. Gretchen quer orar, mas apenas gritos irrompem do seu peito — sabe, quando há convulsão no peito provocada por lágrimas —, mas o canto de Satã não cessa, crava-se cada vez mais fundo na alma como uma lâmina, cada vez mais alto — e súbito é interrompido quase por um grito: 'É o fim de tudo, maldita!'. Gretchen cai de joelhos, torce os braços à sua frente — e eis a sua oração, algo muito breve, um semirrecitativo, porém ingênuo, sem nenhum acabamento, algo sumamente medieval, quatro versos, apenas quatro versos — em Stradella há algumas notas assim — e com a última nota vem o desmaio! Perturbação. Erguem-na, carregam-na, e de repente ouve-se o coro tonitruante. É uma espécie de estrondo de vozes, um coro inspirado, triunfal, esmagador, algo como o nosso *Dori-no-si-ma chin-mi*, e visa a que os alicerces de tudo sejam abalados e tudo transborde no brado universal extasiado e jubiloso da 'Hosana!' como uma espécie de grito de todo o universo, mas ela continua sendo carregada, carregada, e então descem as cortinas!"[54]

Dostoiévski sem dúvida realizou uma parte desse projeto musical, porém no formato da obra literária, e o fez mais de uma vez, com materiais diversos.

Entretanto, voltemos para Golyádkin, ainda não terminamos de falar dele; ou, mais precisamente, ainda não terminamos de falar da palavra do narrador. Partindo de um ponto de vista diferente — precisamente, da perspectiva da estilística da linguística formal —, V. Vinográdov dá uma definição análoga à nossa da narração em *O duplo*, em seu artigo "Stil peterbúrgskoi poemi *Dvoiník*" ["O estilo do poema petersburguense *O duplo*"].[55]

Eis a afirmação principal de V. Vinográdov:

> "Com a introdução de 'palavras coloquiais' e expressões da fala de Golyádkin no *skaz* narrativo, atinge-se um efeito graças ao qual, de tempos em tempos, atrás da máscara do narrador começa a aparecer oculto o próprio Golyádkin a contar suas aventuras. Em *O duplo*, a proximidade da fala coloquial do senhor Golyádkin com o *skaz* narrativo do narrador aumenta ainda mais porque no discurso indireto o estilo de Golyádkin permanece sem alterações, sendo o autor, desse modo, quem responde por ele. Uma vez que Golyádkin diz as mesmas coisas não só com sua linguagem, mas também

[54] Fiódor Dostoiévski, *O adolescente*, trad. Paulo Bezerra, São Paulo, Editora 34, 2015, pp. 459-60, itálicos de Bakhtin.

[55] Cf. *F. M. Dostoiévski. Statií i materiáli* [*F. M. Dostoiévski. Artigos e materiais*], vol. I, São Petersburgo, Mysl, 1922. Foi Bielínski quem pela primeira vez apontou essa particularidade da narração de *O duplo* observada por nós, mas não deu maiores explicações sobre ela.

com o olhar, a aparência, os gestos e os movimentos, é completamente compreensível que quase todas as descrições (que demonstram de modo significativo o 'eterno hábito' do senhor Golyádkin) estejam repletas de citações não marcadas de suas falas."[56]

Depois de dar uma série de exemplos de coincidência entre o discurso[57] do narrador e a fala de Golyádkin, Vinográdov continua:

"A quantidade de citações poderia ser muito maior, mas mesmo as já apresentadas, por serem uma combinação de autodefinições do senhor Golyádkin com leves retoques verbais de um observador externo, enfatizam de modo suficientemente nítido a ideia de que o 'poema petersburguense', ao menos em muitas de suas partes, toma a forma de uma narração sobre Golyádkin feita pelo 'duplo', isto é, 'o homem com a linguagem e os conceitos de Golyádkin'. Foi justamente a aplicação desse procedimento inovador que causou o fracasso de O duplo."[58]

Toda a análise feita por Vinográdov é refinada e fundamentada, suas conclusões são corretas, mas ele permanece, é claro, nos limites do método por ele adotado; porém, é justamente nesses limites que não cabe o mais importante e o mais essencial.

[56] Cf. o livro citado, p. 241.

[57] A palavra *riétch* foi aqui traduzida por "discurso" quando se refere ao narrador e "fala" quando provém dos personagens. (N. da T.)

[58] Cf. *F. M. Dostoiévski. Statií i materiáli* [*F. M. Dostoiévski. Artigos e materiais*], vol. I, *op. cit.*, p. 242.

Antes de tudo, Vinográdov não conseguiu enxergar a verdadeira particularidade da sintaxe de *O duplo*, pois a ordem sintática aqui é definida não pelo *skaz* por si só, tampouco pelo dialeto coloquial dos funcionários públicos ou pela fraseologia burocrática de caráter oficial, mas principalmente pela colisão e pela alternância das várias ênfases nos limites de um único todo sintático, isto é, justamente pelo fato de que esse todo, por ser uno, contém as ênfases das duas vozes. Além disso, não foi compreendido nem especificado o direcionamento dialógico da narração para Golyádkin, algo que se manifesta em sinais externos muito claros, como quando, por exemplo, a primeira frase da fala de Golyádkin é do início ao fim uma réplica evidente à frase que a precede na narração. Por fim, não foi compreendida a relação fundamental da narração com o diálogo interior de Golyádkin, pois a narração definitivamente não reproduz a fala de Godyádkin de modo geral, mas dá continuidade imediata apenas à fala de sua segunda voz.

De modo geral, ao permanecer nos limites da estilística da linguística formal, é impossível abordar a tarefa propriamente artística do estilo. Nenhuma definição linguístico-formal da palavra dará conta das suas funções artísticas na obra. Os fatores verdadeiramente responsáveis pela formação do estilo ficam fora do horizonte de V. Vinográdov.

No estilo da narração de *O duplo* há ainda um traço muito importante que também foi observado, mas não explicado, por Vinográdov. De acordo com ele, "No *skaz* narrativo prevalecem as imagens motoras, e seu procedimento estilístico principal é o registro dos movimentos, independentemente de sua repetição".[59]

De fato, a narração registra com precisão fatigante todos os pormenores dos movimentos do personagem, sem

[59] *Idem*, p. 249.

poupar repetições infindáveis. É como se o narrador estivesse acorrentado a seu personagem e não pudesse se afastar dele a uma distância necessária para que fornecer uma imagem sintética e integral de seus atos e de suas ações. Uma imagem generalizante já ficaria fora do horizonte do próprio personagem e, de modo geral, tal imagem sugere algum tipo de posição externa estável. O narrador não possui tal posição, ele não possui uma perspectiva necessária para abarcar como um todo, de modo artisticamente concludente, uma imagem do personagem e de seus atos.[60]

Essa particularidade da narração de *O duplo*, com certas alterações, mantém-se também ao longo de toda a criação posterior de Dostoiévski. A narração de Dostoiévski é sempre uma narração sem perspectiva. Para nos valermos de um termo da história da arte, podemos falar que em Dostoiévski não há a "imagem à distância" do personagem e do acontecimento. O narrador encontra-se em uma proximidade imediata do personagem e do acontecimento em realização e constrói sua representação deles a partir desse ponto de vista aproximado ao máximo e sem perspectiva. É verdade que os cronistas de Dostoiévski escrevem quando todos os acontecimentos já terminaram e como se houvesse uma certa perspectiva temporal. O narrador de *Os demônios*, por exemplo, com frequência diz: "agora, quando tudo isso já acabou", "agora, ao lembrarmos de tudo isso" etc., mas, de fato, ele constrói sua narração sem nenhuma perspectiva.

Entretanto, diferentemente da narração de *O duplo*, as narrações tardias de Dostoiévski não registram em absoluto os pormenores dos movimentos dos personagens, não se prolongam nem um pouco e são completamente desprovidas de quaisquer repetições. A narração de Dostoiévski do período

---

[60] Essa perspectiva não existe nem mesmo para a construção "autoral" generalizante do discurso indireto do personagem.

A palavra monológica do personagem e a palavra narrativa

tardio é sucinta, seca e até um pouco abstrata (principalmente quando ele dá informações sobre os acontecimentos precedentes). Contudo, essa brevidade e secura da narração que "às vezes lembra o *Gil Blas*" é determinada não pela perspectiva, mas, ao contrário, pela ausência dela. A ausência intencional de perspectiva é predefinida por todo o projeto de Dostoiévski, pois, como sabemos, uma imagem sólida e conclusiva do personagem e dos acontecimentos está excluída de antemão desse projeto.

No entanto, retornemos mais uma vez à narração de *O duplo*. Juntamente com sua atitude em relação à fala do personagem, que já explicamos, observamos uma outra orientação parodística. Na narração de *O duplo*, assim como nas cartas de Diévuchkin, há elementos da paródia literária.

Já em *Gente pobre* o autor utilizou a voz de seu personagem de modo a refratar intenções parodísticas. Ele obteve isso por diferentes meios: ou as paródias eram simplesmente introduzidas nas cartas de Diévuchkin com uma motivação de enredo (trechos das obras de Rataziáev:[61] paródias do romance sobre a aristocracia, do romance histórico daquela época e, finalmente, da escola natural), ou os traços parodísticos eram dados na própria construção da novela (por exemplo, *Teresa e Faldoni*).[62] Por fim, foi introduzida na novela uma polêmica com Gógol, refratada diretamente na voz do personagem, uma polêmica com tons parodísticos (a leitura

---

[61] No texto de Bakhtin, estava grafado "Rotoziávev", erro que foi corrigdo nas edições recentes. Rataziáev é um personagem da novela *Gente pobre* que organiza saraus de escritores e que é tido por Makar Diévuchkin como um grande escritor. Os trechos dos escritos de Rataziáev parodiam explicitamente autores não apreciados por Dostoiévski, tais como F. Bulgárin, N. Kúkolnik e A. Bestújev-Marlínski. (N. da T.)

[62] São os nomes dos criados, emprestados por Dostoiévski da novela sentimental *Teresa e Faldoni ou Cartas de dois amantes que viviam em León*, de N. G. Léonard (1744-1793). (N. da T.)

de "O capote" e a reação indignada de Diévuchkin a esta novela. No último episódio, do general que ajuda o personagem, ocorre uma oposição velada ao episódio com o "figurão" em "O capote", de Gógol).[63]

Na voz do narrador de O duplo é refratada a estilização parodística do "estilo elevado" de Almas mortas e, de modo geral, em todo O duplo são espalhadas reminiscências parodísticas e semiparodísticas de diferentes obras de Gógol. É preciso observar que esse tons paródicos da narração se entrelaçam imediatamente com os arremedos de Golyádkin.

A introdução do elemento parodístico e polêmico na narração a torna mais plurivocal, mais alternante, não satisfazendo a si e ao seu objeto. Por outro lado, a paródia literária fortalece o elemento da convenção literária na palavra do narrador, o que o priva ainda mais de independência e de força conclusiva em relação ao personagem. Também na criação posterior o elemento da convenção literária e sua revelação de uma forma ou de outra sempre servem a um fortalecimento maior da intencionalidade direta e da independência da posição do personagem. Nesse sentido, a convenção literária, segundo o projeto de Dostoiévski, não só não diminuiu a importância conteudística e a ideologia do seu romance, mas, ao contrário, tinha a intenção de aumentá-la (o que, aliás, também ocorre em Jean Paul e até, ao contrário do que diz Chklóvski, em Sterne). A destruição da habitual orientação monológica na criação de Dostoiévski levou-o a excluir por completo alguns elementos dessa orientação monológica comum e a neutralizar outros de modo minucioso. Um dos meios dessa neutralização foi justamente a convenção literária, isto é, a introdução da palavra convencio-

[63] Sobre as paródias literárias e a polêmica velada em Gente pobre, há indicações histórico-literárias muito valiosas no artigo de V. Vinográdov da coletânea Tvórtcheski put Dostoiévskogo [O caminho criativo de Dostoiévski], organizada por N. L. Bródski (Leningrado, Céiatel, 1924).

A palavra monológica do personagem e a palavra narrativa

nal — estilizada ou paródica — na narração ou nos princípios da construção.

No que concerne à orientação dialógica da narração para o personagem, essa particularidade, de modo geral, permaneceu na criação posterior de Dostoiévski, apesar de sofrer alterações, tornar-se mais complexa e mais profunda. Já não é cada uma das palavras do narrador que se dirigem ao personagem, mas a narração como um todo, isto é, a própria orientação da narração. Na maioria dos casos, o discurso no interior da narração é seco e opaco; "estilo protocolar" é sua melhor definição. Contudo, no todo da sua função principal, é um protocolo que denuncia e provoca e está dirigido para o personagem, ou seja, é como se falasse com ele e não sobre ele, porém só em sua totalidade e não com os seus elementos isolados. É verdade que, também na criação tardia, alguns personagens são apresentados em um estilo que os parodia e os provoca diretamente, soando como uma réplica exagerada do seu diálogo interior. Assim, por exemplo, é construída a narração em *Os demônios* em relação a Stiepan Trofímovitch, mas só em relação a ele. Algumas notas desse estilo provocador estão espalhadas também nos outros romances. Elas estão presentes também em *Os irmãos Karamázov*. Mas, de modo geral, estão extremamente enfraquecidas. A tendência principal de Dostoiévski no período tardio da sua criação é tornar o estilo e o tom secos e precisos, neutralizá-los. Porém, em todo lugar em que a narração predominante — protocolar, seca e neutralizada — é substituída por tons nitidamente acentuados e mais coloridos de um ponto de vista valorativo, esses tons, de qualquer modo, dirigem-se dialogicamente ao personagem e nasceram de uma réplica do seu possível diálogo interior consigo mesmo.

De *O duplo* passemos imediatamente para *Memórias do subsolo*, pulando toda uma série de obras que a precederam.

Memórias do subsolo é uma *Icherzählung* confessional. Originalmente essa obra deveria ter se intitulado *Confis-*

são.[64] É de fato uma autêntica confissão. É claro que "confissão" não é entendida aqui no sentido pessoal. As intenções do autor são refratadas, como também em qualquer *Icherzählung*; não se trata de um documento pessoal, mas uma obra artística.

Nessa confissão, o homem do subsolo nos impressiona sobretudo pela extrema e pungente dialogização interior: nela não há literalmente nenhuma palavra monologicamente sólida, não decomposta. Já na primeira frase a fala do personagem começa a se contorcer, a quebrar sob influência de uma palavra alheia antecipada, com a qual ele já desde o início entra na mais tensa polêmica interior. "Sou um homem doente... Um homem mau. Um homem desagradável."[65] Assim começa a confissão. São notáveis as reticências e a mudança brusca do tom que se segue. O personagem começa com um tom um tanto queixoso "Sou um homem doente", mas logo em seguida se encoleriza com esse tom: é como se ele se queixasse e precisasse de compaixão, buscasse essa compaixão no outro, precisasse do outro! É justamente aqui que ocorre uma brusca virada dialógica, uma típica quebra enfática, característica de todo o estilo de *Memórias*: é como se o personagem quisesse falar: "Vocês talvez imaginaram, desde a primeira palavra, que busco a compaixão de vocês, então tomem aqui: sou um homem mau. Um homem desagradável".

É característica a elevação do tom negativo (para contrariar o outro) sob a influência da reação alheia antecipada.

---

[64] Com esse título, *Memórias do subsolo* foi originalmente anunciada por Dostoiévski na revista *Vriêmia* [*O Tempo*]. [Mikhail Dostoiévski, irmão do romancista, era o editor principal desse periódico, que circulou entre os anos de 1861 e 1863, na qual Fiódor Dostoiévski chefiava as seções de literatura e crítica literária. (N. da T.)]

[65] Fiódor Dostoiévski, *Memórias do subsolo*, trad. Boris Schnaiderman, São Paulo, Editora 34, 2000, p. 15.

Esse tipo de quebra sempre resulta em uma aglomeração de palavras injuriosas — ou, em todo caso, de palavras desagradáveis para o outro —, e que se intensificam. Por exemplo:

> "Viver além dos quarenta é indecente, vulgar, imoral! Quem é que vive além dos quarenta? Respondei-me sincera e honestamente. Vou dizer-vos: os imbecis e os canalhas. Vou dizer isto na cara de todos esses anciães respeitáveis e perfumados, de cabelos argênteos! Vou dizê-lo na cara de todo mundo! Tenho direito de falar assim, porque eu mesmo hei de viver até os sessenta! até os setenta! até os oitenta!... Um momento! Deixai-me tomar fôlego..."[66]

Nas primeiras palavras da confissão, a polêmica interior com o outro é velada. Contudo, a palavra alheia está presente de modo invisível, determinando o estilo do discurso a partir de seu interior. Entretanto, já no meio do primeiro parágrafo a polêmica se torna aberta: a réplica alheia antecipada é introduzida na narração, ainda que, por enquanto, de modo enfraquecido. "Não, se não quero me tratar, é apenas de raiva. Certamente não compreendeis isto. Ora, eu compreendo."[67]

No final do terceiro parágrafo, já está presente uma antecipação bem característica da réplica alheia: "Não vos parece que eu, agora, me arrependo de algo perante vós, que vos peço perdão?... Estou certo de que é esta a vossa impressão... Pois asseguro-vos que me é indiferente o fato de que assim vos pareça...".[68]

[66] *Idem*, p. 17.

[67] *Idem*, p. 15.

[68] *Idem*, pp. 16-7.

No final do parágrafo seguinte localiza-se o ataque polêmico, que já citamos, contra os "anciães respeitáveis". O parágrafo que segue se inicia com uma réplica antecipada ao parágrafo anterior:

> "Pensais acaso, senhores, que eu queira fazer-vos rir? É um engano. Não sou de modo algum tão alegre como vos parece, ou como vos possa parecer; aliás, se, irritados com toda esta tagarelice (e eu já sinto que vos irritastes), tiverdes a ideia de me perguntar quem, afinal, sou eu, vou responder: sou um assessor-colegial."[69]

O próximo parágrafo novamente termina com uma réplica antecipada: "Pensais, sou capaz de jurar, que escrevo tudo isso para causar efeito, para gracejar sobre os homens de ação, e também por mau gosto; que faço tilintar o sabre, tal como o meu oficial".[70]

Mais adiante, semelhantes finais de parágrafos tornam-se mais raros, mas, ainda assim, no final da novela, as principais divisões semânticas tornam-se mais acentuadas por meio de antecipações abertas da réplica alheia.

Desse modo, todo o estilo da novela encontra-se sob a mais forte e determinante influência da palavra alheia, que ou age sobre o discurso de modo velado, a partir do seu interior, como no início da novela, ou, de modo semelhante a uma réplica antecipada do outro, simplesmente é introduzida no tecido da novela, como nos finais dos parágrafos que citamos. Na novela, não há uma palavra que seja autossuficiente em relação a si e a seu objeto, isto é, não há uma palavra monológica. Veremos que, no homem do subsolo, essa

[69] *Idem*, p. 17.
[70] *Idem*, p. 18.

relação tensa com a consciência alheia se complexifica em uma relação dialógica e não menos tensa consigo próprio. Contudo, primeiramente, apresentaremos uma análise estrutural breve da antecipação das réplicas alheias.

Essa antecipação possui uma particularidade estrutural peculiar: ela tende à má infinitude.[71] A tendência dessas antecipações se reduz à tentativa de assegurar impreterivelmente para si a última palavra. Essa última palavra deve expressar a independência total do personagem em relação ao olhar e à palavra alheia, sua completa indiferença em relação à opinião e à avaliação alheias. Mais do que tudo ele teme pensarem que ele está arrependido diante do outro, desculpando-se ao outro, resignando diante de seu juízo e de sua avaliação, que pensem que sua autoafirmação precisa da afirmação e do reconhecimento do outro. É nessa direção que ele antecipa a réplica alheia. Contudo, é justamente por essa antecipação da réplica alheia e pela resposta a ela que ele novamente mostra ao outro (e a si próprio) a sua dependência dele. Ele *teme* que o outro possa pensar que ele *teme* a sua opinião. Entretanto, com esse medo ele mostra justamente sua dependência da consciência alheia, sua incapacidade de tranquilizar-se em sua própria autodefinição. É como se por meio de sua refutação ele comprovasse aquilo que queria refutar, e ele mesmo sabe disso. Disso resulta aquele círculo sem saída no qual a consciência e a palavra do personagem ficam presas: "Não vos parece que eu, agora, me arrependo de algo perante vós, que vos peço perdão?... Estou certo de que é esta a vossa impressão... Pois asseguro-vos que me é indiferente o fato de que assim vos pareça...".[72]

---

[71] Bakhtin utiliza aqui o termo russo que traduz *schlechte Unendlichkeit*, conceito empregado por Hegel na sua *Ciência da lógica*. (N. da T.)

[72] Fiódor Dostoiévski, *Memórias do subsolo*, trad. Boris Schnaiderman, *op. cit.*, pp. 16-7.

Durante a farra, ofendido pelos seus companheiros, o homem do subsolo quer mostrar que não dispensa nenhuma atenção a eles:

> "Eu sorria com desdém e fiquei andando do outro lado da sala, ao longo da parede, bem em frente ao divã, fazendo o percurso da mesa à lareira e vice-versa. Queria mostrar, com todas as minhas forças, que podia passar sem eles; no entanto, batia, de propósito, com as botas no chão, apoiando-me nos saltos. Mas tudo em vão. *Eles* não me dispensavam absolutamente qualquer atenção."[73]

No entanto, o personagem do subsolo percebe claramente tudo isso e compreende muito bem a falta de saída desse círculo pelo qual se move sua relação com o outro. Graças a essa relação com a consciência alheia surge uma espécie de *perpetuum mobile* da sua polêmica interior com o outro e consigo próprio, um diálogo infindável no qual uma réplica gera outra, e esta uma terceira, e assim até o infinito, e tudo isso sem nenhum avanço.

Eis um exemplo desse *perpetuum mobile* imóvel da autoconsciência dialogizada:

> "Dir-me-eis que é vulgar e ignóbil levar agora tudo isso para a feira, depois de tantos transportes e lágrimas por mim próprio confessados. Mas, ignóbil por quê? Pensais porventura que eu me envergonhe de tudo isso, e que tudo isso foi mais estúpido que qualquer episódio da vossa vida, meus senhores? Além do mais, crede, algo não estava de todo mal-arranjado... Nem tudo sucedia no lago de

[73] *Idem*, p. 94.

A palavra monológica do personagem e a palavra narrativa

Como. Aliás, tendes razão: de fato, é vulgar e ignóbil. Mas o mais ignóbil é que eu tenha começado agora a justificar-me perante vós. E ainda mais ignóbil é o fato de fazer esta observação. Chega, porém, senão isto não acabará nunca mais: sempre haverá algo mais ignóbil que o resto..."[74]

Temos diante de nós um exemplo de má infinitude do diálogo, que não pode nem terminar nem concluir-se. Essas oposições dialógicas sem saída têm imensa importância na criação de Dostoiévski. Contudo, nas obras posteriores essa oposição não é dada em lugar algum de forma tão declarada e abstratamente nítida e até mesmo, podemos dizer, matemática.

Como resultado dessa relação do homem do subsolo para com a consciência alheia e a palavra desta — a dependência excepcional dela e ao mesmo tempo a hostilidade extrema em relação a ela, bem como a rejeição do juízo dela — sua narração adquire uma particularidade artística essencial no mais alto grau. Trata-se da deselegância do seu estilo — uma particularidade proposital e subordinada a uma lógica artística específica. Sua palavra não se sobressai e não pode se sobressair, pois não há alguém diante de quem ela possa se sobressair. Com efeito, ela não é ingenuamente autossuficiente em relação a si mesma e a seu objeto. Ela se dirige ao outro e ao próprio falante (em diálogo interior consigo mesmo). Tanto em uma quanto em outra direção, o que ela menos quer é sobressair-se e ser "artística" no sentido habitual desse termo. Em sua relação com o outro, ela tende a ser propositadamente deselegante, ser "contrária" a ele e aos gostos dele, em todos os sentidos. Contudo, também em sua relação com o próprio falante ela ocupa essa mesma posição, pois

[74] *Idem*, pp. 72-3.

a relação consigo é entrelaçada de modo indissolúvel à relação com o outro. Por isso a palavra é enfaticamente cínica, calculadamente cínica, apesar de possuir esforço emocional. Ela tende à insanidade;[75] já a insanidade é uma espécie de forma, uma espécie de esteticismo, porém é como se tivesse um sinal de inversão.

Em consequência disso, o prosaísmo na representação de sua vida interior atinge limites extremos. No que concerne ao seu material e ao seu tema, a primeira parte de *Memórias do subsolo* é lírica. Do ponto de vista formal, trata-se do mesmo lirismo prosaico da busca espiritual, da busca da alma e da não encarnação espiritual, que existe, por exemplo, em "Aparições" ou "Basta" de Turguêniev,[76] e em qualquer página lírica de uma *Icherzählung* confessional, e nas páginas do *Werther*. Contudo, é um lirismo a seu próprio modo, análogo à expressão lírica de uma dor de dente.

O próprio homem do subsolo fala e, é claro, fala não por acaso, sobre tal expressão de uma dor de dente, uma expressão com orientação internamente polêmica para o ouvinte e o próprio sofredor. Ele propõe que prestemos atenção aos gemidos de um "homem instruído do século XIX" que sofre de dor de dente no segundo ou terceiro dia da doença. Ele tenta revelar uma volúpia peculiar na expressão cínica dessa dor, de sua expressão diante de um "público".

"Os seus gemidos tornam-se maus, perversos, vis, e continuam, dias e noites seguidos. E ele pró-

[75] Trata-se da tradução do termo russo *iuródstvo*, que remete a um mendigo ou peregrino vidente, figura importante e positiva na cultura russa, pois sua loucura o torna mais próximo de Deus. É por isso que Bakhtin enfatiza que a insanidade [*iuródstvo*] do homem do subsolo é de natureza negativa. (N. da T.)

[76] "Aparições" ["Prízraki"] e "Basta" ["Dovólno"] são obras de Ivan Turguêniev, escritas, respectivamente, em 1863 e 1864. (N. da T.)

prio percebe que não trará nenhum proveito a si mesmo com os seus gemidos. Melhor do que ninguém, ele sabe que apenas tortura e irrita a si mesmo e aos demais. Sabe que até o público, perante o qual se esforça, e toda a sua família já o ouvem com asco, não lhe dão um níquel de crédito e sentem, no íntimo, que ele poderia gemer de outro modo, mais simplesmente, sem garganteios nem sacudidelas, e que se diverte, por maldade e raiva. Pois bem, é justamente em todos esses atos conscientes e infames que consiste a volúpia. 'Eu vos inquieto, faço-vos mal ao coração, não deixo ninguém dormir. Pois não durmais, senti vós também, a todo instante, que estou com dor de dentes. Para vós, eu já não sou o herói, que anteriormente quis parecer, mas simplesmente um homem ruinzinho, um *chenapan*.[77] Bem, seja! Estou muito contente porque vós me decifrastes. Senti-vos mal, ouvindo os meus gemidos ignobeizinhos? Pois que vos sintais mal; agora, vou soltar, em vossa intenção, um garganteio ainda pior...'"[78]

É claro que essa comparação da confissão do homem do subsolo com a expressão de uma dor de dente encontra-se, por si só, em um plano exageradamente paródico, e nesse sentido é cínica. Entretanto, a orientação em relação ao ouvinte e a si mesmo nessa expressão da dor de dente, "em garganteios e sacudidelas", ainda assim reflete de modo bastante fiel a orientação da própria palavra na confissão, embora, repetimos, a reflita não de modo objetivo, mas em um estilo

[77] Vagabundo, bandido, calhorda, em francês. (N. da T.)

[78] Fiódor Dostoiévski, *Memórias do subsolo*, trad. Boris Schnaiderman, *op. cit.*, pp. 27-8.

provocador e exageradamente paródico, assim como a narração de O *duplo* refletia o discurso interior de Golyádkin.

A destruição de sua própria imagem no outro, o intuito de se mostrar sujo diante do outro, como uma última tentativa desesperada de se livrar do poder da consciência alheia sobre si mesmo e alcançar a si por meio de si próprio, é, de fato, a orientação de toda a confissão do homem do subsolo. É por isso que ele torna a sua própria palavra sobre si propositalmente disforme. Ele quer matar em si qualquer desejo de ser um herói aos olhos alheios (e aos seus próprios): "Para vós, eu já não sou o herói, que anteriormente quis parecer, mas simplesmente um homem ruinzinho, um *chenapan*...".

Para isso é necessário eliminar de sua palavra todos os tons épicos e líricos, tons "heroicizantes", torná-la *cinicamente* objetiva. Para o personagem do subsolo, é impossível definir a si mesmo sem exagero nem escárnio e de modo sóbrio e objetivo, pois essa definição sobriamente prosaica presume uma palavra sem evasivas, que não olha em torno de si; mas tanto uma como outra estão ausentes de sua paleta verbal. É verdade que ele está o tempo todo tentando alcançar essa palavra, alcançar a sobriedade espiritual, mas, para ele, o caminho até ela passa pelo cinismo e pela insanidade. Ele não se libertou do poder da consciência alheia tampouco reconheceu que esse poder age sobre ele;[79] por enquanto ele só luta contra esse poder, polemiza enraivecido, sem ser capaz de reconhecê-lo ou rechaçá-lo. A tentativa de aniquilar sua imagem e sua palavra no outro e para o outro representa não só o desejo de uma autodefinição sóbria, mas também o desejo de prejudicar o outro; é isso que o obriga a apimentar sua sobriedade, exagerando-a com escárnio, beirando o cinismo e a insanidade: "Senti-vos mal, ouvindo os meus ge-

---

[79] Segundo Dostoiévski, esse reconhecimento também pacificaria sua palavra e a purificaria.

midos ignobeizinhos? Pois que vos sintais mal; agora, vou soltar, em vossa intenção, um garganteio ainda pior...".

Contudo, a palavra sobre si do personagem do subsolo não é só uma palavra que olha em volta, mas, como já dissemos, é também uma palavra com evasivas. A influência da evasiva sobre o estilo da sua confissão é tão grande que é impossível compreender esse estilo sem considerar sua ação formal. De modo geral, a palavra com evasivas tem uma importância enorme na criação de Dostoiévski, sobretudo em sua criação tardia. Aqui já passamos para um outro aspecto da construção de *Memórias do subsolo*: à relação do personagem para consigo, para com o seu diálogo interior consigo, o qual, ao longo de toda a obra, entrelaça-se e combina-se com o seu diálogo com o outro.

O que seria então a evasiva da consciência e da palavra?

A evasiva é uma tentativa de preservar a possibilidade de mudar o sentido último e total da sua palavra. Se a palavra permite tal evasiva, isso inevitavelmente deve se refletir na sua estrutura. Esse outro sentido possível, isto é, a evasiva preservada, acompanha a palavra como uma sombra. Pelo seu sentido, a palavra com evasivas deve ser a última palavra e se faz passar como tal, mas, de fato, ela é só a penúltima palavra e coloca depois de si um ponto que é apenas convencional, e não final.

Por exemplo, a autodefinição confessional com evasivas (a forma mais comum em Dostoiévski) é, pelo seu sentido, a última palavra sobre si, a definição final de si mesmo, mas, de fato, conta no seu interior com uma resposta que é uma avaliação contrária de si pelo outro. Na verdade, o penitente e aquele que condena a si mesmo quer apenas suscitar o elogio e a aceitação do outro. Ao condenar a si mesmo, ele quer e exige que o outro questione a sua autodefinição e reserva uma evasiva, para caso de o outro de repente concordar de fato com ele, com sua autocondenação, não utilizando seu privilégio de ser o outro.

O homem do subsolo transmite seus devaneios "literários" do seguinte modo:

> "Eu, por exemplo, triunfo sobre todos; todos, naturalmente, ficam reduzidos a nada e são forçados a reconhecer voluntariamente as minhas qualidades, e eu perdoo a todos. Apaixono-me, sendo poeta famoso e gentil-homem da Câmara Real, recebo milhões sem conta e, imediatamente, faço deles donativos à espécie humana *e ali mesmo confesso, perante todo o povo, as minhas ignomínias, que, naturalmente, não são simples ignomínias, mas encerram uma dose extraordinária de 'belo e sublime', de algo manfrediano. Todos choram e me beijam (de outro modo, que idiotas seriam eles!)*, e eu vou, descalço e faminto, pregar as novas ideias e derroto os retrógrados sob Austerlitz."[80]

Aqui ele narra ironicamente e com evasivas seus devaneios sobre feitos heroicos e sobre a confissão. Ele ilustra esses sonhos parodicamente. Contudo, suas próximas palavras entregam que essa confissão penitente dos seus sonhos também possui evasivas, e que ele próprio é capaz de encontrar nesses sonhos e na própria confissão deles algo que, se não é "manfrediano", ainda assim pertence à esfera do "belo e sublime", caso o outro decida concordar com ele que os sonhos são, de fato, apenas vulgares e ignóbeis:

> "Dir-me-eis que é vulgar e ignóbil levar agora tudo isso para a feira, depois de tantos transportes e lágrimas por mim próprio confessados. Mas, ig-

---

[80] Fiódor Dostoiévski, *Memórias do subsolo*, trad. Boris Schnaiderman, *op. cit.*, p. 72. [Itálicos de Bakhtin. (N. da T.]

nóbil por quê? Pensais porventura que eu me enver-
gonhe de tudo isso, e que tudo isso foi mais estúpido que qualquer episódio da vossa vida, meus senhores? Além do mais, crede, algo não estava de
todo mal-arranjado..."[81]

Essa passagem, que já citamos, se perde na má infinitude da autoconsciência que lança um olhar em volta.

A evasiva cria um tipo específico de última palavra fictícia sobre si, e com um tom inconcluso, que olha com impertinência nos olhos do outro e exige dele uma refutação
sincera. Veremos que a palavra com evasivas ganha expressão de modo particularmente nítido na confissão de Hippolit,[82] mas ela é, em essência, própria em maior ou menor grau
a todos os autoenunciados confessionais dos personagens de
Dostoiévski.[83] A evasiva torna instáveis todas as autodefinições dos personagens, nelas a palavra não se solidifica em seu
sentido e a cada instante é capaz de mudar o seu tom e o seu
sentido último, como um camaleão.

A evasiva torna o personagem ambíguo e inapreensível
até para si próprio. Para conseguir chegar a si mesmo, ele deve percorrer um longo caminho. A evasiva distorce de modo
profundo sua relação consigo mesmo. O personagem não sabe de quem é a opinião e de quem é a afirmação que por fim
compõem o seu juízo último: se é a sua opinião própria, penitente e condenadora, ou, pelo contrário, se é a opinião de-
sejada e arrancada por ele do outro, que aceita e absolve. Por
exemplo, toda a imagem de Nastácia Filíppovna é construída
quase inteiramente a partir desse motivo. Ao considerar-se

[81] *Idem*, pp. 72-3.

[82] Personagem do romance *O idiota*, de Dostoiévski, assim como
Nastácia Filíppovna, mencionada a seguir. (N. da T.)

[83] As exceções serão apontadas adiante.

uma mulher perdida e culpada, ela ao mesmo tempo considera que o outro, por ser o outro, deve absolvê-la e não pode considerá-la culpada. Ela refuta com sinceridade o príncipe Míchkin, que em tudo a absolve, mas com a mesma sinceridade odeia e se recusa a aceitar todos que concordam com sua autocondenação e que a consideram uma mulher perdida. No fim das contas, Nastácia Filíppovna tampouco conhece sua própria palavra sobre si: ela de fato se consideraria uma mulher perdida ou, pelo contrário, se absolveria? A autocondenação e a autoabsolvição, distribuídas entre duas vozes — eu me condeno, o outro me absolve — mas antecipadas por uma única voz, criam nela alternância e duplicidade interior. A absolvição antecipada e exigida do outro funde-se com a autocondenação, e começam a soar em sua voz, a um só tempo, esses dois tons, com nítidas alternâncias e passagens abruptas. Essa é a voz de Nastácia Filíppovna, esse é o estilo da sua palavra. Toda a vida interior dela (e como veremos, também a exterior) reduz-se à busca de si e da sua própria voz não cindida, que se esconde atrás dessas duas vozes que a possuíram.

O homem do subsolo conduz consigo o mesmo diálogo sem saída que ele conduz com o outro. Ele não pode fundir-se integralmente consigo em uma única voz monológica e deixar a voz alheia inteiramente fora de si (seja ela qual for, sem evasivas), pois, assim como acontece com Golyádkin, sua voz também deve exercer a função de substituir o outro. Ele não pode entrar em acordo consigo, nem concluir sua conversa consigo. O estilo da sua palavra sobre si mesmo é organicamente alheio ao ponto final, alheio à conclusibilidade, tanto em seus aspectos isolados quanto no todo. Esse é o estilo de um discurso internamente infinito, que pode ser, é verdade, interrompido mecanicamente, mas não pode ser finalizado de modo orgânico.

No entanto, é justamente por isso que Dostoiévski finaliza sua obra de modo tão orgânico e tão adequado ao personagem; ele a termina justamente ao apresentar a tendência a uma infinitude interior nas memórias do seu personagem.

> "Mas chega; não quero mais escrever 'do Subsolo'...
> Aliás, ainda não terminam aqui as 'memórias' deste paradoxalista. Ele não se conteve e as continuou. Mas parece-nos que se pode fazer ponto final aqui mesmo."[84]

Como conclusão, observemos mais duas particularidades do homem do subsolo. Não só sua palavra, mas também seu rosto lança olhares em volta e possui evasivas, com todos os fenômenos disto decorrentes. A interferência, ou seja, a alternância de vozes, parece penetrar o seu corpo, privando-o de autossuficiência e monossemia. O homem do subsolo odeia seu rosto, pois nele sente o poder do outro sobre si, o poder de suas avaliações e opiniões. Ele próprio mira seu rosto com olhos alheios, com os olhos do outro. E esse olhar alheio funde-se de modo alternado com o olhar dele próprio, criando um ódio peculiar em relação ao próprio rosto:

> "Detestava, por exemplo, o meu rosto, considerava-o abominável, e supunha até haver nele certa expressão vil; por isso, cada vez que ia à repartição, torturava-me, procurando manter-me do modo mais independente possível, para que não suspeitassem em mim a ignomínia e para expressar no semblante o máximo de nobreza. 'Pode ser um rosto feio', pensava eu, 'mas, em compensação, que seja nobre, expressivo e, sobretudo, inteligente *ao*

[84] Fiódor Dostoiévski, *Memórias do subsolo*, trad. Boris Schnaiderman, *op. cit.*, p. 147.

extremo.' No entanto, com certeza e amargamente, eu sabia que nunca poderia expressar no rosto essas perfeições. Mas o mais terrível era que, decididamente, eu o achava estúpido. Eu me contentaria plenamente com a inteligência. A tal ponto que me conformaria até com uma expressão vil, desde que o meu rosto fosse considerado, ao mesmo tempo, muito inteligente."[85]

Do mesmo modo que torna propositadamente feia a sua palavra sobre si, ele também fica feliz com a feiura do seu rosto.

> "Por acaso olhei-me num espelho. O meu rosto transtornado pareceu-me extremamente repulsivo: pálido, mau, ignóbil, cabelos revoltos. 'Seja, fico satisfeito', pensei. 'Estou justamente satisfeito de lhe parecer repugnante; isto me agrada...'"[86]

Em *Memórias do subsolo*, a polêmica com o outro sobre o tema de si próprio torna-se mais complexa mediante a polêmica com o outro sobre o tema do mundo e da sociedade. O personagem do subsolo, diferentemente de Diévuchkin e Golyádkin, é um ideólogo.

Na sua palavra ideológica descobrimos sem dificuldade aqueles mesmos fenômenos encontrados na palavra sobre si próprio. Sua palavra sobre o mundo é, do ponto de vista polêmico, tanto aberta quanto velada; além disso, ela polemiza não só com outras pessoas, com outras ideologias, mas também com o próprio objeto de seu pensamento: com o mundo

---

[85] *Idem*, pp. 56-7.
[86] *Idem*, p. 102.

A palavra monológica do personagem e a palavra narrativa

e sua ordem. Também na palavra sobre o mundo é como se duas vozes soassem para o personagem, e entre elas ele não pode encontrar nem a si nem ao seu mundo, pois este é igualmente definido por ele com evasivas. Do mesmo modo que o corpo se tornou alternado aos olhos dele, também o mundo, a natureza e a sociedade tornaram-se alternados para ele. Em cada pensamento sobre eles há uma luta de vozes, de avaliações e pontos de vista. Em tudo ele sente, antes de mais nada, uma *vontade alheia* que o predetermina. É sob a ótica dessa vontade alheia que ele assimila a ordem do mundo, a natureza com sua necessidade mecânica e a ordem social. Seu pensamento se desenvolve e se constrói como *o pensamento de alguém pessoalmente* ofendido pela ordem do mundo, pessoalmente humilhado por sua necessidade cega. Isso confere um caráter profundamente íntimo e passional à palavra ideológica e permite que o personagem se entrelace de modo estreito com a palavra sobre si mesmo. Parece (e esse é de fato o projeto de Dostoiévski) que se trata em essência de uma única palavra e que apenas ao chegar a si mesmo o personagem chegará também ao seu mundo. Sua palavra sobre o mundo — assim como a palavra sobre si — é profundamente dialógica. Ele lança uma recriminação viva à ordem mundial e até à necessidade mecânica da natureza, como se falasse não sobre o mundo, mas para o mundo. Adiante abordaremos essas particularidades da palavra ideológica ao passarmos para os personagens predominantemente ideólogos, em especial Ivan Karamázov; nele, esses traços surgem com clareza e nitidez notáveis.

A palavra do homem do subsolo é puramente uma *palavra direcionada*. Para ele, falar significa dirigir-se a alguém; falar de si significa dirigir-se a si próprio com sua própria palavra; falar do outro significa dirigir-se ao outro; falar do mundo, dirigir-se ao mundo. Contudo, ao falar consigo, com o outro e com o mundo, ele ao mesmo tempo dirige-se ainda a um terceiro: olha de soslaio para o ouvinte, que é testemunha e juiz.[87] Esse simultâneo direcionamento triplo da palavra, e o fato de ele no geral não conhecer o objeto sem que se dirija a ele, também criam o caráter excepcionalmente vivo, inquieto, agitado e, por assim dizer, impertinente dessa palavra. É impossível contemplá-la como palavra lírica, épica ou "abstraída" que é tranquilamente autossuficiente em relação a si e a seu objeto; não, antes de tudo reagimos a ela, respondemos, entramos no seu jogo; ela é capaz de perturbar e magoar, quase como um direcionamento pessoal, vindo de alguém vivo. Ela destrói a ribalta, não devido à sua atualidade e importância filosófica imediata, mas justamente graças à estrutura formal que analisamos.

Em Dostoiévski, o *direcionamento* é próprio de toda palavra, seja da narração ou do personagem. Em geral, no mundo de Dostoiévski não há nada de objetual, não há matéria, objeto: há apenas sujeitos. Por isso não há tampouco palavra-juízo, palavra sobre o objeto, palavra que seja objetual à distância: há apenas a palavra-direcionamento, isto é, a palavra que dialogicamente entra em contato com outra palavra, a palavra sobre a palavra e que se dirige à palavra.

---

[87] Lembremos a característica da fala do personagem em "A dócil" apresentada pelo próprio Dostoiévski no prefácio: "[...] ora ele fala para si mesmo, ora dirige-se como que a um ouvinte invisível, a algum juiz. E na realidade é sempre assim mesmo que acontece" ("A dócil", trad. Fátima Bianchi, em Fiódor Dostoiévski, *Contos reunidos*, São Paulo, Editora 34, 2017, p. 362). [Ver também p. 115 desta edição. (N. da T.)]

3

A palavra do personagem
e a palavra da narração
nos romances de Dostoiévski

Passemos aos romances. Neles nos deteremos de modo mais breve, pois o que eles trazem de novo se manifesta no diálogo, e não nos enunciados monológicos dos personagens, que apenas se tornam mais complexos e refinados, mas em geral não ganham um enriquecimento substancial com novos elementos estruturais.

A palavra monológica de Raskólnikov surpreende por sua extrema dialogização interior e pelo direcionamento vívido e pessoal a tudo sobre o que ele pensa e fala. Também para Raskólnikov, pensar um objeto significa dirigir-se a ele. Ele não pensa sobre os fenômenos, mas fala com eles.

Assim, ele se dirige a si mesmo (muitas vezes na segunda pessoa, como se se dirigisse a outro), convence a si, provoca-se, desmascara-se, escarnece de si mesmo, e assim por diante. Eis um exemplo desse diálogo consigo:

"Não vai acontecer? E que tu vais fazer para que isso não aconteça? Vais proibir? Com que direito? Por sua vez, o que podes prometer a elas para ter semelhante direito? Vais dedicar todo o teu destino, todo o teu futuro a elas *quando terminares o curso e arranjares um emprego*? Nós já ouvimos falar disso, são *histórias de bicho-papão*, mas e agora? Por que é preciso fazer alguma coisa agora mesmo, estás entendendo? Mas tu, o que fazes? Vives a depená-las. Porque elas conseguem esse dinheiro dando como garantia uma pensão de cem rublos e empenhando o salário aos senhores Svidrigáilov! Como vais protegê-las dos Svidrigáilov, dos Afanassi Ivánovitch Vakhrúchin, tu, futuro milionário, Zeus, que dispões do destino delas? Daqui a dez anos? Em dez anos tua mãe estará cega de tanto fazer mantilhas, ou talvez de chorar; vai definhar de tanto jejuar; e a irmã? Bem, pensa no que vai ser da tua irmã daqui a dez anos ou nesses dez anos? Adivinhou?

Assim ele se atormentava e se provocava com essas perguntas, até com algum prazer."[88]

Assim é o diálogo que ele mantém consigo no decorrer de todo o romance. É verdade que as questões mudam e o tom muda, mas a estrutura permanece a mesma. É característico o preenchimento do seu discurso interior por palavras alheias, recentemente ouvidas ou lidas por ele: palavras da carta da mãe, dos discursos de Lújin, Dúnetchka e Svidrigáilov citados na carta, da fala de Marmieládov que ele acabara de ouvir, das palavras de Sônietchka, citadas por este etc. Ele preenche o seu discurso interior com essas palavras alheias e torna-as mais complexas, com suas próprias ênfases ou ao reenfatizá-las diretamente, entrando em uma polêmica passional com elas. Graças a isso, seu discurso interior é construído como uma sequência de réplicas vívidas e passionais às palavras alheias — reunidas por ele dos dias recentes — que ele ouviu e que o tocaram. Todas as pessoas com as quais polemiza são tratadas com o "tu", e ele retorna as palavras de quase todas elas com o tom e a ênfase modificados. Além disso, cada indivíduo e cada nova pessoa imediatamente tor-

[88] Fiódor Dostoiévski, *Crime e castigo*, trad. Paulo Bezerra, *op. cit.*, p. 53.

nam-se para ele um símbolo, seus nomes tornam-se substantivos comuns: Svidrigáilovs, Lújins, Sônietchkas etc. "Ei, você aí, Svidrigáilov! O que está querendo?", grita ele para algum janota que persegue uma moça bêbada. Sônietchka, que ele conhece pelos relatos de Marmieládov, aparece o tempo inteiro no seu discurso interior como símbolo do sacrifício desnecessário e inútil. Do mesmo modo, mas com outro matiz, aparece Dúnia; o símbolo de Lújin possui também um significado próprio.

Contudo, todas as pessoas entram no seu discurso interior não como caráter ou tipo, tampouco como uma personalidade fabulística do enredo da sua vida (irmã, noivo da irmã etc.), mas como símbolo de certa orientação de vida e de uma posição ideológica, como símbolo de determinada solução de vida às questões ideológicas que o atormentam. Basta uma pessoa aparecer no seu horizonte para que ela imediatamente se torne, para Raskólnikov, uma solução encarnada da sua própria questão, uma solução discordante daquela à qual ele chegara; por isso todos tocam sua ferida e adquirem um papel estável no seu discurso interior. Raskólnikov correlaciona essas pessoas, compara-as ou as contrapõe umas às outras, obriga-as a responder, a replicar ou acusar umas às outras. Como resultado, o discurso interior de Raskólnikov se desdobra em um drama filosófico, no qual os personagens são pontos de vista sobre a vida e sobre o mundo encarnados no cotidiano.

Eis um trecho do seu discurso interior dramatizado. Trata-se da decisão de Dúnetchka de se casar com Lújin. Raskólnikov entende que ele próprio é a causa do sacrifício da irmã. Eis o modo como ele pensa:

> "É claro que aqui não é de outro senão de Rodión Románovitch Raskólnikov que se trata e em primeiro plano. Ora, como não? Pode-se construir a felicidade dele, custear-lhe a universidade, fazê-lo

248   A palavra em Dostoiévski

sócio do escritório, garantir todo o seu destino; pode ser que depois até se torne rico, honrado, respeitado, e talvez até termine a vida como um homem célebre! E a mamãe? Sim, mas aqui se trata de Ródia, do inestimável Ródia, do primogênito! Pois bem, para um primogênito como esse como não sacrificar até mesmo uma filha como essa? Oh, corações amáveis e injustos! Qual: aqui pode ser que não rejeitemos nem a sorte de Sônietchka! Sônietchka, Sônietchka Marmieládova, a Sônietchka eterna enquanto o mundo for mundo! O sacrifício, vocês duas mediram plenamente o sacrifício? Será? Estão à altura? É proveitoso? É racional? Sabe a senhora, Dúnietchka, que a sorte de Sônietchka em nada é menos detestável que a sorte ao lado do senhor Lújin? 'Aqui não pode haver amor' — escreve a mamãe. E se além de amor não puder haver nem respeito mas, ao contrário, já existir até aversão, desprezo, repulsa, o que irá acontecer? Resulta daí, portanto, que mais uma vez caberá *cuidar do asseio*. É assim ou não é? Entende, será que a senhora entende o que significa esse asseio? Será que a senhora entende que o asseio com Lújin é o mesmo que o asseio de Sônietchka, e talvez até pior, mais abjeto, mais infame, porque, apesar de tudo, Dúnietchka, a senhora está contando com excesso de conforto, enquanto para a outra se trata pura e simplesmente de morrer de fome! 'Sai caro, Dúnietchka, sai caro esse asseio!' E depois, se não aguentar, vai se arrepender? Tanta dor, tanta tristeza, tantas maldições, tantas lágrimas ocultadas de todos, e tanto porque a senhora não é Marfa Pietróvna, não é? E da mamãe, o que vai ser então? Porque já agora ela não anda tranquila, está atormentada; e quando chegar a ver tudo com clareza?

A palavra do personagem e a palavra da narração

E de mim?... Sim, o que a senhora pensou mesmo a meu respeito? Não quero o seu sacrifício, Dúnietchka, não quero, mamãe! Isso não vai acontecer enquanto eu estiver vivo, não vai acontecer, não vai! Não aceito!' [...]

'Ou renunciar totalmente à vida! — gritou de repente com furor, aceitar docilmente o destino como ele é, de uma vez por todas, e sufocar tudo em mim, abrindo mão de qualquer direito de agir, viver e amar!'

'Compreende, será que compreende, meu caro senhor, o que significa não se ter mais para onde ir? — lembrou-se num átimo da pergunta feita ontem por Marmieládov —, porque é preciso que toda pessoa possa ir ao menos a algum lugar...'"[89]

Todas essas vozes, que Raskólnikov introduziu em seu discurso interior, estão ali em um tipo peculiar de contato, impossível entre as vozes de um diálogo real. Aqui, por soarem todas numa única consciência, é como se elas se tornassem interpermeáveis. Elas são aproximadas, sobrepostas, cruzam-se parcialmente, criando alternâncias correspondentes na região dos cruzamentos.

Na parte anterior, apontamos que em Dostoiévski não há formação do pensamento, nem mesmo nos limites da consciência de personagens isolados (salvo raríssimas exceções). O material semântico é sempre dado à consciência do personagem de uma só vez, por inteiro, não na forma de ideias e teses isoladas, mas na forma de orientações semânticas humanas, isto é, de vozes, e trata-se apenas de escolher entre elas. A luta ideológica interior que o personagem conduz é uma luta pela escolha entre possibilidades semânticas

[89] *Idem*, pp. 52-3.

já existentes, cuja quantidade permanece imutável ao longo do romance. Estão ausentes do mundo de Dostoiévski os seguintes motivos: "eu não sabia disso", "não vi isso", "isso me foi revelado só mais tarde". Desde o princípio seu personagem sabe de tudo e vê tudo. Por isso, depois da ocorrência da catástrofe, são tão frequentes as declarações dos personagens (ou do narrador sobre os personagens) de que eles já sabiam e previram tudo de antemão. "Nosso herói deu um grito e levou as mãos à cabeça. Ai dele! Há muito tempo previra isso!" — assim termina *O duplo*. O homem do subsolo enfatiza o tempo todo que sabia e previra tudo. "Eu via tudo, tudo [...] todo o meu desespero estava à vista!" — exclama o personagem de "A dócil". É verdade, como veremos agora, que o personagem muitas vezes esconde de si o que ele sabe e finge, para si mesmo, que não vê aquilo que está o tempo todo diante dos seus olhos. Contudo, nesses casos a particularidade observada por nós se sobressai com nitidez ainda maior.

Não há nenhuma formação de pensamento sob a influência de um novo material e de novos pontos de vista. Trata-se apenas de uma escolha e de resolver as questões: "Quem sou eu?" e "Com quem estou?". Encontrar a própria voz e orientá-la em meio a outras vozes, combiná-la a algumas delas e contrapô-la a outras, ou separar a própria voz de uma outra voz, com a qual ela se fundiu de modo indistinguível — tais são as tarefas solucionadas pelos personagens no decorrer do romance. É isso que define a palavra do personagem. Ele deve se encontrar e revelar-se em meio a outras palavras, dirigindo-se mutuamente a elas do modo mais tenso. Todas essas palavras são dadas em sua integralidade desde o início. No processo de toda a ação interior e exterior do romance, elas apenas são posicionadas de modo distinto em relação às outras, entram em todo tipo de combinações, mas a sua quantidade, dada desde o princípio, permanece a mesma. Poderíamos dizer assim: desde o princípio é dada uma certa variedade semântica, estável e imutável do ponto de vista do conteúdo, havendo apenas um deslocamento das ênfases, ou seja, uma reenfatização. Mesmo antes do assassinato, Raskólnikov reconhece a voz de Sônia a partir do relato de Marmieládov, e decide ir imediatamente ter com ela. Desde o princípio a voz e o mundo dela entram no horizonte de Raskólnikov e comungam com seu diálogo interior. Depois de sua confissão final, Raskólnikov diz a ela:

"— Aliás, Sônia, quando eu estava deitado no escuro e tudo isso se me afigurava, foi o diabo que me perturbou? Foi?

— Cale-se! Não ria, blasfemador, o senhor não entende nada, nada! Oh, Senhor! Ele não compreende nada, nada!

— Cala-te, Sônia, não estou rindo coisa nenhuma, é que eu mesmo sei que foi o diabo que me arrastou. Cala-te, Sônia, cala-te! — repetiu com ar sombrio e insistente. — *Eu sei tudo. Já pensei, repensei e sussurrei tudo isso cá comigo quando estava deitado no escuro naquele momento... Eu mesmo me dissuadi de tudo isso cá comigo, até o último e mais ínfimo detalhe, e estou sabendo tudo, tudo!* E como me saturou, como me saturou, naquela ocasião toda essa conversa fiada! Eu queria esquecer tudo e recomeçar, Sônia, e parar com essa conversa fiada! [...] Eu precisava saber de outra coisa, outra coisa me impelia: *naquela ocasião eu precisava saber, e saber o quanto antes: eu sou um piolho, como todos, ou um homem? Eu posso ultrapassar ou não? Ouso inclinar-me e tomar ou não?*[90]

[90] Embora na tradução brasileira apareçam pontos de exclamação nas duas últimas frases, preferimos manter o ponto de interrogação como está no original russo. (N. da T.)

Sou uma besta trêmula ou tenho o direito de... [...]
Eu só quis te demonstrar uma coisa: *que naquela
ocasião o diabo me arrastou, mas já depois me explicou que eu não tinha o direito de ir lá porque sou
um piolho exatamente como todos os outros! Ele
zombou de mim, e aí eu vim para o teu lado agora!*
Recebe o hóspede! Se eu não fosse um piolho, teria
vindo para o teu lado? Escuta: quando eu fui à casa da velha naquele momento, só fui para *experimentar...* Fica sabendo!"[91]

Nesse sussurro de Raskólnikov, quando ele está deitado
sozinho na escuridão, já soam todas as vozes, incluindo a voz
de Sônia. Em meio a elas, ele procura por si mesmo (o crime
serviu apenas como teste de si mesmo) e orienta suas ênfases.
Então ocorre uma reorientação dessas vozes; o diálogo do
qual esse trecho foi extraído se realiza num momento transi-
tório desse processo de reenfatização. As vozes na alma de
Raskólnikov já se deslocaram e entrecruzaram-se de modo
diferente. Contudo, nos limites do romance nós nunca ouvimos a voz do personagem sem alternâncias: essa possibilidade é apontada apenas no epílogo.

É claro que as particularidades da palavra de Raskólnikov, com toda a variedade dos fenômenos estilísticos que lhe
são próprias, estão longe de terem sido esgotadas. Ainda teremos de voltar à vida extremamente tensa dessa palavra nos
diálogos com Porfiri.

Abordaremos de modo ainda mais breve *O idiota*, uma
vez que aqui quase não há fenômenos estilísticos essencialmente novos.

A confissão de Hippolit, introduzida no romance ("Minha explicação necessária"), é um exemplo clássico de con-

---

[91] Fiódor Dostoiévski, *Crime e castigo*, trad. Paulo Bezerra, *op. cit.*,
pp. 424-5, itálicos de Bakhtin.

fissão com evasivas, assim como, por seu próprio projeto, o suicídio malsucedido de Hippolit foi um suicídio com evasivas. Em geral, Míchkin define corretamente esse projeto de Hippolit. Ao responder a Aglaia, que supõe querer Hippolit matar-se com um tiro apenas para que ela depois lesse sua confissão, Míchkin diz:

> "Isto é... como lhe dizer? É muito difícil dizer isso. Na certa, ele queria apenas que todos o rodeassem e lhe dissessem que gostavam muito dele e o respeitavam, e que todos lhe rogassem muito a continuar vivo. É muito possível que ele a tivesse mais do que todos em vista porque se lembrou de você num momento como aquele... se bem que possivelmente nem ele mesmo soubesse que a tinha em mente."[92]

É claro que não se trata de um cálculo grosseiro, mas justamente de uma evasiva deixada pela vontade de Hippolit, o que confunde tanto a relação dele consigo, quanto a relação dele com os outros.[93] Por isso a voz de Hippolit é internamente inconclusa e não conhece ponto final, assim como a voz do homem do subsolo. Não é por acaso que sua última palavra (que, de acordo com seu projeto, deveria ser a confissão) de fato resultou não ser a última, pois o suicídio não teve êxito.

Em contradição com essa orientação oculta ao reconhecimento por parte do outro, que determina o estilo e o tom

---

[92] Fiódor Dostoiévski, *O idiota*, trad. Paulo Bezerra, São Paulo, Editora 34, 2002, p. 477.

[93] Míchkin também adivinha isso de modo correto: "[...] além disso, pode ser que ele nem mesmo pensasse mas apenas o quisesse... Ele quis ter um último encontro com as pessoas, merecer o respeito e o amor delas" (*idem*, p. 478).

do todo, encontram-se as afirmações abertas de Hippolit, que determinam o conteúdo da confissão: a independência e a indiferença em relação ao juízo alheio, bem como a manifestação do próprio arbítrio. Ele fala: "Não quero partir sem deixar uma palavra de resposta, palavra livre e não forçada, não para me justificar — Oh, não! Não tenho a quem e nem por que pedir desculpa — mas à toa, porque eu mesmo o quero".[94] Essa contradição é o fundamento de toda a sua imagem, determina cada um dos seus pensamentos e cada uma das suas palavras.

Com essa palavra pessoal de Hippolit sobre si mesmo entrelaça-se também a palavra ideológica, que, assim como a do homem do subsolo, é dirigida ao universo, como protesto; o suicídio deveria expressar justamente esse protesto. Seu pensamento sobre o mundo desenvolve-se na forma de um diálogo com uma força superior que o ofendeu.

A orientação mútua entre o discurso de Míchkin e a palavra alheia também é muito tensa, embora o seu caráter seja um pouco diferente. Do mesmo modo, o discurso interior de Míchkin desenvolve-se dialogicamente, tanto em relação a si mesmo quanto em relação ao outro. Ele não fala sobre si e sobre o outro, mas consigo e com o outro, e a inquietude desses diálogos interiores é grande. No entanto, ele é guiado mais pelo medo da sua própria palavra (em relação ao outro) do que pelo medo da palavra alheia. Suas ressalvas, retardamentos e demais características podem ser explicados, na maioria dos casos, justamente por esse medo: a começar pela simples delicadeza em relação ao outro, e a terminar com um medo profundo e fundamental de dizer uma palavra decisiva e final sobre o outro. Ele teme seus pensamentos, suas suspeitas e suposições sobre o outro. Em relação a isso, é bas-

---

[94] *Idem*, p. 463.

tante típico o diálogo interior de Míchkin antes do atentado de Rogójin contra a vida dele.

É verdade que, no projeto de Dostoiévski, Míchkin já é um portador de *uma palavra penetrante*, isto é, de uma palavra capaz de interferir ativa e confiantemente no diálogo interior de uma outra pessoa, ajudando-a a reconhecer sua própria voz. Em um dos momentos da alternância de vozes mais aguda em Nastácia Filíppovna — quando, no apartamento de Gánitchka, ela interpreta desesperadamente o papel de "uma mulher perdida" —, Míchkin traz um tom quase decisivo ao diálogo interior dela:

> "— E a senhora não se envergonha! Porventura é esse tipo que há pouco fez parecer? E pode ser uma coisa dessa? — gritou súbito o príncipe com um profundo e afetuoso reproche.
>
> Nastácia Filíppovna ficou surpresa, deu um risinho, mas como se escondesse alguma coisa por trás do sorriso, olhou para Gánia, meio perturbada, e saiu do salão. Contudo, antes de chegar à antessala, voltou subitamente, chegou-se rápido a Nina Alieksándrovna, segurou-lhe a mão e levou-a aos lábios.
>
> — Eu realmente não sou esse tipo, ele adivinhou — sussurrou em tom rápido, caloroso, repentinamente toda inflamada e ruborizada e, dando meia-volta, saiu desta vez tão rápido que ninguém conseguiu entender por que havia voltado."[95]

Ele também soube falar palavras semelhantes, e com o mesmo efeito, para Gánia, Rogójin, Elizaviéta Prokófievna e outros. Contudo, segundo o projeto de Dostoiévski, essa pa-

---

[95] *Idem*, p. 149.

lavra penetrante, o apelo a uma das vozes do outro como sendo a voz verdadeira, nunca é decisiva no caso de Míchkin. Ela está privada de confiança e autoritarismo últimos e muitas vezes simplesmente escapa. Ele tampouco conhece a palavra monológica sólida e íntegra. O dialogismo interior de sua palavra é tão grande e tão inquieto como o dos outros personagens.

Passemos a *Os demônios*. Abordaremos apenas a confissão de Stavróguin.

A estilística da confissão de Stavróguin chamou a atenção de Leonid Grossman, que dedicou a ela um pequeno trabalho intitulado "A estilística de Stavróguin: sobre o estudo de um novo capítulo de *Os demônios*".[96]

Eis a conclusão de sua análise:

> "Assim é o atípico e sutil sistema composicional da 'Confissão' de Stavróguin. A autoanálise aguda da consciência criminosa e o registro impiedoso de suas menores ramificações exigiram, no próprio tom da narração, um novo princípio de estratificação da palavra e de estiramento do discurso íntegro e fluente. O princípio de decomposição do estilo narrativo harmonioso se faz sentir durante quase toda a narração. O tema terrivelmente analítico da confissão do pecador atroz exigiu também uma encarnação fragmentada e como que em constante desintegração. O discurso sinteticamente acabado, suave e equilibrado da descri-

[96] ["Stilístika Stavróguina: k izutchéniu nóvoi glavi *Biéssov*"]. Ver o livro *Poétika Dostoiévskogo* [*A poética de Dostoiévski*], Moscou, Academia Estatal de Ciências Artísticas, 1925. Inicialmente, o artigo foi publicado na coletânea *F. M. Dostoiévski. Statií i materiáli* [*F. M. Dostoiévski. Artigos e materiais*], vol. II, organizada por A. S. Dolínin, Leningrado, Mysl, 1924.

A palavra do personagem e a palavra da narração

ção literária teria menos probabilidade de corresponder a esse mundo caótico e aterrorizante, alarmante e instável do espírito criminoso. Toda a disformidade monstruosa e o horror inesgotável das memórias de Stavróguin exigiram esse desarranjo da palavra tradicional. O caráter aterrador do tema insistia em buscar novos procedimentos para a frase deturpada e exasperante.

A 'confissão de Stavróguin' é um experimento estilístico extraordinário, no qual a prosa clássica do romance russo pela primeira vez titubeia convulsivamente, desfigura-se e desloca-se rumo a conquistas futuras que ainda nos são desconhecidas. Apenas no contexto da arte europeia atual é possível encontrar critérios para avaliar todos os procedimentos proféticos desse estilo desorganizado de Stavróguin."[97]

Leonid Grossman compreendeu o estilo da "Confissão" de Stavróguin como uma expressão monológica de sua consciência; sua opinião dele, esse estilo é adequado ao tema, ou seja, ao crime em si e à alma de Stavróguin. Desse modo, Grossman aplicou à "Confissão" os princípios da estilística ordinária, que leva em consideração apenas a palavra intencional direta, a palavra que conhece só a si mesma e a seu objeto. De fato, o estilo da "Confissão" de Stavróguin é determinado acima de tudo por sua orientação internamente dialógica em relação ao outro. É justamente esse olhar para o outro que determina as fraturas do seu estilo e todo o seu semblante específico. E era isto, precisamente, que Tíkhon tinha em vista ao começar com uma "crítica estética" do estilo da "Confissão". É característico que em seu artigo Gros-

---

[97] Ver o livro *Poétika Dostoiévskogo* [*A poética de Dostoiévski*], *op. cit.*

258   A palavra em Dostoiévski

sman tenha negligenciado o mais importante na crítica de Tíkhon, tratando apenas daquilo que é secundário. A crítica de Tíkhon é muito significativa, pois sem dúvida expressa o projeto artístico do próprio Dostoiévski.

Qual seria o principal defeito da confissão, segundo Tíkhon? Depois de ler as notas de Stavróguin, suas primeiras palavras foram:

"— Não daria para fazer algumas correções nesse documento?

— Para quê? Escrevi com sinceridade — respondeu Stavróguin.

— Um pouco no estilo."[98]

Desse modo, foi o estilo e a disformidade na "Confissão" que surpreenderam Tíkhon. Citaremos um trecho do diálogo entre eles, que revela a verdadeira essência do estilo de Stavróguin:

"— É como se o senhor quisesse fingir-se propositadamente mais grosseiro do que seu coração desejaria... — ousava cada vez mais e mais Tíkhon. Era evidente que o documento produzira nele uma forte impressão.

— 'Fingir'? Repito-lhe: eu não 'finjo' e sobretudo não 'estava fazendo fita'.

Tíkhon baixou rapidamente a vista.

— Esse documento decorre diretamente da necessidade de um coração ferido de morte, estou interpretando certo? — persistia com um ardor incomum. — Sim, isto é uma confissão e foi a necessidade natural de fazê-la que o venceu, e o senhor

[98] Fiódor Dostoiévski, *Os demônios*, trad. Paulo Bezerra, 6ª ed., São Paulo, Editora 34, 2018, p. 679.

A palavra do personagem e a palavra da narração

enveredou pelo grande caminho, um caminho inaudito. *Mas o senhor já parece odiar por antecipação todos aqueles que vierem a ler o que aqui está escrito e os chamará para o combate.* Se não se envergonha de confessar o crime, *por que se envergonharia do arrependimento?* [...]

— Eu me envergonho?

— Sim, envergonha-se e teme!

— Temo?

— Mais do que a morte. *Que olhem para mim, diz o senhor; no entanto, como o senhor irá olhar para eles?* Algumas passagens de sua exposição estão reforçadas pelo estilo; é como se o senhor se deliciasse com sua psicologia e se agarrasse a cada insignificância com o único fito de *deixar o leitor surpreso* com uma insensibilidade que no senhor não existe. *O que é isto senão um desafio altivo lançado pelo culpado ao juiz?*"[99]

A confissão de Stavróguin, assim como a de Hippolit e a do homem do subsolo, possui a mais tensa orientação para o outro; o personagem não pode prescindir do outro, mas ao mesmo tempo o odeia e não aceita seu juízo. Por isso a confissão de Stavróguin, assim como as confissões que analisamos antes, são desprovidas de uma força conclusiva e tendem àquela mesma má infinitude, a qual tendia tão nitidamente o discurso do homem do subsolo. Sem o reconhecimento e a afirmação do outro, Stavróguin não é capaz de aceitar a si

---

[99] *Idem*, p. 680. [O trecho a partir de "— Eu me envergonho?" não consta da tradução brasileira. Provavelmente isso decorre do uso de diferentes edições do texto dostoiévskiano. A fonte de Bakhtin é: *Dokumiénti po istórii literatúri i obschiéstvennosti* (*Documentos em história da literatura e da sociedade*), Moscou, Izdátelstvo Tsentrarkhíva, 1922, p. 33, itálicos de Bakhtin. (N. da T.)]

mesmo, mas ao mesmo tempo tampouco quer aceitar o juízo do outro sobre si. "Mas para mim restarão aqueles que saberão de tudo e irão olhar para mim assim como eu para eles. E quanto mais numerosos forem, melhor. Se isso me trará alívio, não sei. Esse é meu último recurso."[100] Ao mesmo tempo, o estilo da confissão é ditado pelo seu ódio e sua rejeição a esses "numerosos". A relação de Stavróguin consigo e com o outro está encerrada naquele mesmo círculo sem saída pelo qual vagava o homem do subsolo, "sem dar nenhuma atenção aos seus camaradas", ao mesmo tempo que dá pisões com suas botas para que eles necessariamente notem que ele não lhes dá atenção nenhuma. Nesse caso, isso se dá em outro material, que está longe de ser cômico. Contudo, ainda assim a posição de Stavróguin é cômica. "Até na *forma* da mais grandiosa confissão sempre haverá algo de *cômico*"[101] — diz Tíkhon.

No entanto, voltando à "Confissão" em si, devemos admitir que no que concerne aos sinais externos do estilo ela se distingue com nitidez de *Memórias do subsolo*. Nenhuma palavra alheia, nenhuma ênfase alheia irrompe no seu tecido. Não há uma única ressalva, uma única repetição, nem mesmo há reticências. É como se não houvesse quaisquer sinais externos da influência opressora da palavra alheia. Aqui, de fato, a palavra alheia penetrou a tal ponto no interior, nos próprios átomos da construção, as réplicas a ela sobrepuseram-se com tanta justeza umas às outras, que a palavra parece externamente monológica. Contudo, mesmo um ouvido não muito sensível poderá captar aquela alternância nítida e implacável de vozes, a qual Tíkhon assinalou de imediato. Antes de mais nada, o estilo é determinado por ignorar de modo cínico o outro, por ignorá-lo enfática e intencional-

[100] *Idem*, p. 679.

[101] *Idem*, p. 683. [Itálico de Bakhtin. (N. da T.)]

A palavra do personagem e a palavra da narração

mente. A frase caracteriza-se por rupturas grosseiras e uma precisão cínica. Não se trata de rigor e precisão sóbrios, nem de um caráter documental, no sentido habitual do termo, pois tal caráter documental realista é dirigido ao seu objeto e — com toda a secura do estilo — aspira à adequação em todos os seus aspectos. Stavróguin aspira apresentar sua palavra sem qualquer ênfase valorativa, torná-la explicitamente obtusa, eliminar dela todos os tons humanos. Ele quer que todos olhem para ele, mas ao mesmo tempo confessa-se atrás de uma máscara imóvel e sem vida. Por isso ele reconstrói cada frase de modo que não se revele o seu tom pessoal, nem escape sua ênfase penitente ou até mesmo emocionada. Por isso ele fratura a frase, pois a frase normal seria flexível e sensível demais na transmissão da voz humana.

Daremos só um exemplo:

> "Eu, Nikolai Stavróguin, oficial reformado, em 186- morei em Petersburgo, entregando-me a uma devassidão na qual não encontrava prazer. Na época, mantive durante certo tempo três apartamentos. Em um deles eu mesmo morava com cama e criadagem, e na ocasião morava também Mária Lebiádkina, hoje minha legítima esposa. Aluguei os outros dois apartamentos por mês para amoricos: em um recebia uma senhora que me amava, no outro a sua criada de quarto, e durante certo tempo andei muito ocupado procurando juntar as duas para que a patroa e a empregada se encontrassem na presença dos meus amigos e do marido. Conhecendo a índole das duas, esperava que essa brincadeira tola me desse um grande prazer."[102]

[102] *Idem*, p. 664.

É como se a frase se interrompesse onde começa a voz humana viva. É como se Stavróguin nos virasse as costas depois de cada palavra lançada em nossa direção. É notável que ele tente omitir até mesmo a palavra "eu" quando fala de si, nos momentos em que "eu" não é simples referência formal do verbo, mas deve carregar uma ênfase particularmente forte e pessoal (por exemplo, na primeira e na última frases do trecho citado). Todas as particularidades sintáticas apontadas por Grossman — frase quebrada, palavra deliberadamente opaca ou deliberadamente cínica e assim por diante — são em essência a manifestação do principal anseio de Stavróguin: eliminar da sua palavra, enfática e desafiadoramente, a ênfase pessoal viva, falar de costas para o ouvinte. Evidentemente, além desse aspecto, na confissão de Stavróguin encontraríamos sem dificuldade quase todos os outros fenômenos que vimos nos enunciados monológicos anteriores, ainda que de forma um tanto enfraquecida e, em todo caso, sujeitos à principal tendência dominante.

A narração de *O adolescente* parece nos remeter, especialmente no início, a *Memórias do subsolo*: as mesmas polêmicas veladas e abertas com o leitor, as mesmas ressalvas e reticências, a mesma introdução de réplicas antecipadas, a mesma dialogização de todas as relações consigo e com o outro. Essas particularidades caracterizam também a palavra do adolescente, como personagem.

Na palavra de Viersílov, revelam-se fenômenos um pouco diferentes. Essa palavra é contida e, aparentemente, muito estetizada. Contudo, nela tampouco há uma beleza autêntica. Ela é toda construída para abafar, de modo deliberado e enfático, com um apelo contido e desdenhoso para o outro, todos os tons e todas as ênfases pessoais. Isso perturba e insulta o adolescente, que anseia ouvir a voz própria de Viersílov. Com maestria surpreendente, Dostoiévski faz com que em raros momentos essa voz irrompa também com entonações novas e inesperadas. Viersílov longa e obstinadamente evita o encontro cara a cara com o adolescente sem a máscara verbal que ele elaborou e sempre portou com tanta elegância. Eis um dos encontros em que irrompe a voz própria de Viersílov:

"— Essas escadas... — Viersílov mastigou e arrastou as palavras, pelo visto para dizer alguma coisa e também temendo que eu dissesse algo —, essas escadas, estou desacostumado, e moras no terceiro andar, mas agora vou encontrar o caminho... Não te preocupes, meu querido, ainda acabarás gripando.

[...]

Já havíamos chegado à porta de saída e eu continuava a segui-lo. Ele abriu a porta; o vento que rompeu bruscamente apagou a vela. Súbito eu o agarrei pela mão; o escuro era total. Ele estremeceu, mas ficou calado. Agarrei a mão dele e comecei a beijá-la com sofreguidão, algumas vezes, muitas vezes.

— Meu querido menino, por que me amas tanto? — proferiu ele, mas com uma voz já bem diferente. Sua voz tremeu e nela soou algo inteiramente novo, como se não fosse ele que estivesse falando."[103]

Entretanto, a alternância de duas vozes na voz de Viersílov é especialmente nítida e forte no que diz respeito a Akhmákova (o amor-ódio) e, em parte, à mãe do adolescente. Essa alternância termina com a temporária desintegração completa dessas vozes: em duplicidade.

---

[103] Fiódor Dostoiévski, *O adolescente*, trad. Paulo Bezerra, *op. cit.*, p. 221.

Em *Os irmãos Karamázov*, surge um novo aspecto na construção da fala monológica do personagem, no qual devemos nos deter brevemente, embora ele se revele em toda a sua plenitude já no próprio diálogo.

Já dissemos que desde o princípio os personagens de Dostoiévski sabem tudo e fazem apenas uma escolha em meio a um material semântico disponível por completo. No entanto, eles às vezes escondem de si aquilo que de fato já sabem e veem. A expressão mais simples disso são os pensamentos duplos característicos de todos os personagens de Dostoiévski (até de Míchkin e Aliócha). Um dos pensamentos é claro e determina o *conteúdo* da fala; o outro é velado, mas ainda assim determina a *construção* da fala e lança a sua sombra nela.

A novela "A dócil" foi construída diretamente sobre o motivo da ignorância consciente. O personagem esconde de si próprio e elimina cuidadosamente da sua própria palavra algo que está o tempo todo diante dos seus olhos. Todo o seu monólogo se resume a ele se obrigar a finalmente ver e reconhecer aquilo que em essência já sabe e vê desde o princípio. Dois terços desse monólogo são determinados pela tentativa desesperada do personagem de contornar aquilo que já determinou internamente seu pensamento e sua fala, como uma "verdade" invisivelmente presente. No início, ele tenta "juntar os pensamentos em um ponto", que se encontra do outro lado dessa verdade. Mas ainda assim ele é obrigado, no fim das contas, a concentrar esses pensamentos no ponto da "verdade", que tanto o amedronta.

Esse motivo estilístico foi elaborado de modo mais profundo nas falas de Ivan Karamázov. No início, seu desejo da morte do pai e depois sua participação no assassinato são os fatores que determinam de modo invisível sua palavra; isto, é claro, em relação estreita e indissolúvel com sua orientação ideológica dual no mundo. O processo da vida interior de Ivan que é representado no romance é em grau significativo o processo de reconhecimento e afirmação, para si e para os outros, daquilo que ele essencialmente já sabe há muito tempo.

Repetimos: esse processo se desenvolve principalmente nos diálogos e acima de tudo nos diálogos com Smierdiakóv. É Smierdiakóv quem aos poucos domina aquela voz de Ivan que ele escondeu de si mesmo. Smierdiakóv é capaz de controlar essa voz justamente porque a consciência de Ivan não olha e não quer olhar nessa direção. Por fim, ele consegue de Ivan o gesto e uma palavra das quais ele precisa. Ivan parte para Tchermachniá, para onde Smierdiakóv vinha insistindo em mandá-lo:

> "Quando ele já estava sentado no *tarantás*, Smierdiakóv correu para ajeitar o tapete.
> — Como vês... estou indo a Tchermachniá...
> — deixou escapar Ivan Fiódorovitch como que de repente, tal como ocorrera na véspera, quando a expressão saíra naturalmente e ainda acompanhada de um risinho nervoso. Mais tarde se lembraria muito disto.
> — Quer dizer que é verdade o que dizem, que é até curioso conversar com um homem inteligente — respondeu com firmeza Smierdiakóv, fitando Ivan com um olhar penetrante."[104]

O processo de autoelucidação e de gradual revelação daquilo que ele, na verdade, já sabia, daquilo que dizia a sua segunda voz, constitui o conteúdo das partes subsequentes do romance. O processo permaneceu inacabado. Foi interrompido pela doença psíquica de Ivan.

[104] Fiódor Dostoiévski, *Os irmãos Karamázov*, trad. Paulo Bezerra, *op. cit.*, p. 385.

A palavra ideológica de Ivan, a orientação pessoal dessa palavra e o direcionamento dialógico ao seu objeto manifestam-se com clareza e nitidez excepcionais. Não se trata de um juízo sobre o mundo, mas de rejeitá-lo pessoalmente, de uma recusa dirigida a Deus enquanto o culpado pela ordem do mundo. Contudo, é como se essa palavra ideológica de Ivan se desenvolvesse em um diálogo duplo: no diálogo de Ivan com Aliócha é inserido o diálogo (mais precisamente um monólogo dialogizado) do Grande Inquisidor com Cristo, criado por Ivan.

Para finalizar, devemos ainda abordar mais uma variedade de palavra em Dostoiévski: a palavra hagiográfica. Ela aparece nas falas da Coxa, nas falas de Makar Dolgorúki e, por fim, na "Vida de Zossima".[105] Talvez ela tenha aparecido pela primeira vez nos relatos de Míchkin (em especial no episódio com Marie). A palavra hagiográfica é uma palavra que não olha em volta, que é serenamente autossuficiente em relação a si e a seu objeto. Em Dostoiévski, porém, essa palavra é certamente estilizada. Em essência, a voz monologicamente firme e segura do personagem nunca aparece nas suas obras, mas em alguns poucos casos sente-se de modo nítido uma tendência a ela. Quando, segundo o projeto de Dostoiévski, o personagem se aproxima da verdade sobre si mesmo, faz as pazes com o outro e domina a sua voz autêntica, seu estilo e seu tom começam a mudar. Por exemplo, quando o personagem de "A dócil" chega à verdade: "a verdade engrandece-lhe irresistivelmente o espírito e o coração. No fim até o tom da narrativa se modifica, em comparação com o seu início desordenado. A verdade revela-se ao

---

[105] Personagens dos romances *Os demônios*, *O adolescente* e *Os irmãos Karamázov*, respectivamente. (N. da T.)

infeliz de modo bastante claro e determinante, ao menos para ele".[106]

Eis como essa voz é transformada, na última página da novela:

"Cega, cega! Está morta, não pode ouvir! Você não sabe com que paraíso eu a teria cercado. O paraíso estava em minha alma, eu o teria plantado ao seu redor! Bem, se você não me amava — e daí, o que é que tem? As coisas poderiam ter sido *assim*, tudo poderia ter permanecido *assim*. Podia contar-me coisas apenas como a um amigo — e aí teríamos nos divertido e rido alegremente, olhando nos olhos um do outro. Poderíamos ter vivido assim. E caso se apaixonasse por outro — pois que fosse, que importa! Poderia ter ido com ele, sorrindo, enquanto eu teria ficado olhando do outro lado da rua... Oh, pouco importa isso tudo, a única coisa que importa é que abra os olhos ainda que uma vez! Se me lance um olhar só por um instante, por um único instante!, como agora há pouco, quando estava diante de mim e jurava que seria uma esposa fiel! Oh, num olhar teria compreendido tudo!"[107]

No mesmo estilo, palavras semelhantes sobre o paraíso, mas em tons de realização, soam nas falas do "jovem, irmão do ancião Zossima", nas falas do próprio Zossima depois de triunfar sobre si mesmo (o episódio com o ordenança e o duelo) e, por fim, nas falas do "misterioso desconhecido" depois de se confessar. No entanto, todas essas falas, em maior ou

[106] "A dócil", trad. Fátima Bianchi, em Fiódor Dostoiévski, *Contos reunidos*, São Paulo, Editora 34, 2017, p. 361.

[107] *Idem*, p. 399.

menor grau, se sujeitam aos tons estilizados do estilo hagiográfico-religioso ou confessional-religioso. E na própria narração esses tons hagiográficos aparecem apenas uma vez: no capítulo "Caná da Galileia" de *Os irmãos Karamázov*.

Um lugar especial é ocupado pela *palavra penetrante*, que nas obras de Dostoiévski tem suas próprias funções. Segundo o projeto do autor, ela deveria ser firmemente monológica, não cindida, uma palavra sem olhar em volta, sem evasivas, sem polêmica interior. Contudo, essa palavra é possível apenas em um diálogo real com o outro, mas diálogo já extrapola os limites do presente capítulo.

De modo geral, a pacificação e a fusão de vozes mesmo nos limites de uma única consciência — segundo o projeto de Dostoiévski e de acordo com suas principais premissas ideológicas — não pode ser um ato monológico, mas pressupõe a comunhão de vozes do personagem com o coro; mas para isso é preciso dominar e abafar suas vozes fictícias, que se intercalam com a verdadeira voz humana e a arremedam. No plano da ideologia social de Dostoiévski, isso se transformou na exigência de uma fusão da *intelligentsia* com o povo: "Submeta-se, homem orgulhoso, e, acima de tudo, domine seu orgulho. Submeta-se, homem ocioso, e, acima de tudo, trabalhe em sua própria terra".[108] Já no plano da sua ideologia religiosa, isso significava unir-se ao coro e proclamar "Hosana" junto com todos. Nesse coro, a palavra passa de uma boca a outra nos mesmos tons de adoração, júbilo e felicidade. Contudo, no plano dos seus romances desenvolve-se não a polifonia das vozes pacificadas, mas a polifonia das vozes em luta e internamente cindidas. Essas últimas são dadas não no plano das aspirações estritamente ideológicas do

---

[108] Fiódor Dostoiévski, "Púchkin" (1880), trad. Ekaterina Vólkova Américo e Graziela Schneider, em Bruno Barretto Gomide (org.), *Antologia do pensamento crítico russo (1802-1901)*, São Paulo, Editora 34, 2013, p. 410.

escritor, mas na realidade social daquele tempo. A utopia social e religiosa, própria das posições ideológicas do autor, não absorveu nem diluiu sua visão objetivamente artística.

Algumas palavras finais sobre o estilo do narrador.

Mesmo nas últimas obras, a palavra do narrador não traz consigo quaisquer tons novos e quaisquer orientações essenciais, quando comparada às palavras dos personagens. Ela continua a ser uma palavra em meio a outras. De modo geral, a narração se move entre dois limites: a palavra seca e informativa, protocolar, que está longe de ser representativa, e a palavra do personagem. Contudo, quando a narração tende à palavra do personagem, é atribuída a ela uma ênfase deslocada ou alterada (provocativa, polêmica, irônica) e apenas em raríssimos casos a narrativa tende a uma fusão monoacentual com essa palavra. Em todos os romances a palavra do narrador se move entre esses dois limites.

A influência desses limites se torna evidente até nos títulos dos capítulos: alguns foram diretamente retirados das palavras do personagem (embora ao se tornarem títulos de capítulos, essas palavras, é claro, são reacentuadas); outros são dados conforme o estilo de um personagem; outros são de natureza prática e informativa; e, por fim, alguns são literariamente convencionais. Eis exemplos retirados de *Os irmãos Karamázov*, correspondentes a cada caso: capítulo VI do livro segundo, "Para que vive um homem como esse?!" (palavras de Dmitri); capítulo II do livro primeiro, "Descartado o primeiro filho" (no estilo de Fiódor Pávlovitch); capítulo I do livro primeiro, "Fiódor Pávlovitch Karamázov" (título informativo); capítulo VI do livro quinto, "Ainda muito obscuro" (um título literariamente convencional). Como um microcosmo, o sumário de *Os irmãos Karamázov* encerra em si toda a multiplicidade de tons e estilos do romance.

Em nenhum romance essa multiplicidade de tons e estilos é levada a um denominador comum. Em nenhum lugar há uma palavra dominante, seja a palavra do autor ou a palavra do personagem principal. Nesse sentido, não existe unidade do estilo nos romances de Dostoiévski. No que concerne à organização da narração como um todo, ela, como sabemos, está dialogicamente orientada para o personagem. A dialogização absoluta de todos os elementos da obra, sem exceção, é um aspecto essencial do próprio projeto autoral.

Quando a narração não interfere, enquanto voz alheia, no diálogo interior dos personagens, quando ela não entra em união alternante com a fala de um ou outro personagem, é criado um fato sem voz, sem entonação, ou com uma entonação convencional. A palavra seca, informativa e protocolar é uma espécie de palavra sem voz, uma matéria bruta para a voz. Contudo, esse fato sem voz e sem ênfase é dado de modo que possa entrar no horizonte do próprio personagem e tornar-se material para a voz dele, um material para seu juízo sobre si mesmo. Nesse fato o autor não coloca seu próprio juízo e sua avaliação. É por isso que o narrador não possui um excedente de horizonte, nenhuma perspectiva.

Desse modo, algumas palavras participam direta e abertamente do diálogo interior do personagem, outras, apenas potencialmente: o autor as constrói de modo que a consciência e a voz do próprio personagem sejam capazes de dominá-las, a ênfase delas não está previamente decidida, restando-lhe um lugar livre.

Assim, nas obras de Dostoiévski não há uma palavra final, conclusiva e que defina de uma vez por todas. Por isso não há uma imagem sólida do personagem, que responda à pergunta "quem é *ele*?". Existem apenas as questões: "Quem sou *eu*?" e "Quem é *você*?". Contudo, mesmo essas questões soam em um diálogo ininterrupto e inconcluso. A palavra do personagem e a palavra sobre o personagem são definidas por uma relação dialógica, não fechada em relação a si mesma e ao outro. A palavra autoral não pode abraçar de todos os lados, encerrar e concluir externamente o personagem e sua palavra. Ela só pode se dirigir a ele. Todas as definições e todos os pontos de vista são absorvidos pelo diálogo, são envolvidos em sua formação. Dostoiévski não conhece a palavra "à revelia", que não interfere no diálogo interior do personagem e que construiria a imagem conclusiva deste de modo neutro e objetivo. Essa palavra "à revelia", que faz um balanço final do indivíduo, não entra no seu projeto. No mundo de Dostoiévski não há nada que seja sólido, morto, concluído, irresponsivo e que já tenha proferido sua última palavra.

O ensaio sobre a estilística de Dostoiévski que propusemos certamente está muito longe de ser finalizado. Esboçamos apenas traços grosseiros, ainda que, como nos parece, fundamentais do seu estilo. A premissa de toda a nossa análise estilística é a afirmação da palavra como fenômeno social e, além disso, um fenômeno *internamente* social. Não é a palavra-objeto, mas a palavra-meio de comunicação que está na base de nossa estilística.

Entretanto, é evidente que as questões de sociologia do estilo de Dostoiévski não podem ser exauridas pela nossa análise imanente e sociológica. Mais do que isso, a nossa análise, em essência, não vai além da preparação de um material para a sociologia do estilo, uma vez que a principal questão à qual deve responder a sociologia do estilo é sobre as condições históricas e socioeconômicas do nascimento desse estilo. Contudo, para uma elaboração produtiva dessa questão seria necessário, antes de mais nada, revelar e elucidar o próprio material sujeito a uma explicação socioeconômica, compreendido como um fenômeno internamente social, pois apenas nesse caso a explicação sociológica se adequaria à estrutura do fato a ser explicado. Foi o que tentamos fazer. Respondemos (mais precisamente, tentamos responder) apenas a questão: o que é o estilo de Dostoiévski? Explicar o estilo a partir das condições da época não faz parte do nosso objetivo, pois foi necessário excluir de antemão todos os problemas históricos da nossa análise. Além disso, consideramos que o material ainda está longe de estar pronto.

Aquela palavra com a qual Dostoiévski trabalhou, excepcionalmente inquieta e tensa, privada de quaisquer potencialidades internas para a autossuficiência e a conclusibilidade nas formas monológicas comuns, pôde se formar apenas em um meio dominado por um processo de diferenciação social aguda, o processo de separação e decomposição de grupos anteriormente fechados e autossuficientes. Para essa palavra, a comunicação orgânica torna-se um postulado, e sua premissa de separação e comunicação é apenas fortuita. Essa é a palavra de uma *intelligentsia* socialmente desorientada ou que ainda não se orientou. Contudo, suas raízes históricas são complexas e profundas. O problema histórico do surgimento dessa palavra e das suas tradições no passado extrapola os limites da nossa tarefa.

4

O diálogo em Dostoiévski

A autoconsciência do personagem em Dostoiévski é inteiramente dialogizada: em cada um dos seus aspectos ela está voltada para fora, dirige-se tensamente para si mesma, para o outro e para um terceiro. Sem esse direcionamento vivo para si e para os outros ela não existe, nem mesmo para si própria. Nesse sentido, é possível dizer que o ser humano em Dostoiévski é *sujeito do direcionamento*. É impossível falar sobre ele, só é possível dirigir-se a ele. Aquelas "profundezas da alma humana", cuja representação Dostoiévski considerava a tarefa principal do seu realismo "em sentido mais elevado", revelam-se apenas na comunicação tensa. É impossível dominar, ver e compreender o ser humano interior ao fazer dele objeto de uma análise neutra imparcial; tampouco é possível dominá-lo por meio da fusão com ele e da empatia por ele. Não. Só é possível aproximar-se dele e revelá-lo — mais precisamente, fazer com que ele mesmo se revele — dialogicamente, por meio da comunicação. Só é possível representar o ser humano interior, como Dostoiévski o compreendia, ao representar a comunicação dele com os outros. Apenas na comunicação, na interação de um ser humano com outro, revela-se o "ser humano no ser humano", tanto para os outros, quanto para si mesmo.

É bastante compreensível que no centro do mundo artístico de Dostoiévski deva estar o diálogo, aliás o diálogo não como meio, mas como o próprio objetivo. Aqui o diálogo não é preâmbulo para a ação, mas a própria ação. Ele não é um meio de descoberta que revela o caráter do ser humano como se este já estivesse pronto; não, aqui o ser humano não só se manifesta para fora, como também torna-se pela primeira vez aquilo que é; e repetimos: não só para os outros, mas também para si próprio. Ser significa comunicar-se dialogicamente. Quando o diálogo acaba, tudo acaba. Por isso, em essência, o diálogo não pode e não deve terminar. No plano da sua visão de mundo religiosa e utópica, Dostoiévski transfere o diálogo para a eternidade, concebendo-a como eterno corregozijo, coadmiração e consonância de vozes.[109] No plano do romance, isso se dá na forma de uma inconclusibilidade do diálogo e, inicialmente, como sua má infinitude.

Nos romances de Dostoiévski, tudo converge no diálogo, na contraposição dialógica, como se este fosse o seu centro. Tudo são meios, o diálogo é o objetivo. Uma única voz nada acaba e nada resolve. Duas vozes são o *minimum* da vida, o *minimum* da existência.

A infinitude potencial do diálogo no projeto de Dostoiévski já resolve por si só a questão de o diálogo não poder ser parte do enredo no sentido estrito dessa palavra, pois o diálogo relacionado ao enredo tende a necessariamente ter um fim, tanto quanto o próprio acontecimento do enredo, do qual ele é em essência um aspecto. Por isso o diálogo em Dostoiévski, como já dissemos, sempre se encontra fora do enredo, ou seja, é internamente independente da inter-relação entre os falantes determinada pelo enredo, apesar de ser, é claro, preparado pelo enredo. Por exemplo, o diálogo entre Míchkin e Rogójin é um diálogo de um "ser humano com outro", e de modo algum é um diálogo entre dois rivais, ain-

---

[109] Bakhtin utiliza aqui o termo *soglássie*, cuja primeira tradução seria "concordância". Contudo, em russo esse termo contém a raiz da palavra *gólos* (voz), muito importante para a teoria bakhtiniana da polifonia, por isso a nossa opção pela expressão "consonância de vozes". (N. da T.)

O diálogo em Dostoiévski

da que tenha sido justamente a competição que os aproximou. O núcleo do diálogo está sempre fora do enredo, por maior que seja a sua tensão dentro do enredo (por exemplo, o diálogo entre Aglaia e Nastácia Filíppovna). Em compensação, o invólucro do diálogo está sempre profundamente relacionado ao enredo. Só na criação primeira de Dostoiévski, os diálogos possuíam um caráter um tanto abstrato e não eram inseridos na firme moldura do enredo.

O esquema fundamental do diálogo em Dostoiévski é muito simples: a contraposição de um ser humano a outro ser humano, como a contraposição do "eu" ao "outro".

Na criação primeira, esse "outro" também tinha um caráter um tanto abstrato: era o outro, como tal. "Eu sou sozinho, e eles são *todos*"[110] — assim pensou na juventude o homem do subsolo. Contudo, em essência, ele continua a pensar assim na sua vida posterior. O mundo divide-se para ele em dois lados: de um lado está o "eu", do outro, "eles" — isto é, todos os outros, sem exceção, não importa quem sejam. Todas as pessoas existem para ele, antes de mais nada, como o "outro". E essa definição de pessoa também condiciona de modo imediato todas as suas relações com ela. Ele reduz todas as pessoas a um denominador comum: o "outro". A essa categoria ele submete os colegas de escola, de trabalho, o criado Apolón, a mulher que se apaixonou por ele e até o criador da ordem do mundo, com o qual ele polemiza; e, principalmente, reage a eles como se fossem "outros".

Esse caráter abstrato é definido pelo projeto dessa obra. A vida do herói do subsolo está privada de qualquer enredo. Uma vida em cujo enredo há amigos, irmãos, pais, esposas, adversários, mulheres amadas etc. e na qual ele próprio poderia ser irmão, filho, esposo — ele a vivencia apenas em so-

[110] Fiódor Dostoiévski, *Memórias do subsolo*, trad. Boris Schnaiderman, 5ª ed., São Paulo, Editora 34, 2007, p. 58.

276   A palavra em Dostoiévski

nhos. Na sua vida efetiva, essas categorias humanas reais estão ausentes. É por isso que os diálogos interiores e exteriores nessa obra são tão abstratos e precisos ao modo clássico, a ponto de podermos compará-los apenas aos diálogos de Racine. A infinitude do diálogo exterior manifesta-se com a mesma clareza matemática da infinitude do diálogo interior. O outro real só pode entrar no mundo do homem do subsolo como aquele outro com o qual ele já está travando uma polêmica interior sem saída. Qualquer voz alheia real inevitavelmente se fundirá com a voz alheia que já soa nos ouvidos do personagem. E a palavra real do outro também entra na roda do *perpetuum mobile*, assim como todas as réplicas alheias antecipadas. Dela, o personagem tiranicamente exige total reconhecimento e afirmação de si, e ao mesmo tempo não aceita esse reconhecimento e essa afirmação, pois na palavra do outro ele se torna o lado fraco e passivo: compreendido, aceito, perdoado. Seu orgulho não é capaz de suportar. "E nunca desculparei também a você as lágrimas de há pouco, que não pude conter, como uma mulher envergonhada! E também nunca desculparei *a você* as confissões que lhe estou fazendo agora! Sim, você" — assim ele grita à moça que o ama durante as suas confissões.[111]

> "Mas compreende você como agora, depois de lhe contar tudo isto, vou odiá-la porque esteve aqui e me ouviu? Uma pessoa se revela assim apenas uma vez na vida, e assim mesmo somente num acesso de histeria!... Que mais você quer? E por que, depois de tudo isto, você fica aí espetada na minha frente, por que me tortura e não vai embora?"[112]

[111] *Idem*, p. 139.

[112] *Ibidem*.

O diálogo em Dostoiévski

Contudo, ela não foi embora. Aconteceu algo ainda pior. Ela o compreendeu e o aceitou como ele era. Ele não podia suportar a compaixão e a aceitação dela.

"Acudiu-me também à transtornada cabeça o pensamento de que os papéis estavam definitivamente trocados, que ela é que era a heroína, e que eu era uma criatura, tão humilhada e esmagada como ela fora diante de mim naquela noite, quatro dias atrás... E tudo isto me passou pela mente ainda naqueles instantes em que eu estava deitado de bruços no divã!

Meu Deus! Será possível que eu a tenha então invejado?

Não sei, não pude esclarecer isto até hoje, mas então, naturalmente, podia compreendê-lo ainda menos que neste momento. Bem certo é que eu não posso viver sem autoridade e tirania sobre alguém... Mas... mas nada se consegue explicar com argumentação, e, por conseguinte, não há motivo para se argumentar."[113]

A contraposição ao outro na qual permanece o homem do subsolo não tem saída. A voz humana real e a réplica alheia antecipada não podem concluir seu infinito diálogo interior. Paramos aqui.

Já dissemos que o diálogo interior e os princípios de sua construção serviram de base, sobre a qual Dostoiévski introduziu inicialmente outras vozes reais. Devemos agora analisar mais atentamente essa inter-relação entre o diálogo inte-

---

[113] *Idem*, pp. 140-1.

rior e o exterior, pois nela está a essência da condução do diálogo em Dostoiévski.

Vimos que em *O duplo* o segundo personagem (o duplo) foi diretamente introduzido por Dostoiévski como uma segunda voz interior personificada do próprio Golyádkin. O mesmo ocorre com a voz do narrador. Por outro lado, a voz interior de Golyádkin é, ela mesma, apenas uma substituição, um sucedâneo específico da voz alheia real. Graças a isso foi alcançada a mais estreita relação entre as vozes e a extrema tensão (ainda que aqui unilateral) do diálogo entre elas. A réplica alheia (do duplo) não tinha como deixar de provocar Golyádkin, pois não era outra coisa a não ser sua própria palavra em lábios alheios, sendo porém, por assim dizer, uma palavra virada do avesso, com uma ênfase deslocada e maldosamente deturpada.

Esse princípio de combinação de vozes, mas sob uma forma mais complexa e aprofundada, manteve-se em toda a criação posterior de Dostoiévski. Ele deve a esse princípio a força excepcional dos seus diálogos. Dois personagens são sempre introduzidos por Dostoiévski de modo que cada um deles esteja intimamente ligado à voz interior do outro, apesar de este nunca ser a personificação direta daquele (com exceção do diabo de Ivan Karamázov). Por isso, nos diálogos entre eles, as réplicas de um provocam as réplicas do diálogo interior do outro e até coincidem em parte com elas. A relação essencial e profunda, ou a coincidência parcial, das palavras alheias de um personagem com a palavra interior e secreta de outro personagem é um aspecto obrigatório em todos os diálogos essenciais de Dostoiévski; já os principais diálogos são construídos diretamente a partir desse aspecto.

Citaremos um diálogo pequeno, mas muito expressivo, de *Os irmãos Karamázov*.

Ivan Karamázov ainda acredita inteiramente na culpa de Dmitri. Contudo, no fundo de sua alma, ainda de modo quase oculto para si mesmo, ele se questiona sobre sua pró-

O diálogo em Dostoiévski

pria culpa. A luta interior em sua alma tem um caráter extremamente tenso. É nesse momento que ocorre o diálogo com Alióchaque citaremos a seguir.

Alióchaé categórico ao negar a culpa de Dmitri:

"— Então quem é a teu ver o assassino? — perguntou de um modo aparentemente frio, e no tom da pergunta ouviu-se até uma nota de presunção.

— Tu mesmo sabes quem é — proferiu Alióchaem tom baixo e convicto.

— Quem? É a fábula sobre o idiota do epiléptico maluco? Sobre Smierdiakóv?

Súbito Alióchasentiu que tremia todo.

— Tu mesmo sabes quem foi — deixou escapar sem forças. Arquejava.

— Mas quem, quem? — gritou Ivan já quase furioso. Todo o seu comedimento sumiu num piscar de olhos.

— Só uma coisa eu sei — disse Alióchaquase sussurrando como antes. — Quem matou nosso pai *não foste tu*.

— 'Não foste tu'! Que 'não foste tu' é esse? — Ivan estava petrificado.

— Não foste tu quem matou nosso pai, não foste tu! — repetiu Alióchacom firmeza.

Fez-se uma pausa de meio minuto.

— Ora, eu mesmo sei que não fui eu; estás delirando? — disse Ivan com um riso pálido e contraído. Tinha o olhar cravado em AlióchaMais uma vez estavam parados diante do lampião.

— Não, Ivan, tu mesmo disseste várias vezes a ti mesmo que eras o assassino.

— Quando foi que eu disse?... Eu estava em Moscou... Quando foi que eu disse? — balbuciou Ivan totalmente desconcertado.

— Tu o disseste a ti mesmo muitas vezes quando ficaste só nesses dois terríveis meses — continuou Aliócha com voz baixa e nítida. Mas já falava como tomado de extrema excitação, como movido não por sua vontade, obedecendo a alguma ordem indefinida. — Tu te acusaste e confessaste a ti mesmo que o assassino não era outro senão tu. Mas quem matou não foste tu, estás enganado, não és tu o assassino, ouve-me, não és tu! Foi Deus quem me enviou para te dizer isto."[114]

Aqui, o procedimento de Dostoiévski analisado por nós é desnudado e revelado com toda a clareza no próprio conteúdo. Aliócha diz diretamente que está respondendo à pergunta que o próprio Ivan se fez em seu diálogo interior. Essa passagem também é um exemplo típico da palavra penetrante e da sua função artística no diálogo. É muito importante o que vem a seguir. Suas próprias palavras ocultas nos lábios alheios despertam em Ivan a rejeição e o ódio por Aliócha, e isto se dá justamente porque elas de fato o provocam, pois são efetivamente uma resposta à sua pergunta. Agora, ele já não aceita em absoluto a discussão da sua questão interior em lábios alheios. Aliócha sabe muito bem disso, mas antevê que o próprio Ivan — uma "consciência profunda"[115] — inevitavelmente dará a si mesmo, mais cedo ou mais tarde, a resposta afirmativa categórica "eu matei". E segundo o projeto de Dostoiévski, nem é possível dar outra resposta a si mesmo. Eis por que a palavra de Aliócha deve servir, justamente enquanto palavra do *outro*:

[114] Fiódor Dostoiévski, *Os irmãos Karamázov*, trad. Paulo Bezerra, *op. cit.*, pp. 779-80.

[115] *Idem*, p. 848.

O diálogo em Dostoiévski

"— Irmão — recomeçou Aliócha com voz trêmula —, eu te disse isso porque acreditarás em minha palavra, sei disso. Eu te disse para o resto da
vida estas palavras: *não foste tu*! Ouve, para o resto da vida. E foi Deus que me encarregou de te dizer isso, ainda que a partir deste momento fiques
me odiando para sempre..."[116]

As palavras de Aliócha, que se entrecruzam com o discurso interior de Ivan, devem ser comparadas com as palavras do diabo, que também repete as palavras e os pensamentos do próprio Ivan. O diabo introduziu no diálogo interior
de Ivan as ênfases do escárnio e da condenação irremediável, semelhante à voz do diabo no projeto de ópera de Trichátov,[117] cujo canto soa "ao lado dos hinos, junto com os hinos, quase coincidindo com os hinos, e, no entanto, totalmente outra coisa"...[118] O diabo fala como Ivan, mas ao mesmo tempo como um outro, que exagera e deforma com hostilidade as ênfases dele. Ivan diz ao diabo: "Tu és eu, eu mesmo, apenas com outra cara".[119] Aliócha também introduz
ênfases alheias no diálogo interior de Ivan, mas com uma
direção completamente oposta. Aliócha, enquanto um outro,
introduz tons de amor e conciliação que certamente seriam
impossíveis se proferidos por Ivan em relação a si mesmo. A
fala de Aliócha e a fala do diabo, ao repetirem do mesmo
modo as palavras de Ivan, reacentuam-nas em direções opos-

[116] *Idem*, p. 780.

[117] Personagem do romance *O adolescente*. (N. da T.)

[118] Fiódor Dostoiévski, *O adolescente*, trad. Paulo Bezerra, *op. cit.*,
p. 460.

[119] Fiódor Dostoiévski, *Os irmãos Karamázov*, trad. Paulo Bezerra,
op. cit., p. 825.

tas por completo. O primeiro reforça uma das réplicas do diálogo interior de Ivan; o outro reforça outra réplica.

Essa disposição dos personagens e da inter-relação das suas palavras é extremamente típica de Dostoiévski. Nos diálogos de Dostoiévski, colidem e discutem não duas vozes monológicas íntegras, mas duas vozes cindidas (em todo caso, uma delas está cindida). As réplicas abertas de um respondem às réplicas veladas do outro. A oposição a um personagem feita por dois outros personagens, dos quais cada um está ligado a réplicas opostas do diálogo interior do primeiro, é o agrupamento mais típico de Dostoiévski.

Para uma compreensão correta do projeto de Dostoiévski é muito importante considerar sua avaliação do papel da outra pessoa enquanto o outro, pois seus efeitos artísticos fundamentais são alcançados por meio da condução de uma mesma palavra em vozes distintas e que se contrapõem. Como paralelo do diálogo entre Aliócha e Ivan, mencionado por nós, citaremos uma passagem da carta de Dostoiévski a A. G. Kóvner (1877):[120]

> "Não me agradaram muito aquelas duas linhas da sua carta em que o senhor fala que não sente nenhum arrependimento pelo que fez no banco. Há algo maior do que os argumentos da razão e todos os tipos de circunstâncias advindas, algo que todos são obrigados a obedecer (isto é, novamente ao que parece, uma espécie de *estandarte*). Talvez o senhor seja inteligente a ponto de não se sentir insultado pela sinceridade e a *imparcialidade*

[120] No texto de Bakhtin, o nome aparece como G. A. Kóvner, mas provavelmente trata-se de Arkadi Grigórievitch Kóvner (1842-1909), escritor e ensaísta de origem judaica, famoso por ter sido preso em razão de apresentar uma nota falsa em um banco. Da prisão, Kóvner manteve correspondência com Dostoiévski sobre o antissemitismo. (N. da T.)

O diálogo em Dostoiévski

da minha observação. Primeiramente, não sou melhor do que o senhor e do que ninguém (e não se trata de modo algum de falsa humildade, e além do mais, por que eu precisaria dela?); em segundo lugar, mesmo que eu absolvesse o senhor, a meu modo, no meu coração (assim como convido o senhor a me absolver), ainda assim seria melhor que *eu* o absolvesse, do que o *senhor* absolver-se a si mesmo. Parece que isso não está claro."[121]

Isto é análogo ao arranjo dos personagens em *O idiota*. Nesse romance há dois grupos principais: um formado por Nastácia Filíppovna, Míchkin e Rogójin; outro, por Míchkin, Nastácia Filíppovna e Aglaia. Tratemos apenas do primeiro.

A voz de Nastácia Filíppovna, como vimos, cindiu-se em uma voz que a considera culpada, "uma mulher perdida", e uma outra voz que a absolve e a aceita. Sua fala está repleta da combinação alternante dessas duas vozes: prevalece ora uma, ora outra, mas nenhuma pode vencer a outra por completo. As ênfases de cada voz se fortalecem e são interrompidas pelas vozes reais das outras pessoas. As vozes que condenam obrigam-na a exagerar as ênfases da sua voz acusadora de modo a irritar as outras vozes. Por isso seu arrependimento começa a soar como o de Stavróguin, ou então, o que é mais próximo em sua expressão estilística, como o arrependimento do homem do subsolo. Quando ela chega ao apartamento de Gánia, onde, como ela mesma sabe, a condenam, Nastácia Filíppovna faz papel de cocote, só para provocar, e é apenas a voz de Míchkin, que se entrecruza com o diálogo interior dela em uma direção diferente, que a obriga

[121] *Biográfiia, písma i zamiétki iz zapisnói kníjki Dostoiévskogo* [*Biografia, cartas e observações do caderno de anotações de Dostoiévski*], *op. cit.*, p. 321.

a mudar bruscamente o tom e a beijar com respeito a mão da mãe de Gánia, da qual ela há pouco zombava. O lugar de Míchkin e sua voz real na vida de Nastácia Filíppovna é determinado justamente pela relação que ele tem com uma das réplicas do diálogo interior dela.

"Porventura eu mesma não sonhei contigo? Tu tens razão, sonhava há muito tempo, ainda na aldeia dele, morei cinco anos na total solidão; acontecia de pensar, pensar, sonhar, sonhar — e era sempre um como tu que eu imaginava, bondoso, honesto, bom e tão tolinho que de repente chegaria e diria: 'A senhora não tem culpa, Nastácia Filíppovna, e eu a adoro!'. É, é isso, acontecia de eu cair no devaneio, era de enlouquecer..."[122]

Foi essa réplica antecipada de outra pessoa que ela ouviu na voz real de Míchkin, quando este a repetiu quase literalmente em uma noite fatídica na casa de Nastácia Filíppovna.

A postura de Rogójin é diferente. Desde o início ele torna-se para Nastácia Filíppovna o símbolo da encarnação da sua segunda voz. "Pois eu sou de Rogójin", repete ela mais de uma vez. Farrear com Rogójin, fugir para Rogójin, significa para ela encarnar e realizar plenamente a sua segunda voz. Esse Rogójin, que a barganha e a compra, bem como suas farras, são um símbolo maldosamente exagerado da perdição dela. Isso é injusto em relação a Rogójin, pois ele, sobretudo no início, está longe de condená-la, mas em compensação sabe odiá-la. Atrás de Rogójin está o punhal, e ela sabe disso. Assim é construído esse grupo. As vozes reais de

---

[122] Fiódor Dostoiévski, *O idiota*, trad. Paulo Bezerra, *op. cit.*, p. 204.

O diálogo em Dostoiévski

Míchkin e de Rogójin se entrelaçam e se entrecruzam com as vozes do diálogo interior de Nastácia Filíppovna. As alternâncias da voz dela se transformam nas alternâncias das suas inter-relações com Míchkin e Rogójin dentro do enredo: as múltiplas fugas do casamento com Míchkin para Rogójin, e deste de novo para Míchkin, o ódio e o amor por Aglaia.[123]

Os diálogos entre Ivan Karamázov e Smierdiakóv têm outro caráter. Aqui Dostoiévski atinge o ápice da sua maestria na condução dos diálogos.

A orientação mútua entre Ivan e Smierdiakóv é muito complexa. Já falamos que o desejo da morte do pai determina de modo invisível e semioculto para o próprio Ivan algumas das suas falas no início do romance. Entretanto, quem

---

[123] A maneira como A. P. Skaftímov, em seu artigo "Tematítcheskaia kompozítsiia romana *Idiot*" ["A composição temática do romance *O idiota*"], compreendeu o papel do "outro" (em relação ao "eu") na disposição dos personagens em Dostoiévski está totalmente correta. Segundo ele, "Dostoiévski, tanto em Nastácia Filíppovna quanto em Hippolit (e em todos os seus personagens orgulhosos), revela os tormentos da angústia e da solidão, que ganham expressão na atração inelutável pelo amor e pela compaixão, e isso leva à tendência de o homem *não ser capaz de se aceitar* quando diante do bem-estar interior e íntimo; e, sem santificar a si mesmo, ele se aflige e busca a santificação e a sanção de si no coração do outro. Na história do príncipe, a imagem da Marie é dada em função da purificação pelo perdão".

Eis como ele define a posição de Nastácia Filíppovna em relação a Míchkin: "Assim o próprio autor revela o sentido interior das relações instáveis entre Nastácia Filíppovna e o príncipe Míchkin: ao ser atraída a ele (a sede de ideal, amor e perdão), ela se afasta ora em razão da sua própria indignidade (a consciência da culpa, a pureza da alma), ora do orgulho (a incapacidade de esquecer de si e aceitar o amor e o perdão)".

Cf. o artigo no livro *Tvórtcheskii put Dostoiévskogo* [*O caminho criativo de Dostoiévski*], organizado por N. L. Bródski, Leningrado, Céiatel, 1924, pp. 148 e 159). Skaftímov permanece, no entanto, no plano de uma análise puramente psicológica. Ele não revela a significação autenticamente artística desse aspecto na construção do grupo de personagens e do diálogo.

capta essa voz oculta é Smierdiakóv, e ele o faz com clareza e nitidez perfeitas.[124]

Segundo o projeto de Dostoiévski, Ivan deseja o assassinato do pai, mas o faz com a condição de não participar dele nem externa nem *interiormente*. Ele quer que o assassinato aconteça como uma inevitabilidade fatídica, não só *além da sua vontade*, mas também *a despeito dela*. Ele diz a Aliócha: "Sabe que sempre o defenderei [o pai, M.B.]. Mas, neste caso reservo-me ampla liberdade".[125] A decomposição in-

---

[124] Desde o princípio Aliócha também ouve essa voz de Ivan. Citaremos um pequeno diálogo dele com Ivan já depois do assassinato. Esse diálogo, de modo geral, é análogo, por sua estrutura, ao diálogo entre eles já analisado, apesar de haver algumas diferenças:

"— Tu te lembras [pergunta Ivan, M.B.] daquela vez em que, depois do almoço, Dmitri irrompeu em casa, espancou nosso pai, e depois eu te disse no pátio que me reservava 'o direito dos desejos'? Diz, na ocasião tu pensaste que eu desejava a morte de nosso pai, ou não?

— Pensei — respondeu baixinho Aliócha.

— Aliás, foi isso mesmo que aconteceu, aí não havia o que adivinhar. Mas naquela ocasião também não pensaste que eu desejava justamente que 'um réptil devorasse outro réptil', ou seja, que justamente Dmitri matasse o pai, e ainda que o fizesse logo... e que eu mesmo nem me oporia a contribuir para isso?

Aliócha empalideceu levemente e fitou o irmão nos olhos, em silêncio.

— Fala! — exclamou Ivan. — Quero saber a qualquer custo o que pensaste naquele momento. Eu preciso da verdade, da verdade! — Tomou fôlego com dificuldade já olhando com certa raiva para Aliócha.

— Desculpa-me, na ocasião eu também pensei isso — murmurou Aliócha e calou-se, sem acrescentar nenhuma 'circunstância atenuante'."

Cf. Fiódor Dostoiévski, *Os irmãos Karamázov*, trad. Paulo Bezerra, *op. cit.*, p. 791.

[125] *Idem*, p. 208.

teriormente dialógica da vontade de Ivan pode ser representada, por exemplo, nessas duas réplicas: "Eu não quero o assassinato do pai. Se acontecer, será contra a minha vontade"; "Mas eu quero que o assassinato aconteça contra essa minha vontade, por que então não participarei interiormente dele e não terei nada com que me recriminar".

Assim é construído o diálogo interior que Ivan tem consigo próprio. Smierdiakóv advinha, ou, mais precisamente, ouve com nitidez a segunda réplica desse diálogo, mas entende à sua maneira a evasiva contida nela: como o desejo de Ivan de não dar a ele nenhuma pista que comprovaria a sua cumplicidade no crime, como o extremo cuidado exterior e interior de um "homem inteligente", que evita todas as palavras diretas que possam incriminá-lo, e com o qual, por isso, "é curioso conversar", pois com ele é possível falar só por meio de alusões. Antes do assassinato, a voz de Ivan parece a Smierdiakóv totalmente íntegra e não cindida. O desejo da morte do pai lhe parece uma conclusão totalmente simples e natural das opiniões ideológicas dele, da afirmação de que "tudo é permitido". Smierdiakóv não ouve a primeira réplica interior do diálogo de Ivan e não acredita integralmente que a primeira voz de Ivan, de fato e de modo sério, não deseja a morte do pai. Já de acordo com o projeto de Dostoiévski, essa voz é de fato séria, o que também dá a Aliócha o direito de justificar Ivan, apesar de o próprio Aliócha conhecer perfeitamente a segunda voz "smierdiakoviana" de Ivan.

Smierdiakóv se apossa da vontade de Ivan com confiança e firmeza, ou mais precisamente, atribui a essa vontade as formas concretas de uma determinada expressão sua. Por meio de Smiediakóv, a réplica interior de Ivan se transforma, de desejo em ação. Os diálogos de Smierdiakóv com Ivan antes da partida deste para Tchermachniá são encarnações surpreendentes, pelo efeito artístico alcançado, da conversa entre a vontade aberta e consciente de Smierdiakóv (apenas cifrada em alusões) e a vontade oculta de Ivan (oculta até dele mesmo), como se ele ignorasse sua vontade aberta e consciente. Smierdiakóv fala com confiança e de modo direto, dirigindo-se com alusões e evasivas à segunda voz de Ivan; as palavras de Smierdiakóv se entrecruzam com a segunda réplica do diálogo interior de Ivan. A primeira voz de Ivan responde a ele. Por isso as palavras de Ivan, que Smierdiakóv compreende como uma alegoria com um sentido oposto, na verdade não são de modo algum alegorias. São as palavras diretas de Ivan. Contudo, essa sua voz que responde a Smierdiakóv é interrompida aqui e ali pela réplica oculta da sua segunda voz. Ocorre justamente aquela alternância graças à qual Smierdiakóv permanece totalmente convicto de que Ivan concorda com ele.

Essa alternância na voz de Ivan é muito sutil e se expressa nem tanto na palavra, quanto nas pausas, inapropriadas do ponto de vista do sentido de sua fala, nas mudanças de tom, incompreensíveis do ponto de vista da sua primeira voz, no riso inesperado e inapropriado etc. Todos esses fenômenos seriam impossíveis se aquela voz de Ivan, com a qual ele responde a Smierdiakóv, fosse sua voz única e una, isto é, uma voz puramente monológica. Eles são o resultado da alternância, da interferência de duas vozes em uma única voz, de duas réplicas em uma única réplica.[126] Assim foram construídos os diálogos de Ivan com Smierdiakóv antes do assassinato.

Depois do assassinato a construção dos diálogos já é outra. Aqui Dostoiévski obriga Ivan a reconhecer, aos poucos — no início de modo confuso e ambíguo, depois com clareza e nitidez —, sua vontade oculta na outra pessoa. Aquilo que lhe parecia um desejo muito bem oculto até de si próprio, algo de antemão inativo e por isso ingênuo, acaba por ser, para Smierdiakóv, a expressão clara e nítida da vontade que

---

[126] Cf. sobretudo o livro 5.

O diálogo em Dostoiévski

orienta os atos de Ivan. Verifica-se que a segunda voz de Ivan ressoava e comandava, e Smierdiakóv foi apenas o executor da sua vontade, "fiel criado Lichard".[127] Nos dois primeiros diálogos, Ivan se convence de que é um participante do assassinato, ao menos interiormente, pois de fato o desejou e expressou essa vontade sem ambiguidade para o outro. No último diálogo, ele descobre seu envolvimento factual e exterior no assassinato.

Atentemos para o seguinte aspecto. No início, Smierdiakóv tomava a voz de Ivan como uma voz monológica íntegra. Ele ouviu o sermão de Ivan de que tudo é permitido como a palavra de um mestre vocacionado e autoconfiante. No início, ele não compreendia que a voz de Ivan estava dividida e que o seu tom convincente e confiante servia para que ele persuadisse a si mesmo, mas de modo algum para a transmissão convicta das suas opiniões ao outro.

De modo análogo transcorre a relação de Chátov, Kiríllov e Piótr Verkhoviénski com Stavróguin. Cada um deles segue Stavróguin como seu mestre, tomando sua voz como íntegra e confiante. Todos pensam que ele fala com eles como um mentor a um discípulo, mas na verdade ele os transformou em participantes do seu diálogo interior sem saída, por meio do qual ele convencia a si mesmo, e não os demais. Agora Stavróguin ouve de cada um deles as suas próprias palavras, mas com uma ênfase monologizada firme. Já ele próprio só consegue repetir essas palavras com uma ênfase de zombaria, e não de convicção. Ele não conseguiu convencer a si mesmo de nada, e lhe é difícil ouvir as pessoas convencidas por ele. Assim foram construídos os diálogos de Stavróguin com cada um dos seus três seguidores.

[127] Expressão russa usada a partir do século XIX para referir-se à criadagem que obedece sem questionar. (N. da T.)

"— Você sabe [diz Chátov a Stavróguin, M.B.] que hoje, em toda a face da terra, o único povo 'teóforo', que vai renovar e salvar o mundo em nome de um novo Deus, e o único a quem foi dada a chave da vida e da nova palavra... você sabe quem é esse povo e qual é o seu nome?

— Pelo jeito como você fala, sou forçado a concluir e, parece, o mais rápido possível, que é o povo russo...

— E você já está rindo, ô raça! — Chátov fez menção de levantar-se de um salto.

— Fique tranquilo, eu lhe peço; ao contrário, eu esperava justamente algo desse gênero.

— Esperava algo desse gênero? E a você mesmo essas palavras são desconhecidas?

— São muito conhecidas; de antemão vejo perfeitamente para onde você está levando a questão. Toda a sua frase e até a expressão povo 'teóforo' são apenas uma conclusão daquela nossa conversa de pouco mais de dois anos atrás, no estrangeiro, um pouco antes da sua partida para a América... Pelo menos tanto quanto posso me lembrar agora.

— A frase é inteiramente sua e não minha. Sua própria, e não apenas uma conclusão da nossa conversa. Não houve nenhuma 'nossa' conversa: houve um mestre que conhecia palavras de alcance imenso, e havia um discípulo que ressuscitara dos mortos. Eu sou aquele discípulo, e você, o mestre."[128]

O tom convicto de Stavróguin, com o qual naquela época, no exterior, ele falou do povo teóforo, o tom de "um mes-

---

[128] Fiódor Dostoiévski, *Os demônios*, trad. Paulo Bezerra, *op. cit.*, pp. 247-8.

tre que conhecia palavras de alcance imenso", é explicado pelo fato de que, na verdade, ele estava convencendo apenas a si próprio. Suas palavras com ênfases persuasivas estavam direcionadas a si mesmo, eram uma réplica em voz alta do seu diálogo interior: "— Nem naquele momento eu estava brincando com você; ao persuadi-lo, talvez me preocupasse ainda mais comigo do que com você — pronunciou Stavróguin em tom enigmático".[129]

Na enorme maioria dos casos, a ênfase da mais profunda persuasão nas falas dos personagens de Dostoiévski resulta meramente do fato de que a palavra pronunciada é réplica de um diálogo interior e deve persuadir o próprio falante. A elevação do tom persuasivo evidencia a oposição interior da outra voz do personagem. Os personagens de Dostoiévski quase nunca têm uma palavra completamente livre de embates interiores.

Também nas falas de Kiríllov e Verkhoviénski Stavróguin ouve a sua própria voz com uma ênfase alterada: em Kiríllov ela é insanamente convicta, em Piótr Verkhoviénski, cinicamente exagerada.

Um tipo específico de diálogo são aqueles entre Raskólnikov e Porfíri, apesar de serem externamente muito parecidos com os diálogos entre Ivan e Smierdiakóv antes do assassinato de Fiódor Pávlovitch. Porfíri fala por meio de alusões, dirigindo-se à voz oculta de Raskólnikov. Raskólnikov tenta encenar seu papel com premeditação e precisão. O objetivo de Porfíri é obrigar a voz interior de Raskólnikov a irromper e criar alternância nas réplicas que este encena com habilidade e premeditação. Por isso, nas palavras e entonações do papel de Raskólnikov irrompem de modo constante as palavras e entonações reais da sua voz verdadeira. Em razão de encenar o papel de um detetive que nada suspeita, Porfíri

---

[129] *Idem*, p. 248.

também obriga-o às vezes a vislumbrar sua verdadeira face de homem convicto; e em meio às réplicas fictícias de ambos os interlocutores de súbito encontram-se e entrecruzam-se duas réplicas reais, duas palavras reais, dois olhares humanos reais. Em decorrência disso, o diálogo de tempos em tempos passa de um plano — encenado — para outro plano — o real —, mas apenas por um instante. E só no último diálogo ocorre a destruição efetiva do plano encenado e a entrada completa e decisiva da palavra no plano real.

Eis essa irrupção inesperada para o plano real. Porfíri Petróvitch, no início da última conversa com Raskólnikov, depois da confissão de Mikolka, abandonou, aparentemente, todas as suas suspeitas, mas depois, de modo inesperado para Raskólnikov, afirma que Mikolka não poderia ter matado de modo algum:

> "— Não, o que Mikolka tem a ver com o caso, meu caro Rodion Románitch? Mikolka está fora disso.
>
> Essas últimas palavras, depois de tudo o que fora dito antes e tão parecido com uma retratação, foram inesperadas demais. Raskólnikov tremeu da cabeça aos pés, como se o tivessem traspassado.
>
> — Então... quem foi... que matou?... — perguntou ele, sem se conter, com voz ofegante. Porfíri Pietróvitch chegou a recuar para o encosto da cadeira, como se até ele houvesse ficado tão inesperadamente pasmo com a pergunta.
>
> — Como, quem matou?... — falou ele, como se não acreditasse no que ouvia —, ora, o *senhor* matou, Rodion Románitch! Foi o senhor quem matou... — acrescentou quase sussurrando, com a voz absolutamente convicta.
>
> Raskólnikov levantou-se de um salto do sofá, ficou alguns segundos em pé e tornou a sentar-se,

sem dizer palavra. Pequenas convulsões lhe percorreram subitamente todo o rosto. [...]

— Não fui eu quem matou — balbuciou Raskólnikov, como criancinhas assustadas que são apanhadas com a mão na massa."[130]

O diálogo confessional em Dostoiévski tem uma importância enorme. O papel da outra pessoa, enquanto outro, não importa quem ela seja, aparece aqui de modo especialmente nítido. Detenhamo-nos brevemente no diálogo entre Stavróguin e Tíkhon como o exemplo mais puro de um diálogo confessional.

Toda a orientação de Stavróguin nesse diálogo é determinada por sua relação ambígua para com o outro: a impossibilidade de passar sem seu juízo e perdão e ao mesmo tempo a hostilidade em relação a ele, bem como a oposição a esse juízo e perdão. Isso determina todas as alternâncias nas suas falas, na sua expressão facial e nos seus gestos, as mudanças abruptas de humor e tom, as ressalvas intermináveis, a antecipação das réplicas de Tíkhon e a refutação brusca dessas réplicas imaginárias. É como se duas pessoas conversassem com Tíkhon, fundindo-se alternadamente em uma só. As duas vozes se contrapõem a Tíkhon, que é atraído como participante para a luta interior entre elas.

"Depois dos primeiros cumprimentos apressados e confusos, pronunciados com embaraço sei lá por quê de ambas as partes, Tíkhon conduziu o visitante ao seu gabinete e o sentou no divã, diante da escrivaninha, e sentou-se ele mesmo ao lado numa poltrona de vime. Nikolai Vsievolódovitch ain-

---

[130] Fiódor Dostoiévski, *Crime e castigo*, trad. Paulo Bezerra, *op. cit.*, p. 463.

da continuava muito distraído por causa de uma inquietação interior que o deprimia. Parecia que se decidira por algo extraordinário e indiscutível e ao mesmo tempo quase impossível para si mesmo. Observou o gabinete coisa de um minuto, pelo visto sem notar o que observava; pensava e, é claro, não sabia em quê. Foi despertado pelo silêncio, e súbito lhe pareceu que Tíkhon olhava para o chão como se estivesse envergonhado e até com um sorriso desnecessário e engraçado nos lábios. Esse instante lhe provocou aversão; quis levantar-se e ir embora, ainda mais porque Tíkhon, segundo sua opinião, estava completamente bêbado. Mas este levantou subitamente a vista e dirigiu-lhe um olhar firme e cheio de pensamento e, ao mesmo tempo, com uma expressão tão inesperada e enigmática que ele por pouco não estremeceu. Algo lhe sugeriu que Tíkhon já sabia o motivo de sua visita, já estava prevenido (embora no mundo não houvesse ninguém capaz de saber esse motivo) e, se ele mesmo não começava a falar, era para poupá-lo, por temer humilhá-lo."[131]

As mudanças bruscas no humor e no tom de Stavróguin determinam todo o diálogo posterior. Vence ora uma, ora outra voz, mas o que ocorre de modo mais frequente é que a réplica de Stavróguin é construída como uma fusão alternante de duas vozes.

"Eram absurdas e incoerentes essas revelações (sobre a visita do diabo a Stavróguin, M.B.), como

[131] Fiódor Dostoiévski, Os demônios, trad. Paulo Bezerra, op. cit., p. 657.

O diálogo em Dostoiévski

se realmente partissem de um louco. Mas Nikolai Vsievolódovitch falava com uma franqueza tão estranha, jamais vista nele, e com uma simplicidade tão grande, totalmente imprópria à sua índole, que súbito aquele homem antigo pareceu ter desaparecido nele completa e acidentalmente. Não teve a mínima vergonha de revelar o pavor com que falava do seu fantasma. Mas mesmo assim aquilo foi um instante e desapareceu tão subitamente quanto aparecera.

— Tudo isso é absurdo — pronunciou rápido e com uma irritação embaraçosa, recobrando-se. — Vou procurar um médico.

[...]

— Tudo isso é absurdo. Vou procurar um médico. Tudo isso é um absurdo, um terrível absurdo. Sou eu mesmo em diferentes facetas e nada mais. Como acabei de acrescentar essa... frase, certamente o senhor está pensando que eu ainda continuo duvidando e não tenho certeza de que esse sou eu e não o demônio em realidade."[132]

Aqui, no início, uma das vozes de Stavróguin vence por completo, e parece que "súbito aquele homem antigo pareceu ter desaparecido nele completa e acidentalmente". Contudo, em seguida surge novamente a segunda voz, que produz uma mudança brusca de tom e quebra a réplica. Disso transcorrem a típica antecipação da reação de Tíkhon e todos os fenômenos concomitantes que já conhecemos.

Finalmente, já antes de entregar a Tíkhon as páginas da sua confissão, a segunda voz de Stavróguin bruscamente interrompe sua fala e suas intenções, proclamando sua inde-

---

[132] *Idem*, pp. 659-60.

pendência em relação ao outro, seu desprezo pelo outro, o que contradiz de modo direto o próprio projeto da confissão e até o tom dessa proclamação.

"— Escute, não gosto de espiões nem de psicólogos, pelo menos daqueles que se imiscuem em minha alma. Não chamo ninguém para imiscuir-se em minha alma, não preciso de ninguém, sei me arranjar sozinho. Pensa que o temo? — levantou a voz e ergueu o rosto em desafio — o senhor está completamente convicto de que vim para cá lhe revelar um segredo 'terrível' e o espera com toda a curiosidade monacal de que é capaz? Pois fique sabendo que não vou lhe revelar nada, nenhum segredo, porque não preciso do senhor para nada."[133]

A estrutura dessa réplica e sua colocação no todo do diálogo é totalmente análoga dos fenômenos que analisamos em *Memórias do subsolo*. Aqui a tendência à má infinitude nas relações com o outro talvez se manifeste até de forma mais brusca.

Tíkhon sabe que ele deve ser, para Stavróguin, o representante do outro como tal, que sua voz não está em contraposição à voz monológica de Stavróguin, mas eclode em seu diálogo interior, onde o lugar do outro parece estar predeterminado.

"— Responda uma pergunta, mas com sinceridade, só a mim: só a mim: se alguém o perdoasse por isso (Tíkhon apontou para as folhas) e se esse alguém não fosse propriamente daqueles que o senhor respeita ou teme, mas um desconhecido, um

[133] *Idem*, p. 663.

O diálogo em Dostoiévski

homem que o senhor nunca haveria de conhecer, e o fizesse calado, lendo para si sua terrível confissão, o senhor ficaria mais aliviado por esse pensamento ou lhe seria indiferente?

— Mais aliviado — respondeu Stavróguin a meia-voz, baixando a vista. — Se o senhor me perdoasse eu ficaria bem mais aliviado — acrescentou de modo inesperado e com um meio sussurro.

— Contanto que o senhor também em perdoasse — proferiu Tíkhon com voz penetrante."[134]

Neste diálogo sobressaem com toda a nitidez as funções do outro como tal, privado de qualquer concretização social e vital-pragmática. Essa outra pessoa — "um desconhecido, um homem que o senhor nunca haveria de conhecer" — desempenha suas funções em um diálogo fora do enredo e fora da sua definição no enredo, como um puro "homem no homem", representante "de todos os outros" para "o eu". Em decorrência dessa posição do outro, a comunicação assume um caráter um tanto abstrato e é contraposta a todas as formas sociais reais e concretas (familiares, de estratos sociais, de classe, de narrativas de vida). Esse caráter social abstrato é característico de Dostoiévski e condicionado por premissas sociológicas que abordaremos mais adiante. Agora nos deteremos em mais uma passagem onde essa função do outro como tal, quem quer que ele seja, revela-se com clareza extrema.

Depois de confessar a Zossima o crime cometido e às vésperas da sua confissão pública, o "desconhecido misterioso" retorna à noite à cela de Zossima para matá-lo. Ele é

---

[134] *Idem*, pp. 681-2. É curioso comparar esse trecho com o fragmento por nós citado da carta de Dostoiévski a Kóvner. [Ver pp. 283-4. (N. da T.)]

guiado pelo puro ódio ao outro como tal. Assim ele retrata seu estado:

> "Naquela ocasião saí de tua casa para as trevas, vaguei pelas ruas lutando comigo mesmo. E súbito me tomei de tal ódio por ti que só a custo meu coração suportou. 'Agora, pensava, só ele me tem preso, é meu juiz, já não posso renunciar ao meu suplício de amanhã porque ele está sabendo de tudo.' E não era que eu temesse que tu me denunciasses (isso nem me passou pela cabeça), mas eu pensava: 'Como irei encará-lo se não me denuncio?' E mesmo que estivesse no fim do mundo, mas vivo, ainda assim era insuportável a ideia de que estavas vivo, sabias de tudo e me julgavas. Fiquei cheio de ódio por ti, como se fosses a causa e o culpado de tudo."[135]

A voz do outro real nos diálogos confessionais é sempre dada em uma posição análoga e enfaticamente fora do enredo. Contudo, apesar de não se apresentar de forma tão crua, essa mesma posição do outro também determina todos os diálogos essenciais em Dostoiévski, sem exceção; eles são preparados pelo enredo, mas seus pontos culminantes — os ápices dos diálogos — elevam-se sobre o enredo na esfera abstrata da pura relação do homem com o homem.

Com isso finalizamos nossa análise dos tipos de diálogo, apesar de estarmos longe de exaurir todos eles. Além disso, cada tipo possui numerosas variações, as quais não abordamos em absoluto. Contudo, em todo lugar o princípio de construção é o mesmo. Em todo lugar *há o cruzamento, a consonância ou a alternância de réplicas de um diálogo aber-*

---

[135] Fiódor Dostoiévski, *Os irmãos Karamázov*, trad. Paulo Bezerra, *op. cit.*, p. 424.

to com as réplicas do diálogo interior dos personagens. Por toda parte, *um conjunto determinado de ideias, pensamentos e palavras é conduzido por meio de algumas vozes imiscíveis, soando de modo diferente em cada uma delas.* Esse conjunto de ideias, por si só, como algo neutro e idêntico a si mesmo, não é de modo algum o objeto das intenções autorais. Não, o objeto das intenções é justamente *a condução do tema em muitas e variadas vozes*, a sua multivocalidade e heterovocalidade, que são essenciais e, por assim dizer, imprescindíveis. Para Dostoiévski, são importantes a própria disposição das vozes e a interação entre elas.

A ideia em sentido estrito, ou seja, os pontos de vista do personagem enquanto ideólogo, entram no diálogo com base nesse mesmo princípio. Os pontos de vista ideológicos, como observamos, também são internamente dialogizados, mas no diálogo exterior eles são sempre combinados às réplicas interiores do outro, até quando assumem uma forma de expressão finalizada, externamente monológica. Assim é o famoso diálogo entre Ivan e Aliócha na taverna e a "Lenda do Grande Inquisidor", introduzida nele. Uma análise mais detalhada desse diálogo e da "Lenda" teria demonstrado o pertencimento profundo de todos os elementos da visão de mundo de Ivan ao seu diálogo interior consigo mesmo e a sua inter-relação internamente polêmica com os outros. Apesar de toda a harmonia exterior da "Lenda", ela ainda assim está repleta de alternâncias; a própria forma de sua construção, como um diálogo entre o Grande Inquisidor e Cristo, e ao mesmo tempo consigo mesmo, e, por fim, o caráter dúbio e inesperado do seu final dão evidências da decomposição internamente dialógica do seu núcleo ideológico. Uma análise temática da "Lenda" revelaria o quanto a sua forma dialógica é profundamente essencial.

A ideia em Dostoiévski nunca se aparta da voz. Por isso é errada em sua raiz a afirmação de que os diálogos em Dostoiévski são dialéticos. Pois, nesse caso, deveríamos reconhecer que a autêntica ideia de Dostoiévski é uma síntese dialética, por exemplo, das teses de Raskólnikov com as antíteses de Sônia, das teses de Aliócha com as antíteses de Ivan etc. Tal compreensão é profundamente absurda. Afinal, Ivan discute não com Aliócha, mas acima de tudo consigo próprio; e Aliócha não discute com Ivan, entendido como uma voz íntegra e una, mas se intromete no diálogo interior deste, tentando fortalecer uma de suas réplicas. Não se trata de síntese alguma; pode se tratar apenas de uma vitória desta ou daquela voz, ou de uma combinação de vozes, quando elas concordam. A realidade última de Dostoiévski não é a ideia como conclusão monológica, ainda que dialética, mas o/a acontecimento/coexistência da interação de vozes.

Essa é a diferença entre o diálogo de Dostoiévski e o de Platão. Apesar deste último não ser um diálogo pedagógico ou monologizado por completo, ainda assim, nele, a multiplicidade de vozes é anulada na ideia. Platão concebe a ideia não como acontecimento/coexistência, mas como ser/existência.[136] Comungar com a ideia significa comungar com a sua existência. Entretanto, todas as inter-relações hierárquicas entre pessoas cognoscentes, criadas pelos seus diferentes graus de comunhão com a ideia, no final das contas anulam-se na plenitude da própria ideia. A comparação entre os diálogos de Dostoiévski e o diálogo de Platão nos parece, de modo geral, inessencial e improdutiva, pois o diálogo de Dostoiévski de modo algum é puramente cognitivo e filosófico. É mais essencial compará-los com o diálogo da Bíblia e dos Evangelhos. É inquestionável a influência do diálogo de Jó e de alguns diálogos dos Evangelhos sobre Dostoiévski, já os diálogos platônicos estavam simplesmente fora da sua esfera de interesse. O diálogo de Jó é internamente infinito em sua

---

[136] Trata-se do termo russo *bitié* (ser/existência), que integra o vocabulário filosófico de Bakhtin, em especial no par *bitié-cobítie* — "ser/existência-acontecimento/coexistência". (N. da T.)

estrutura, pois nele a contraposição da alma — relutante ou resignada — a Deus é concebida como imprescindível e eterna. Todavia, tampouco o diálogo bíblico nos levará às particularidades artísticas mais essenciais do diálogo em Dostoiévski. Antes de colocar a questão das influências e do parentesco estrutural, é preciso revelar essas particularidades no próprio material que está diante de nós.

O diálogo do "homem com o homem", que analisamos, é um documento sociológico excepcionalmente interessante. A percepção excepcionalmente aguda da outra pessoa como "o outro", e do seu "eu" como um "eu" nu, pressupõe que todas as definições que revestem o "eu" e o "outro" com uma carne social concreta — de família, de estrato, de classe e todas as variações dessas definições — perderam sua autoridade e sua força criadora de forma. É como se a pessoa se percebesse diretamente no mundo, como um todo, sem quaisquer instâncias intermediárias, à parte de qualquer coletivo social ao qual poderia pertencer. Também a comunicação desse "eu" com o outro e com os outros ocorre diretamente no terreno das questões últimas, ignorando todas as formas intermediárias e mais próximas. Os personagens de Dostoiévski vêm de famílias e coletividades "fortuitas". Estão privados de uma comunicação real e autoevidente, pela qual seriam encenadas suas vidas e inter-relações. Partindo dos requisitos indispensáveis da vida, tal comunicação transformou-se para eles em postulado, em objetivo utópico das suas aspirações. De fato, os personagens de Dostoiévski são movidos pelo sonho utópico de criar uma espécie de comunhão entre as pessoas, em oposição às formas sociais existentes. Criar a comunhão neste mundo, reunir uma quantidade de pessoas além dos limites das formas sociais existentes é a aspiração do príncipe Míchkin, de Aliócha, assim como, de forma mais ou menos consciente e nítida, de todos os outros personagens de Dostoiévski. A comunidade de meninos que Aliócha fundou após o enterro de Iliúcha, unida apenas pela memória do menino supliciado, o sonho utópico de Míchkin de juntar Aglaia e Nastácia Filíppovna em união amorosa, a ideia de igreja de Zossima, o sonho com a Idade de Ouro, de Viersílov e do "homem ridículo" — todos são fenômenos dessa mesma ordem. É como se a comunicação tivesse perdido o seu corpo real e quisesse criá-lo arbitrariamente do puro material humano. Tudo isso é a mais profunda expressão da desorientação social da *intelligentsia* dos *raznotchínetz*,[137] que se sente dispersa pelo mundo e se orienta nele de forma solitária, por sua própria conta e risco. Uma voz monológica firme pressupõe uma base social firme, pressupõe um "nós", seja de modo consciente ou não. Para um ser humano solitário, sua própria voz se torna instável, sua própria integridade e sua concordância interior consigo tornam-se um postulado.

[137] Ver nota 33, p. 83.

Conclusão

Resta fazer um pequeno balanço.

Na obra de Dostoiévski, os diálogos interior e exterior dissolvem em sua natureza todas as definições interiores e exteriores, sem exceção, tanto dos próprios personagens quanto do mundo deles. O indivíduo perde sua substancialidade exterior bruta, sua monossemia objetual, o/a ser/existência torna-se acontecimento/coexistência. Cada elemento da obra se encontra inevitavelmente no ponto de cruzamento de vozes, na área de colisão de duas réplicas multidirecionadas. Não há voz autoral que possa ordenar monologicamente esse mundo. As intenções autorais não buscam contrapor essa decomposição dialógica a definições estáveis de pessoas, ideias e coisas, mas, pelo contrário, buscam precisamente aguçar as vozes conflitantes, de modo a aprofundar sua alternância até nos mínimos detalhes, até na estrutura microscópica dos fenômenos. A combinação de vozes imiscíveis é o objetivo e a realidade última. Qualquer tentativa de representar esse mundo como concluído no sentido monológico habitual da palavra, como subordinado a uma única ideia e a uma única voz, inevitavelmente falhará. O autor contrapõe a autoconsciência de cada personagem isolado não à sua consciência sobre ele — o que o abarcaria e o fecharia de fora —, mas a uma multiplicidade de outras consciências, que se revelam na interação tensa com ele e entre si.

Assim é o romance polifônico de Dostoiévski.

Problemas da obra de Dostoiévski
no espelho da crítica soviética e estrangeira

Sheila Vieira de Camargo Grillo

Logo após sua aparição, *Problemas da obra de Dostoiévski* (doravante POD)[1] foi tema de diversas resenhas e livros publicados na União Soviética e fora dela, dos quais tomamos notícia por meio dos comentários escritos por Botcharov e Miélikhova para o volume II das *Obras reunidas* do autor. Nossa hipótese é que a análise dessa recepção (parcial) pela crítica pode nos revelar os impasses da compreensão, bem como o fundo aperceptível do destinatário do discurso e o horizonte valorativo (Volóchinov, 2018 [1929]; Medviédev, 2012 [1928]) de POD.

Nas décadas de 1920, 1930 e 1940, em obras de Bakhtin e do chamado "Círculo de Bakhtin", é recorrente o conceito de "fundo aperceptível de percepção" para designar a concepção que o locutor faz dos conhecimentos de dado campo da cultura, das convicções, dos valores, das preferências, das antipatias presumidas em seu destinatário — concepção que exercerá influência, fixará limites e exercerá pressões sobre o enunciado do locutor. O "horizonte valorativo" é constituído pelo conjunto de interesses e valores, sempre em processo de formação, de um determinado grupo social.[2]

---

[1] O material analisado neste artigo foi coletado durante estágio de pesquisa na Rússia, com apoio da Fapesp, e faz parte dos estudos para a tradução de *Problemas da obra de Dostoiévski*.

[2] Considerando que esses conceitos bakhtinianos já são bem conhe-

Nossa exposição começará pela tradução e análise da recepção soviética de POD e, em seguida, abordará a crítica estrangeira.

PROBLEMAS DA OBRA DE DOSTOIÉVSKI E A CRÍTICA SOVIÉTICA

Problemas da obra de Dostoiévski saiu em junho de 1929, quando o autor se encontrava em prisão domiciliar. Em 22 de julho de 1929, Bakhtin recebeu a pena de cinco anos em campo de trabalho, que foram transformados em exílio na cidade de Kostanai, para onde Bakhtin partiu em março de 1930. Nos comentários às *Obras reunidas* (2000), Botcharov e Miélikhova informam que entre junho de 1929 e março de 1930 foram publicadas seis resenhas de POD, das quais três podem ser consideradas artigos.

A primeira delas foi escrita por N. I. Berkóvski (Lituânia, 1901-Leningrado, 1972), que fez seu doutorado na Universidade de Petrogrado entre 1927 e 1930, sob a orientação de Viktor Jirmúnski, este conhecido integrante do grupo de formalistas de Leningrado. A partir dos anos 1930, foi professor em diversas instituições de ensino superior e publicou muitas obras sobre o teatro russo e o romantismo alemão. A seguir, traduzimos sua resenha de POD:

cidos do público brasileiro e que o material a ser analisado é extenso, neste artigo não nos estenderemos mais na fundamentação teórica, que tomaria espaço da tradução e análise das resenhas soviéticas e estrangeiras, essas sim pouco ou nada acessíveis ao nosso leitor.

"M. M. Bakhtin, *Problemas da obra de Dostoiévski*, 1929, Priboi.[3]

Neste livro há uma parte inteira de linguística. Ou melhor: a parte na qual é tratado o problema da palavra em Dostoiévski é filosófico-linguística. Partindo da observação do discurso[4] cotidiano, Bakhtin aborda o material do discurso literário a partir de um ponto de vista interessante.

Normalmente estuda-se o discurso em seu direcionamento para o objeto; raramente estuda-se o discurso do ponto de vista de uma relação especial do falante com o objeto, para o qual o enunciado é direcionado.

Bakhtin não analisa o falante isoladamente; nele, o falante entra não como 'eu', mas como 'nós'; Bakhtin considera a posição social do portador da palavra, e de fato tenta apresentar o reflexo dessa posição social. É como se o portador da palavra pressentisse o oponente ou o polemista e pressentisse a palavra alheia, a outra avaliação, ele antecipa a ressonância social do seu discurso. Ver como seu discurso será percebido por diferentes destinatários sociais, em diferentes setores sociais, pode revelar sinais claros dessa antecipação e desse pressentimento no discurso pronunciado.

O personagem de Dostoiévski fala com um olhar nervoso voltado para o 'público', para o co-

---

[3] Originalmente publicada na revista *Zviézd*, n° 7, 1929.

[4] Em todos os lugares em que aparece a palavra "discurso", estamos traduzindo a palavra russa *riétch*, a mesma que ocorre em "interação discursiva" e os "gêneros do discurso", por exemplo. Outras possibilidades de tradução seriam "fala" ou "linguagem".

letivo; como esse coletivo é multiestratificado, não há uma reação homogênea e estável no discurso do personagem. Disso decorre uma alternância de enunciados verbais dos personagens por meio de entonações com múltiplas características: de rebate, de insegurança, ora de autodefesa orgulhosa, ora de recuo covarde, mas necessariamente com o peito inflado, para novamente, depois de um minuto, assumir a posição de atacante.

Nesse plano ocorre a análise bem-sucedida de Bakhtin sobre o discurso de Makar Diévuchkin, Golyádkin e outros. De fato, Bakhtin consegue revelar a semântica social desses discursos, consegue ser mais sutil e mais necessário em sua pesquisa do que seus predecessores, que se ativeram ao método de registro abstrato formal.

Não só o 'meio' do personagem de Dostoiévski é instável — o próprio personagem é instável. É como se o meio invadisse o psiquismo do personagem e motivasse a destruição, a polêmica, a confusão dos autoenunciados.

Bakhtin explica essa apresentação do psiquismo e do discurso do personagem valendo-se das particularidades da época capitalista no momento de sua primeira evolução: foi o choque de diferentes esferas e valores sociais, que existia de modo desordenado antes do capitalismo, que gerou esse personagem e esse discurso vacilante, sem uma orientação social firme.

No prefácio, Bakhtin escreve:

'Na base da presente análise está a convicção de que toda obra literária é imanente e internamente sociológica. Nela entrecruzam-se forças sociais vivas, cada elemento da sua forma é atravessado por avaliações sociais vivas.'

Como exemplo de sociologização das questões, está totalmente claro que Bakhtin percebe as tarefas de modo sociológico, ao interpretar o material literário considerando as condições socioeconômicas: enquanto material, tanto o personagem quanto o discurso não são outra coisa.

Bakhtin justifica que essa sociologização não é suficientemente detalhada.

Contudo, mesmo que ela fosse detalhada, não haveria salvação. A sociologização do material tem o valor de um comentário real, não mais que isso.

Toda a questão consiste em submeter a estrutura integral a uma explicação social, e, na estrutura, o personagem, com seu discurso e qualquer outro material, ocupa um lugar secundário.

Essas tentativas são visíveis em Bakhtin. Após Kaus, Bakhtin explica a 'polifonia' dos romances de Dostoiévski a partir da polifonia da cultura capitalista, da sociedade, e assim por diante. É estabelecida uma analogia entre a estrutura do objeto artístico e a estrutura de dado período socioeconômico. O método é ingenuamente arbitrário, apesar de ser praticado em algumas outras pesquisas.

O mais nefasto no livro de Bakhtin são suas afirmações completamente inconsistentes e com fundamentos essencialmente incorretos sobre a pretensa 'polifonia' do romance de Dostoiévski. Segundo Bakhtin, nos romances de Dostoiévski está ausente a 'regência' autoral, pois os planos plenivalentes ('vozes') das consciências individuais de modo algum são reduzidos à consciência unitária do autor; nesse romance, cada voz vive isolada, e, como resultado, o romance é uma espécie de plurivocalidade — 'polifonia' —, que não é de modo algum unificada pela voz autoral única.

Problemas da obra de Dostoiévski no espelho da crítica

Na realidade, o romance de Dostoiévski é unificado ao extremo justamente pelo projeto autoral, pelo sentido autoral; o autor julga as 'vozes' dos personagens por meio de uma revelação exemplar do enredo; para o final do enredo, experimenta-se ('provoca-se' na expressão bem-sucedida de Bakhtin) tanto o mundo do personagem quanto a sua visão de mundo, a sentença autoral é pronunciada em primeira instância.

A ideia malsucedida de 'polifonia' destrói toda a construção de Bakhtin. De todo o livro restam apenas algumas teses sociolinguísticas particulares.

N. I. Berkóvski"

Conforme observamos na presente tradução, *Problemas da obra de Dostoiévski* (1929) é dividido em duas partes: a primeira chama-se "O romance polifônico de Dostoiévski: colocação do problema", e a segunda, "A palavra em Dostoiévski: ensaio de estilística".[5] A resenha de Berkóvski começa por uma avaliação positiva da segunda parte do texto bakhtiniano, considerada por ele de natureza "filosófico-linguística", parte que, a nosso ver, vai, em parte, ao encontro da recepção da obra por linguistas brasileiros, que normalmente se interessam pelas relações dialógicas, pela palavra bivocal, pela classificação dos tipos de discurso e dos diversos tipos de palavra bivocal (polêmica aberta e velada, paródia etc.). Berkóvski descreve as duas principais direções da metodologia de Bakhtin: por um lado, a relação do falante com o objeto presente no enunciado; por outro, o diálogo interno

---

[5] Essa segunda parte de POD corresponde ao capítulo 5, "O discurso no romance", de *Problemas da poética da Dostoiévski* (1963).

Sheila Vieira de Camargo Grillo

do locutor com seus interlocutores no interior do seu enunciado. Evidentemente, essas duas dimensões não são isoláveis, mas constituem aspectos de um mesmo fenômeno.

No final da resenha que é dedicada à primeira parte de POD, Berkóvski rejeita a tese central de Bakhtin sobre a inovação essencial do romance de Dostoiévski: a polifonia.[6] Segundo Botcharov e Miélikhova (2000), essa posição sintetiza e antecipa uma reação à tese bakhtiniana que perdura até os dias atuais. No volume II das *Obras reunidas* de Bakhtin, foi reproduzida uma carta de Berkósvki de 18/1/1956, conservada no arquivo pessoal de Bakhtin e que este recebera em resposta a uma carta anterior. Nela Berkóvski agradece os comentários feitos por Bakhtin sobre um livro organizado por ele, e acrescenta: "É claro que você é lembrado e conhecido por todos os que procuram livros bons e verdadeiros" (2000, p. 514), e o incentiva ainda a publicar novas obras. Apesar de não mencionar a resenha de POD, Botcharov e Miélikhova (2000, p. 513) consideram que, nesta carta, Berkóvski "decididamente retifica a sua resenha".

A segunda resenha saiu em 8 de agosto de 1929, no jornal *Utchítelskaia Gaziéta* [*Jornal Pedagógico*], que começou a ser editado em 1924, em Moscou, pelo Ministério da Educação da União Soviética e pelo sindicato dos trabalhadores da educação, e continua a ser publicado até os dias de hoje. Foi escrita pelo crítico literário Arkadi Glagólev e está abaixo traduzida:

---

[6] Durante a apresentação desta pesquisa no 21º InPLA (Intercâmbio de Pesquisas em Linguística Aplicada, PUC-SP, 2018), Tatiana Bubnova, tradutora da obra de Bakhtin para o espanhol, comentou que as críticas de Berkóvski poderiam ser explicadas pela polêmica entre o Círculo de Bakhtin e os formalistas russos, entre os quais estava Jirmúnski, que foi orientador de doutorado do resenhista.

Problemas da obra de Dostoiévski no espelho da crítica

"Um novo livro sobre F. Dostoiévski

M. M. Bakhtin, *Problemas da obra de Dostoiévski*, Priboi, Leningrado, 1929, p. 244. Tiragem 2.000, Preço 2 rublos e 50 copeques.

M. Bakhtin propõe a tarefa de revelar a 'inovação revolucionária (de Dostoiévski) no campo do romance como forma artística'. O autor analisa essa inovação artística de Dostoiévski exclusivamente no plano dos problemas teóricos, deixando o aspecto histórico fora de sua exposição, muito embora tenha consciência de toda sua importância.

Obviamente, a ausência de análises históricas diminui muito a importância do livro e nos força a considerar que o problema da inovação artística de Dostoiévski, tal como apresentado no livro, está ainda longe de ser resolvido em sua integralidade.

Apesar de tudo, o livro de Bakhtin não é de todo desprovido de interesse.

A análise teórica do nosso autor, diferentemente da teorização de muitos 'dostoievskianos' do campo idealista, não está pendurada no ar ou privada de sociologismo.

Na base da presente análise — escreve Bakhtin — reside a convicção de que toda obra literária é interna e imanentemente sociológica. Nela entrecruzam-se forças sociais vivas. Cada elemento da sua forma é atravessado por avaliações sociais vivas. Em razão disso, uma análise puramente formal deve tomar cada elemento da estrutura artística como um ponto de refração das forças sociais vivas...

Essa declaração de Bakhtin não fica sem fundamentos.

As principais conclusões que podem ser tiradas do trabalho de Bakhtin não estarão em contradição com aquelas decorrentes dos trabalhos de V. Pereverzev e Otto Kaus;[7] este último, sobretudo, é muito citado por Bakhtin.

Segundo Bakhtin, Dostoiévski 'é o criador do romance polifônico', do romance 'multiplanar' e 'multivocal'. Bakhtin vê as particularidades principais desse tipo de romance no fato de que o agente não é apenas 'objeto da palavra do autor', mas também 'um arauto de pleno valor e com plenos direitos às próprias palavras' (p. 9). 'O romance de Dostoiévski é dialógico' (p. 27). 'O autor contrapõe a autoconsciência de cada personagem isolado não à sua consciência sobre ele — o que o abarcaria e o fecharia de fora —, mas a uma multiplicidade de outras consciências, que se revelam na interação tensa com ele e entre si' (pp. 242-3). Bakhtin faz uma série de observações curiosas, as quais concretizam sua posição geral. Por falta de espaço, apontaremos apenas observações isoladas que interessam de um ponto de vista sociológico.

Por exemplo, é curiosa a situação característica do personagem nos romances de Dostoiévski: 'Para Dostoiévski, é importante não o que o personagem é no mundo, mas o que é o mundo para o personagem e o que ele mesmo é para si' (p. 53); '... tudo o que o autor normalmente usa para criar uma imagem fixa e estável do personagem — o "quem é ele" — torna-se, em Dostoiévski, objeto de reflexão do próprio personagem...' (p. 54). To-

---

[7] Otto Kaus é o autor do trabalho *Dostojewski und sein Schicksal* [*Dostoiévski e seu destino*, Berlim, E. Laub, 1923], único livro sobre Dostoiévski no Ocidente, que se aproxima do marxismo e analisa a obra de Dostoiévski como a expressão mais forte do espírito do capitalismo. (Nota de Glagólev)

Problemas da obra de Dostoiévski no espelho da crítica

das essas particularidades artísticas dos personagens na obra de Dostoiévski correspondem plenamente e podem ser explicadas pela interpretação marxista da essência social dos personagens de Dostoiévski, entendidos como representantes da *intelligentsia* pequeno-burguesa urbana e um pouco marginal.

Encontramos muitos aspectos interessantes na análise da estilística de Dostoiévski feita por Bakhtin. É impossível não concordar com o autor quando ele diz que 'o estilo verbal determinado pela antecipação tensa do estilo alheio' é extremamente característico da obra de Dostoiévski (p. 137). 'O olhar para a palavra socialmente alheia'; o cuidado com a 'escolha' e com a resolução das questões 'Quem sou eu?' e 'Com quem estou?'; a tendência exacerbada a 'encontrar a própria voz e orientá-la em meio a outras vozes...'; a ausência, nas obras de Dostoiévski, de 'uma palavra final, conclusiva e que defina de uma vez por todas', tudo isso é adequado para uma interpretação sociológica do estilo de Dostoiévski enquanto estilo da *intelligentsia* urbana solitária, marginal e em conflito social.

Bakhtin também compreende corretamente o sentido do estilo de Dostoiévski. Segundo Bakhtin, é preciso procurar as razões e os fatores 'que tornaram possível a construção do romance polifônico' não 'na vida pessoal' de Dostoiévski, mas 'no mundo social objetivo' (pp. 42-3). O estilo do romance polifônico de Dostoiévski, para Bakhtin, 'é a mais profunda expressão da desorientação social da *intelligentsia* dos *raznotchínetz*' (p. 241).

Desse modo, é verdade que ao qualificar sociologicamente a obra de Dostoiévski como produto artístico da *intelligentsia* pequeno-burguesa urbana desorientada pelo capitalismo, Bakhtin admite, entretanto, um grande erro, quando propõe que, apesar do caráter alheio e da inadmissibilidade, para nossa contemporaneidade, do 'conteúdo ideológico' de Dostoiévski, a 'construção' desse mundo (isto é, a forma da obra de Dostoiévski) 'permanece' para nós 'não só como documento, mas também como modelo' (p. 51).

De um ponto de vista marxista, essa ruptura entre 'forma' e 'conteúdo' é completamente inadmissível (além disso, a afirmação de Bakhtin é incompreensível, pois ele próprio constata sua 'ligação inseparável'). As particularidades artísticas de Dostoiévski foram geradas a partir das particularidades sociais da sua classe, cuja psicologia se distingue profundamente da psicologia do proletariado; por isso o estilo de Dostoiévski não pode servir como 'modelo' para a nossa literatura ficcional contemporânea.

Caso leia o livro de modo crítico, o professor de língua e literatura poderá extrair para si muita coisa útil para o esclarecimento do estilo de Dostoiévski.

Arkadi Glagólev"

A segunda resenha faz, no geral, uma avaliação positiva do livro em razão do seu caráter sociológico. Apesar disso, sua primeira observação destaca a limitação do estudo em virtude da ausência de uma abordagem histórica, o que é admitido pelo próprio Bakhtin logo nas primeiras linhas do prefácio a POD:

"O presente livro se limita a abordar apenas os problemas teóricos da criação de Dostoiévski.

Tivemos que excluir todos os problemas históricos. No entanto, isso não significa que consideramos metodologicamente correto e normal esse modo de análise. Ao contrário, acreditamos que todo problema teórico deve ser necessariamente orientado por uma perspectiva histórica. Entre as abordagens sincrônica e diacrônica de uma obra literária deve haver um vínculo ininterrupto e uma rigorosa dependência recíproca. Contudo, esse é o ideal metodológico. Na prática, ele nem sempre é realizável." (Bakhtin, 1929, p. 51 desta edição)

Essa crítica de Arkadi Glagólev é interessante por assinalar o aspecto que motivará a maior alteração na segunda edição em 1963, quando Bakhtin inclui, no penúltimo capítulo, as questões de poética histórica, apontando as origens do romance polifônico nos diálogos socráticos, na sátira menipeia, em Dante Alighieri etc. A pesquisa sobre poética histórica estará no centro da atenção de Bakhtin durante toda a década de 1930, quando ele escreverá seus trabalhos sobre o gênero do romance e sobre a obra de François Rabelais.

O caráter sociológico da forma artística de Dostoiévski, tal como desenvolvido por Bakhtin, é o principal destaque da resenha de Arkadi Glagólev, que busca os fragmentos mais ilustrativos dessa abordagem e a considera correta. No entanto, durante a análise dessa resenha, Botcharov e Miélikhova (2000), nos comentários ao volume II das *Obras reunidas* de Bakhtin, consideram que Bakhtin, ao apresentar seu texto na linguagem da época e dar a ele uma roupagem sociológica, colocou-se nas mãos da crítica dominante, que posteriormente chamaria essa análise de "sociologismo vulgar". Em outras palavras, Botcharov considera ser a abordagem sociológica apenas uma "fachada", motivada pelo "fundo aperceptível de percepção" e pelo horizonte valorativo da crítica dominante à época.

A segunda restrição que Arkadi Glagólev faz ao livro de Bakhtin se baseia no fato de o autor afirmar o caráter modelar da forma artística de Dostoiévski para a época, porém esta foi elaborada no contexto "da *intelligentsia* pequeno-burguesa urbana desorientada pelo capitalismo" e, portanto, não serve como modelo para a literatura de uma sociedade socialista governada pelo proletariado. O valor da obra é medido em função de sua adequação ao marxismo soviético hegemônico nos anos 1920.

A avaliação final da resenha valoriza sobretudo as análises bakhtinianas sobre o estilo de Dostoiévski, contidas na segunda parte da obra de 1929, posição presente também na resenha anteriormente analisada. A esfera de circulação do jornal, voltado para professores de língua e literatura russa, reflete-se no último parágrafo da resenha, que recomenda a obra para professores de língua e literatura russa com base na sua utilidade para a compreensão do estilo de Dostoiévski.

A terceira resenha foi escrita por Iuda Grossman-Róchin (Ucrânia, 1883-Moscou, 1934),[8] ilustre anarquista e depois revolucionário bolchevique com intensa atividade política que, nos anos 1920, integrou-se no sistema soviético e se tornou um crítico literário da Associação Russa de Escritores Literários, com publicações regulares nos periódicos *Oktiábr* [*Outubro*], *Petchát i Revoliútsiia* [*Imprensa e Revolução*] e *Bilóe* [*Passado*]. Sua resenha, que abre o número 18 do periódico *Na Literatúrnom Postú* [*No Posto Literário*], é um artigo de seis páginas com colunas duplas, e devido a sua extensão não a traduziremos integralmente. Faremos uma análise de sua organização e traduziremos os trechos mais ilustrativos de sua abordagem.

[8] Disponível em: <https://biography.wikireading.ru/44352>. Acesso em: 12/1/2022.

Problemas da obra de Dostoiévski no espelho da crítica

A resenha começa com uma longa citação de um manuscrito de Marx, no qual é analisada a relação entre o encanto gerado pela arte grega antiga e a sociedade grega antiga, a qual ele chama de imatura e pouco desenvolvida. Grossman-Róchin considera que "não se pode depreender a visão de mundo de Marx no campo da arte — até mesmo nos limites estreitos do tema abordado — com base nesse fragmento" (1929a, p. 5) e interpreta que, no excerto citado, Marx se opõe ao agnosticismo na arte, isto é, afirma que apenas a ciência tem a capacidade de previsão. Em seguida, Grossman-Róchin segue atacando abordagens idealistas e analisando a coletânea de artigos de Piótr Lavróv,[9] e encerra as duas primeiras páginas da resenha com a seguinte afirmação:

> "De modo cada vez mais frequente, encontramos fenômenos extremamente disformes: ou o conhecimento sobre o caráter convencional da arte aparta-se de uma orientação *objetiva* (a orientação é transferida para a esfera da percepção), ou a orientação e a realidade separam-se da gênese produtora de classe, e então temos diante de nós um típico pragmatismo burguês." (1929a, p. 6)

Com essa afirmação, que faz uma espécie de balanço geral da crítica literária de um ponto de vista marxista, Iuda Grossman-Róchin termina a primeira parte da resenha e logo em seguida dá a notícia do lançamento do livro de Bakhtin sobre Dostoiévski. Está claro que ele julgará se a abordagem de Bakhtin é genuinamente marxista. A avaliação começa

---

[9] Piotr Lavrovitch Lavróv (1823-1900) é um dos ideólogos do *naródnitchestvo*, ideologia do século XIX que defendia a aproximação da *intelligentsia* russa com o povo na busca de suas raízes e de seu lugar no mundo.

com uma apreciação positiva — "No livro de Bakhtin, encontra-se uma série de observações interessantes e corretas, sobre as quais é preciso falar em relação à avaliação da obra de Dostoiévski" — e logo em seguida passa para a seguinte análise:

"Neste artigo interessamo-nos pela seguinte questão: em que medida o autor aproximou-se cientificamente da compreensão da gênese de classe e da orientação da obra de Dostoiévski? O autor solenemente nos certifica: 'A convicção que serve de base à presente análise é que toda criação literária é interna e imanentemente sociológica. Nela cruzam-se forças sociais vivas, cada elemento da sua forma está permeado por avaliações sociais vivas. É por isso que uma análise puramente formal deve tomar cada elemento da estrutura artística como um ponto de refração das forças sociais vivas, como um cristal artificial cujas faces foram construídas e lapidadas de modo a refratar determinados raios das avaliações sociais, e refratá-los de um determinado ângulo'.

Essa formulação é estranha, escorregadia e ambígua. O que ela quer dizer é incompreensível: 'uma obra literária é imanentemente sociológica'? Contudo, vejamos o que é ruim de todo: o autor fala sobre forças sociais, mas essas forças sociais figuram na qualidade de *avaliações* sociais, cujas imagenzinhas vimos em P. Lavróv. Entretanto, essa formulação pode provir de qualquer idealista, positivista, defensor de um ponto de vista 'valorador' (avaliativo). Aqui não há sombra do princípio marxista do conhecimento científico." (Grossman-Róchin, 1929a, p. 7)

Problemas da obra de Dostoiévski no espelho da crítica

Grossman-Róchin começa com uma avaliação da afirmação bakhtiniana sobre o caráter sociológico da obra de arte, que é onde se poderia localizar uma abordagem materialista. No entanto, como fica evidente no trecho acima, ele avalia que essa afirmação não garante o caráter marxista da obra e é ambígua. O resenhista prossegue em seu exame até chegar ao seguinte fragmento, que ele considera a prova cabal do caráter idealista do trabalho de Bakhtin:

> "Estamos convencidos de que este livro apaixonante e interessante escrito por Bakhtin é até bem capaz de seduzir 'pequeninos irmãos', pois o autor foi aprovado magnificamente na escola de como mascarar suas posições essencialmente idealistas com uma aparência de classe!..." (Grossman-Róchin, 1929a, p. 9)

> "'Ao contrário, o enredo de aventura é justamente uma vestimenta, que se ajusta bem ao personagem e que ele pode mudar o quanto quiser. O enredo de aventura apoia-se não no que é um personagem e no lugar que ele ocupa na vida, mas sobretudo no que ele não é e no que, do ponto de vista de qualquer realidade já presente, não está predeterminado e é inesperado. O enredo de aventura não se apoia em situações presentes e estáveis — familiares, sociais, biográficas — mas se desenvolve contrariando-as. A situação de aventura é aquela em que qualquer pessoa pode se encontrar, enquanto pessoa. Mais do que isso, o enredo de aventura utiliza qualquer localização social estável não como uma forma da vida concludente, mas como 'situação'. Assim, o aristocrata do romance de bulevar não tem nada em comum com o aristocrata do romance sociofamiliar. O aristocrata do romance de

bulevar é a situação na qual a pessoa se encontra. A pessoa age no traje de um aristocrata, como pessoa: atira, comete um crime, foge de inimigos, supera obstáculos etc. *Nesse sentido, o enredo de aventura é profundamente humano*. Todas as organizações e os estabelecimentos sociais e culturais, castas, classes, relações familiares, são somente situações nas quais o homem eterno e igual a si mesmo pode se encontrar. São as tarefas ditadas por sua *natureza humana eterna* — a *autopreservação*, a sede de vitória e de triunfo, a sede de posse, o amor sentimental — que *determinam o enredo de aventura*.'

Finalmente Bakhtin abriu o jogo! Em Dostoiévski, a construção do enredo acaba elevando-se acima das relações de classe entre o latifundiário e o camponês, o proprietário e o proletariado! A existência real de classes é substituída pela categoria da 'possibilidade' de aventuras. Estamos lidando com as tarefas ditadas pela '*natureza humana eterna*'! Verifica-se que 'em sua essência, todos os personagens de Dostoiévski encontram-se *fora do tempo e do espaço, como dois seres sem limitações*'! Eis em que consiste a tese do autor de que Dostoiévski toma os personagens fora da dimensão temporal! As cartas estão na mesa! Trata-se do avanço da natureza humana eterna, que está *acima das relações* entre 'latifundiário e camponês, proprietário e proletariado'. Eis o famoso cristal, a aresta polida prodigiosamente, na qual algo é refletido! De fato, está astutamente mascarada a abordagem contra a compreensão materialista da arte." (Grossman-Róchin, 1929a, p. 10)

Após essa avaliação cabal de POD, Grossman-Róchin termina sua resenha com a seguinte afirmação: "os idealistas

Problemas da obra de Dostoiévski no espelho da crítica

também ensinaram algo. Eles compreendem que não é possível vencê-los em luta aberta" (1929a, p. 10). Ao analisar essa resenha, Botcharov e Miélikhova (2000) concluem que ela deu o tom fundamental da crítica na imprensa soviética até o início dos anos 1960.

A próxima resenha — a quarta — é também um artigo, ainda maior que o anterior, e foi publicada na revista *Novii Mir* [*Novo Mundo*], nº 10, pp. 195-209, por Anatóli Vassílievitch Lunatchárski (1875-1933).[10] Político e ativista, escritor, tradutor e crítico literário, Lunatchárski participou da Revolução Russa e ocupou importantes cargos na administração soviética, inclusive o de membro do Comissariado Popular da Educação, espécie de Ministério da Educação do governo soviético.[11] Uma cópia da resenha de Lunatchárski foi apresentada no dossiê[12] que Bakhtin preparou para sua defesa de doutorado, como prova do reconhecimento do seu trabalho por uma autoridade da área. A resenha começa com uma avaliação geral da natureza da obra de Bakhtin: "Em seu interessante livro, M. M. Bakhtin escolhe em especial só alguns problemas da obra de Dostoiévski e os aborda majoritária e até quase exclusivamente a partir da forma dessa obra" (Lunatchárski, 1929, p. 195).

---

[10] Todos os excertos a seguir transcritos são traduções nossas. Uma análise bem mais ampla desta resenha pode ser encontrada em J. V. C. Nuto (2021). O leitor interessado em conhecer mais trabalhos de Anatóli Lunatchárski traduzidos para o português pode consultar os textos das referências deste ensaio: Lunatchárski (2017 e 2018).

[11] Disponível em: <http://to-name.ru/biography/anatolij-lunacharskij.htm>. Acesso em: 12/1/2022.

[12] Soubemos disso ao trabalharmos, no primeiro semestre de 2018, no arquivo pessoal de Mikhail Bakhtin que se encontra no Instituto da Literatura Mundial Maksim Górki (IMLI-Moscou), onde ele defendeu sua tese "Rabelais na história do realismo".

Lunatchárski considera que o trabalho de Bakhtin analisa aspectos formais da obra de Dostoiévski, que são definidos em seguida:

"[...] os procedimentos formais da obra, dos quais trata Bakhtin em seu livro, surgem de um fenômeno fundamental, que ele considera particularmente importante em Dostoiévski [...] a plurivocalidade de Dostoiévski." (Lunatchárski, 1929, p. 195)

"Estou inclinado a concordar com Bakhtin que talvez fosse próprio de Dostoiévski — se não na realização acabada do romance, ao menos no seu projeto inicial e no seu desenvolvimento gradual — um plano construtivo antecipadamente colocado e, portanto, estamos diante, de fato, de um tipo polifônico de composição, entrelaçando personalidades absolutamente livres." (Lunatchárski, 1929, p. 196)

Lunatchárski identifica o procedimento central apontado por Bakhtin e expressa sua concordância com ele, apesar de observarmos várias ressalvas em sua resenha, decorrentes, a nosso ver, da dificuldade de entender como se realiza efetivamente a polifonia. Um pouco antes ele já havia afirmado que "se esses romances são polifônicos no sentido acima apontado, é difícil entender em que [isto] consiste" (Lunatchárski, 1929, p. 196). A seguir, o resenhista continua a manifestar sua concordância com as teses de Bakhtin: "Considero também necessário enfatizar a verdade de outra afirmação: M. M. Bakhtin assinala que efetivamente as vozes de todos os que desempenham um papel essencial no romance representam 'convicções' ou 'pontos de vista sobre o mundo'" (Lunatchárski, 1929, p. 196). A esse respeito, Luna-

Problemas da obra de Dostoiévski no espelho da crítica

tchárski comenta o caráter profundamente ético dessas vozes-
-ideias que se realizam em profundo diálogo.

Ao introduzir a presença de uma abordagem sociológica
no trabalho de Bakhtin, Lunatchárski volta a ressaltar o aspecto formal da obra de Bakhtin:

> "Apesar de em seu livro M. M. Bakhtin assu-
> mir principalmente o ponto de vista de uma pes-
> quisa formal dos procedimentos de criação de Dos-
> toiévski, ele não evita algumas incursões no cam-
> po de sua elucidação sociológica." (Lunatchárski,
> 1929, p. 196)

Essas incursões no campo sociológico são analisadas a
partir das citações de Otto Kaus feitas por Bakhtin, nas quais
se afirma que Dostoiévski refletiu em si a enorme desorga-
nização ética do capitalismo. Lunatchárski considera essa
abordagem "muito boa e verdadeira" (Lunatchárski, 1929,
p. 197).

Para introduzir a discussão do conceito de polifonia, Lunatchárski propõe realizar uma breve comparação entre o
polifonismo de Dostoiévski e o de outros escritores. Em primeiro lugar, Lunatchárski avalia que a obra de Shakespeare
é "extremamente polifônica" (1929, p. 198), pois este soube produzir personagens independentes de si e sem qualquer
relação com suas vivências pessoais, e que Shakespeare também refletiu em sua obra um mundo dilacerado pelo capitalismo nascente na Inglaterra. Ao encerrar a abordagem de
Shakespeare, Lunatchárski retoma Dostoiévski:

> "[...] diferentes representações da comunhão
> [sobórnost] e da harmonia, apesar de metafísica e
> do além, são próprias de Dostoiévski. Dostoiévski
> não é só um espelho, ele se ateve com paixão no
> caos constante da vida e nos tormentos de seus con-

flitos. Esses conflitos são doentios para ele, que internamente desejaria pacificá-los e, se algo ocorreu, ele se ocupa disso em grau muito maior do que Shakespeare e de modo muito mais acentuado. É verdade que ele faz isso sem sucesso." (Lunatchárski, 1929, p. 200)

Em seguida, ao abordar a obra de Balzac (que não teria sido citado por Bakhtin, mas que era admirado por Dostoiévski, tendo sido inclusive traduzido por este), o resenhista argumenta ter sido Balzac também polifônico:

> "O parentesco de Balzac com Shakespeare não consiste apenas na diversidade notável de matizes no mundo circundante de Balzac à época do estabelecimento inicial do regime capitalista mais ou menos acabado depois da tempestade da grande revolução, mas também no polifonismo no sentido da liberdade e das 'vozes' plenivalentes." (Lunatchárski, 1929, p. 200)

Embora considere que Balzac não tenha sido um pensador tão poderoso quanto Dostoiévski, Lunatchárski afirma que aquele o antecedeu na criação do romance polifônico e, consequentemente, Bakhtin não tinha razão ao afirmar que Dostoiévski foi o inventor desse gênero.

Após a avaliação do polifonismo em Shakespeare e Balzac, Lunatchárski abre uma segunda seção em sua resenha com o propósito de entender a presença de Dostoiévski em seus romances e coloca uma série de questões sobre como entender sua polifonia:

> "[...] por que é preciso considerar que existe uma significativa parcela de verdade na afirmação de Bakhtin de que é difícil formular conclusões aca-

Problemas da obra de Dostoiévski no espelho da crítica 327

badas sobre Dostoiévski, se não como teórico e jornalista, mas justamente como beletrista e romancista? Por que seus romances causaram a impressão também em Kaus de 'disputas não acabadas'? Por que neles é como se, no fim das contas, ninguém vencesse? Por que nos conceitos de autonomia e plenivalência de vozes em Dostoiévski é preciso incluir que ele cede diante das vozes que de modo algum coincidem com suas convicções, e isso é ainda mais verdade em relação às convicções que ele gostaria de ter e que ele atribuiu a si? Por outro lado, por que as vozes que claramente gozam de sua compaixão (Sônia, Zossima, Aliócha etc.) não aparentam convicções acabadas e de modo algum produzem uma impressão de vencedoras, talvez até para o desgosto de Dostoiévski?" (Lunatchárski, 1929, p. 202)

A resposta a essas questões está, segundo Lunatchárski, na desagregação tanto do mundo circundante de Dostoiévski, quanto de sua própria consciência. O resenhista passa, então, a revelar as circunstâncias da formação da personalidade de Dostoiévski, as quais seriam profundamente típicas de sua época e da cultura russa. A principal circunstância condicionante seria a falta de correspondência entre o meio social russo — caracterizado pela falta de cultura, pela passividade e pela atmosfera opressiva — e a consciência superior que gradativamente se formou em determinados extratos da nobreza e depois entre a *intelligentsia raznotchínetz*. Esse descompasso seria causador de conflitos em Aleksandr Púchkin, Vissarion Bielínski, Nikolai Gógol, Nikolai Tchernichévski, Nikolai Nekrássov e Lev Tolstói. Alguns deles foram condenados a trabalhos forçados e enfrentaram problemas físicos e psicológicos decorrentes de privações materiais extremas. Por fim, Lunatchárski aborda a influência da religião ortodoxa na *intelligentsia* russa do século XIX, que serviu, em graus variados, como ideal para resolver os graves conflitos sociais, econômicos e políticos da época. Lunatchárski considera que a religião condicionou o modo de pensar de Gógol, Tolstói e Dostoiévski em uma escala ascendente, que partia, segundo ele, de uma visão ingênua em Gógol, e que veio a atingir um ideal de democracia e princípio ético na figura de Cristo em Dostoiévski. Após uma longa exposição da influência do meio social sobre Dostoiévski e seus contemporâneos, Lunatchárski retoma as teses de Bakhtin nos últimos parágrafos de sua longa resenha:

> "A meu ver, é preciso partir dessa compreensão de Dostoiévski para entender a profundidade real do polifonismo nos seus romances e novelas, como assinalado por M. M. Bakhtin. Foi apenas a desagregação interior da consciência de Dostoiévski, junto com a desagregação da jovem sociedade capitalista russa, que o levou à exigência constante de auscultar o processo inicial do socialismo e da realidade, diante da qual o autor criou para esses processos as mais desfavoráveis condições em relação ao socialismo materialista. [...]
>
> Aquela unidade artística superior que M. M. Bakhtin sente nas obras de Dostoiévski, mas não define e considera de fato indefinível, é justamente essa delicada, sutil e temerosa falsificação de si própria, e com o tempo uma súbita falsificação grosseira e policialesca do processo que ocorre em cada romance e em cada novela.
>
> Em essência, a liberdade inaudita de 'vozes', que impressiona o leitor na polifonia de Dostoiévski, resulta precisamente do fato de que o poder de Dostoiévski sobre os espíritos mobilizados por ele é limitado." (Lunatchárski, 1929, p. 209)

Problemas da obra de Dostoiévski no espelho da crítica

O resenhista conclui que o polifonismo de Dostoiévski decorre, por um lado, de sua consciência dos graves conflitos da sociedade russa da época com sérias consequências para o bem-estar material e espiritual da população; e, por outro, da sensação de limitação de sua ação jornalística e literária para resolver esses conflitos.

Ao comentar essa resenha, Botcharov (2000) aponta três aspectos significativos: primeiramente, as apreciações de Lunatchárski terão influência sobre a reedição da obra como *Problemas da poética de Dostoiévski* (doravante PPD) em 1963 — por exemplo quando Bakhtin retoma Shakespeare e Balzac; em segundo lugar, o próprio Bakhtin afirmou que a resenha-artigo de Lunatchárski desempenhou um papel importante na revisão de sua sentença em 1929; e, por fim, apesar da importância de Lunatchárski na administração soviética, o tom positivo de sua resenha não conseguiu determinar a recepção do livro de Bakhtin à época.

A resenha de Lunatchárski destaca-se das anteriormente expostas por concentrar-se na natureza do conceito de polifonia, que, a nosso ver, é um dos mais difíceis de serem compreendidos e empregados em análise. O resenhista vai buscar a solução para esse problema no conflito da *intelligentsia* russa do século XIX, da qual fazia parte Dostoiévski, com o meio social circundante, muito embora percebamos, por meio de suas muitas ressalvas, as dificuldades de Lunatchárski em aceitar plenamente a tese de Bakhtin.

A quinta e última resenha saída em 1929 foi publicada sem assinatura, mas, conforme informações de Botcharov e Miélikhova (2000), é da autoria de Grossman-Róchin, também autor da terceira resenha acima analisada e cujo ponto de vista definiu a orientação do debate sobre o livro na União Soviética.

"M. M. Bakhtin, *Problemas da obra de Dostoiévski*, Priboi, 1929, 244 p. Preço 2 rublos e 50 copeques[13]

No trabalho de Bakhtin sobre Dostoiévski há muitas ideias interessantes e merecedoras de atenção. O autor corretamente se recusa a colar em Dostoiévski a etiqueta de 'romântico'. Isso é correto não só porque o 'romantismo' e o 'realismo' são termos em grande medida indefinidos, mas também porque o estilo e o gênero de Dostoiévski exigem uma pesquisa específica. É verdade que a autoconsciência dos personagens desempenha um papel enorme na obra de Dostoiévski e é certo que a ideia-ideologia ocupa um lugar excepcional na obra, mas não encontramos uma resposta precisa a essa questão em Bakhtin. A *'plurivocalidade'* na obra de Dostoiévski é corretamente demonstrada, mas a questão não é resolvida. Parece-nos que é preciso ouvir uma única voz de classe no lugar da 'plurivocalidade'. Bakhtin aqui não ouve. Falemos de modo direto: o livro de Bakhtin é uma mistura de positivismo e de idealismo. Se o sociologismo aparece em Bakhtin, ele ocorre de um ponto de vista positivista; a avaliação é desprendida da gênese de classe. Bakhtin cita Kaus. Kaus ressalta que só o capitalismo aniquilou os limites entre os grupos sociais e gerou, mas não resolveu, os problemas; só esse capitalismo pode servir de base à obra de Dostoiévski. Contudo, semelhante apontamento serve no melhor dos casos como pressuposto da análise. Quais gru-

[13] Publicada em *Oktiábr* [*Outubro*], revista artístico-literária e sociopolítica, vol. 11, Moscou, 1929, pp. 195-7.

Problemas da obra de Dostoiévski no espelho da crítica

pos sociais são os 'porta-vozes' na obra de Dostoiévski? Quais são os *leitmotives* de classe? Sobre isso nada sabemos via Bakhtin. Não é verdade que Dostoiévski parece inserir todo o mundo exterior na autoconsciência do personagem, de um modo que, para o personagem, não há nada de inesperado. Isso é incorreto, porque o caráter do romance de aventura, sobre o qual Bakhtin insiste, propõe de modo obrigatório justamente o inesperado. Isso é incorreto em sentido profundo: a questão é que Dostoiévski e seus personagens são impotentes para desvendar até o fim as molas da existência social e são vítimas de 'fetichismo'. Não é por acaso que Dostoiévski fala com a boca do personagem do subsolo sobre o caráter não cognoscível da história e sobre ao menos a falência da razão utilitária.

Fica totalmente sem atenção a questão sobre a mistura de uma dialética duvidosa e uma *sofística inquestionável* em Dostoiévski. Bakhtin não conseguiu em absoluto descobrir a gênese da obra de Dostoiévski. Mais do que isso: o autor fez tudo o que foi possível para orientar a pesquisa por um caminho falso, idealista e anticlassista (em um balanço final, tudo é de classe). O mesmo ocorre com a afirmação de Bakhtin sobre os dois tipos de romance. O romance de costumes nos dá o tipo, a imagem, o caráter fortemente localizado. A peculiaridade do personagem é reservada a ele de modo mais ou menos sólido. O personagem do romance de costumes é predeterminado pela classe. Já no romance de aventura, vocês têm apenas um conjunto de *possibilidades* desconsideradas. Aqui o personagem e seu comportamento não são *predeterminados pelo meio social*. Permanece o fato de que Bakhtin não nos convenceu de que ele determina criativamente o meio social: Bakhtin rompe o contato com o solo social; o autor, intencionalmente ou não, abre a porta ao estudo da *liberdade* artística da *livre vontade*.

A seguinte citação não deixa nenhuma dúvida sobre a posição idealista de Bakhtin:

'Ao contrário, o enredo de aventura é justamente uma vestimenta, que se ajusta bem ao personagem e que ele pode mudar o quanto quiser. O enredo de aventura apoia-se não no que é um personagem e no lugar que ele ocupa na vida, mas sobretudo no que ele não é e no que, do ponto de vista de qualquer realidade já presente, não está predeterminado e é inesperado. O enredo de aventura não se apoia em situações presentes e estáveis — familiares, sociais, biográficas — mas se desenvolve contrariando-as. A situação de aventura é aquela em que qualquer pessoa pode se encontrar, enquanto pessoa. Mais do que isso, o enredo de aventura utiliza qualquer localização social estável não como uma forma da vida concludente, mas como "situação". Assim, o aristocrata do romance de bulevar não tem nada em comum com o aristocrata do romance sociofamiliar. O aristocrata do romance de bulevar é a situação na qual a pessoa se encontra. A pessoa age no traje de um aristocrata, como pessoa: atira, comete um crime, foge de inimigos, supera obstáculos etc. *Nesse sentido, o enredo de aventura é profundamente humano*. Todas as organizações e os estabelecimentos sociais e culturais, castas, classes, relações familiares, são somente situações nas quais o homem eterno e igual a si mesmo pode se encontrar. São as tarefas ditadas por sua *natureza humana eterna* — a *autopreservação*, a sede de vitória e de triunfo, a sede de posse, o

Problemas da obra de Dostoiévski no espelho da crítica

amor sentimental — que *determinam o enredo de aventura.'*

O que significa a 'natureza humana eterna'? Será que não é uma reabilitação do racionalismo mecânico e metafísico? Contudo, se no seu tempo esse racionalismo foi progressista, agora o discurso sobre o homem eternamente igual a si próprio é reacionário, ainda mais que, na colocação de Bakhtin, esse homem pode ser combinado de modo semelhante com a metafísica autêntica. E talvez não seja grandiosa a afirmação de que a *'natureza humana'* está acima das relações entre *latifundiário e camponês, proprietário e proletariado.* Na verdade, Bakhtin foi astuto... Preste atenção no rol de 'propriedades' — pertencentes a essa pessoa eterna e célebre — da natureza humana eterna: autopreservação, a sede de vitória e de triunfo, a sede de posse, o amor sentimental. É um rol completamente notável! Talvez Bakhtin revele-nos o segredo de ao menos uma dessas 'propriedades' da sede de *posse*? Não entraria nessa sede não só o desejo de possuir o objeto do amor, mas também o de possuir... os bens sagrados? Ou Bakhtin só opera com uma álgebra 'eterna' e não deseja rebaixar a natureza eterna a uma pobre 'aritmética'? Bakhtin não nos explica: tal sede de posse no mundo terreno e de classes também é elevada acima das relações entre latifundiário e camponeses, entre proprietário e proletário? Penso que o leitor está esclarecido não só acerca do direcionamento, mas também da gênese do trabalho de Bakhtin.

Na Europa Ocidental, ainda não passou o fervor por Dostoiévski. Isso é compreensível. A existência desorganizada das classes intermediárias explica o crescimento da admiração por ele. Entre nós ocorre a superação do 'dostoievskismo' não por meio da negação e da reprovação abstratas e infundadas, mas por meio do esclarecimento científico e do direcionamento da obra de Dostoiévski. O livro de M. Bakhtin é um passo *para trás* — o autor claramente nos arrasta para o pântano do idealismo. Falaremos separadamente sobre as observações individuais e positivas."

De modo semelhante à resenha anterior deste mesmo autor, seu foco é revelar o idealismo sob a aparência ou máscara de sociologismo. Para fundamentar essa opinião, é reproduzido o mesmo trecho de POD citado na resenha anterior, com o propósito de provar que Bakhtin opera com uma visão idealista dos personagens, cujas características "eternas" estão acima das determinações de classe. A resenha encerra apontando uma diferença na recepção da obra de Dostoiévski à época: na Europa Ocidental, essa recepção é fervorosa, enquanto na União Soviética ela é pautada por uma análise científica. Essa visão revela uma fase na recepção soviética da obra de Dostoiévski, que foi submetida a uma crítica marxista desqualificadora que reprovava obras como *Crime e castigo* e *Os demônios*, por conterem críticas à ação revolucionária e ao sacrifício de vidas humanas, e aprovava obras como *Gente pobre* e *Humilhados e ofendidos*, em razão da representação das condições socioeconômicas desfavoráveis de seus personagens.

A sexta resenha, "Idealismo plurivocal (sobre o livro de M. M. Bakhtin *Problemas da obra de Dostoiévski*)",[14] de M. Stárenkov, tem o formato de um artigo de doze páginas e,

---

[14] Publicada em *Literatura e Marxismo*, revista de teoria e história da literatura, vol. 3, 1930, pp. 92-105.

Problemas da obra de Dostoiévski no espelho da crítica

segundo Botcharov e Miélikhova (2000), depois dela a crítica soviética não mais se pronunciará a respeito do livro. O título antecipa o viés interpretativo da resenha: segundo ela, Bakhtin realiza uma abordagem idealista da obra de Dostoiévski. Essa interpretação é bem grave e poderia ter condenado Bakhtin à morte, não fosse o fato de ele ter sido enviado para o exílio e, em seguida, permanecido na obscuridade até o final dos anos 1950. Devido à extensão do texto, procederemos à exposição de sua organização geral e reprodução dos fragmentos mais ilustrativos, assim como fizemos com a resenha-artigo de Lunatchárski.

Primeiramente, Stárenkov caracteriza o diálogo polêmico de Bakhtin com a crítica da obra de Dostoiévski: "M. Bakhtin rechaça a 'abordagem formalista estreita' e o ideologismo estreito, bem como não considera possível explicar a obra de Dostoiévski do ponto de vista monístico e dialético" (Stárenkov, 1930, p. 92). As duas primeiras afirmações fundam-se em proposições explícitas de Bakhtin, mas a terceira não é afirmada por este e sim atribuída a ele por Stárenkov.

Em seguida, o resenhista passa a avaliar o que seria a primeira tese de POD: "Para a representação dos personagens de Dostoiévski, como nos afirma M. Bakhtin, 'servem não os traços da realidade, mas a *significação desses traços para ele próprio*, para sua autoconsciência'" (p. 54)" (Stárenkov, 1930, p. 93). Essa tese é criticada com base em uma citação da obra de Plekhânov, segundo a qual a literatura é condicionada pela realidade, princípio ao qual Bakhtin se oporia, por se recusar a reconhecer que a autoconsciência dos personagens depende e é parte da realidade. Segundo Stárenkov, a defesa de autossuficiência da consciência por Bakhtin suprimiria a posição social dos personagens: "M. Bakhtin tende a retirar a realidade dos personagens de Dostoiévski, ele leva a realidade a uma consciência fora da realidade, ao 'projeto' do autor e, com isso, tenta afirmar a consciência como critério da obra de Dostoiévski" (Stárenkov, 1930, p. 95). Stárenkov continua nessa direção para chegar à conclusão de que o personagem é, para Bakhtin, uma pura função da consciência do autor:

"Os argumentos de uma função pura, como dominante artística, fora da realidade social, fora da causalidade e da gênese, esses são os conhecidos argumentos imanentes dos formalistas. Entretanto, nessa colocação dos 'problemas', Bakhtin rechaça a 'abordagem formalista estreita' e segue pelo caminho de um formalismo *largo*." (Stárenkov, 1930, pp. 96-7)

"Passa-se naturalmente de uma função idealista pura do pesquisador para a palavra 'pura', a 'voz pura'. Eis a conclusão dessas variações do 'projeto': 'O projeto autoral sobre o personagem é o projeto sobre a palavra. Em razão disso, também a palavra do autor sobre o personagem é uma palavra sobre a palavra. Ela é orientada ao personagem como que a uma palavra, e por isso está dialogicamente orientada a ele. Por meio de toda a construção do seu romance, o autor fala não sobre o personagem, mas com o personagem' (p. 70)." (Stárenkov, 1930, pp. 96-7)

Além de idealista, agora a abordagem bakhtiniana é caracterizada como formalista. Contrariamente a essa posição, o resenhista afirma que a autoconsciência de heróis como Makar Diévuchkin, da novela *Gente pobre*, é determinada pela realidade do pequeno funcionário público representada na obra de arte, ou seja, pela sua posição em um meio social, e a palavra é a função do organismo social, um fenômeno regrado pela existência concreta. E ainda: o projeto do autor

Problemas da obra de Dostoiévski no espelho da crítica   337

não pode ser objeto de análises literárias, pois ele é objeto da psicologia social e pode ser resolvido apenas com seus métodos científicos.

A seguir, Stárenkov passa a tratar o modo como Bakhtin concebe a ideia nas obras de Dostoiévski:

> "M. Bakhtin tenta mostrar que a ideia como objeto de representação tem 'princípios fundamentais', que 'vão muito além dos limites de uma criação artística; eles são os princípios de toda a cultura ideológica dos novos tempos'. Não iremos fazer uma excursão pela filosofia idealista, realizada por nosso pesquisador em busca de princípios ideológicos gerais. Entretanto, é preciso apontar o erro metodológico fundamental do pesquisador, ao não diferenciar a ideia encarnada no conceito lógico (filosofia) da ideia fixada nas imagens poéticas e tentar inutilmente igualar os princípios lógicos do enunciado-ideia com os princípios do enunciado-ideia nas obras literárias, esquecendo-se de que a literatura de ficção, enquanto um elemento ideológico geral, é ao mesmo tempo uma expressão específica daquela ideologia geral naquela estrutura imageticamente verbal." (Stárenkov, 1930, p. 100)

Em seu exame da abordagem de Bakhtin, o resenhista reafirma que a ideologia é uma realidade social conscientemente formulada e pertencente a diferentes classes, que a ideia bakhtiniana de "estratos profundos de caráter social" não tem relação alguma com a explicação marxista, e que a ideologia não pode constituir a forma, pois ela é um ato de consciência e por isso não pode ser uma causa primeira.

M. Stárenkov finaliza a análise da primeira parte de POD ao tratar do enredo do romance de Dostoiévski, o qual Bakhtin aproxima dos romances de aventura e de bulevar.

Segundo o resenhista, esse é o aspecto menos desenvolvido de POD e serve para repudiar os traços sociais concretos da obra ao mesmo tempo que a fundamenta na "natureza humana eterna", levando a conclusões inúteis.

A seguir, o resenhista analisa a segunda parte de POD, dedicada à estilística de Dostoiévski, e que ele considera mais minuciosa. No entanto, novamente aponta-se que a abordagem estilística de Bakhtin foge da realidade e do mundo objetual.

O último aspecto examinado é a tese sobre a polifonia dos romances de Dostoiévski, que o resenhista acusa de ser imprecisa, por utilizar uma terminologia inspirada no universo musical, em vez de primar pela precisão científica, e em seguida classifica a tese da polifonia de empirismo baseado no fato de que "o pesquisador foi a uma sala de concerto, ouviu uma sonoridade plurivocal e não compreendeu a unidade dessa sonoridade" (Stárenkov, 1930, p. 105).

O autor encerra a resenha com a afirmação de Bakhtin sobre o caráter sociologicamente imanente da obra literária: "Se a obra é imanente, então ela não pode ser condicionada socialmente, se é sociológica, não pode ser internamente predeterminada e imanente" (Stárenkov, 1930, p. 105). Em síntese, o autor declara que Bakhtin tenta mascarar sua abordagem idealista com uma roupagem sociológica, e que os teóricos da literatura marxistas devem combater esse tipo de trabalho: "A teoria da literatura marxista deve abrir fogo contra posições mascaradas do idealismo e vencer seus escudeiros" (Stárenkov, 1930, p. 105).

PROBLEMAS DA OBRA DE DOSTOIÉVSKI E A CRÍTICA NO EXTERIOR

Nesta seção, examinaremos parte da recepção de POD fora da União Soviética, constituída por uma resenha, duas menções em livros dedicados a Dostoiévski e uma análise extensa de POD, em livro também dedicado à análise da obra de Dostoiévski.

M. Bitsílli[15] (1879-1953) foi historiador, filólogo e crítico literário. Em 1917 defendeu, na Universidade de Petrogrado, uma tese em que abordou as diferenças entre a personalidade do homem no Renascimento e na Idade Média. Em 1920 emigrou para a Bulgária, onde, de 1924 a 1948, foi professor no Departamento de História Moderna da Universidade de Sófia. Mesmo do exterior, Bitsílli acompanhava atentamente o desenvolvimento da literatura e da crítica literária russas, tendo organizado coletâneas e resenhado obras de autores como Tchekhov, Gógol, Púchkin, Tolstói e Dostoiévski.

No ano seguinte ao lançamento de POD, Bitsílli publicou uma pequena resenha do livro no periódico *Sovremiénnie Zapiski* [*Notas Contemporâneas*] (Paris, vol. 42, 1930, pp. 538-40), em que se dedica a descrever as teses principais da obra de Bakhtin e a fazer breves comentários críticos, no geral, positivos. Essa resenha é interessante, pois mostra que POD de Bakhtin chamou a atenção de estudiosos que moravam fora da União Soviética e que julgaram a obra digna de ser resenhada e comentada. Em outros termos, o livro de Bakhtin sobre Dostoiévski, já em sua edição de 1929, não foi um acontecimento bibliográfico sem repercussão, mas as suas teses inovadoras foram reconhecidas e avaliadas logo após o seu lançamento.

[15] Disponível em: <http://odessa-memory.info/index.php?id=298>. Acesso em: 12/1/2022.

"M. M. Bakhtin, *Problemas da obra de Dostoiévski*, Leningrado, 1929

A principal tese de Bakhtin é a seguinte: o romance de Dostoiévski é uma categoria completamente nova e particular da palavra artística. Não se trata de um romance no sentido geralmente aceito da palavra, romance sociopsicológico no qual tudo é objetificado, tudo é representado sob o ângulo de visão do autor; não se trata tampouco de um 'romance-tragédia', como o designou Viatcheslav Ivánov, pois em uma obra dramática tudo está subordinado à unidade do estilo autoral. Dostoiévski tende à máxima concretização possível dos seus personagens, e isso significa que eles não são objetos da percepção autoral, como são, em geral, em todos os romancistas, mas sujeitos no sentido pleno dessa palavra.[16] Normalmente o romancista insere seus personagens em seu próprio mundo; já Dostoiévski afasta-se de si mesmo: em seus romances o mundo é mostrado do ponto de vista de cada um dos personagens; há tantos mundos e estilos quanto indivíduos agentes. Em qualquer romance 'monológico' ou 'homofônico', tudo está subordinado a *uma única voz*, a do autor; o romance de Dostoiévski é '*polifônico*'. Em Dostoiévski nunca há *uma única* voz, mesmo em seus numerosos monólogos e confissões. Quando o 'homem do subsolo' ou o marido da 'dócil' falam consigo próprios, ouvimos claramente duas vozes: a do falante e a de

---

[16] O artigo de D. Tchijiévski pode servir como um comentário excelente a essa tese: "K probliéme dvóinika" ["Sobre o problema do duplo"] na coletânea *O Dostoiévskom* [*Sobre Dostoiévski*], organizada por A. L. Bem (Praga, 1929). (Nota de Bitsílli)

seu interlocutor representado, mesmo que este seja outro 'eu'. Quando dois personagens conversam, a multivocalidade imediatamente cresce, pois cada falante põe-se à escuta da 'segunda' voz, de seu interlocutor, àquilo que, sem palavras, é adivinhado sob as palavras pronunciadas. A multiplicidade de estilos e de planos dos romances de Dostoiévski foi observada ainda antes. Normalmente, isso é relacionado ao pensamento dialético de Dostoiévski. Contudo, não há relação artística dialética nos romances de Dostoiévski. A dialética pressupõe uma *evolução*, um desenvolvimento no tempo. Já Dostoiévski percebe o mundo, por assim dizer, *de fora* e *de cima* do tempo, apenas no espaço. Em sua obra, tudo está dado desde o princípio. Em razão disso — novamente, de um ponto de vista puramente *artístico* —, nele não pode haver uma subordinação de planos e estilos diversos, que correspondam a aspectos dialéticos diversos de uma mesma Ideia: na vida real, os aspectos da Ideia revelam-se no processo real de evolução no tempo; a representação da vida fora do tempo é portanto adialética. Nesse caso, em que consiste a *unidade artística* dos romances de Dostoiévski? Bakhtin compara a obra de Dostoiévski com a de Dante: só em Dante há tal riqueza de 'vozes'. Observo que Benedetto Croce *nega* a unidade poética da *Divina Comédia*. Segundo Croce (*La poesia di Dante*), há 'poeticidade' na *Comédia* apenas em lugares isolados, não em seu todo. A ideia geral da *Comédia* não recebeu em Dante sua encarnação simbólica. Aquela unidade do plano da *Comédia*, que habitualmente admira-se, fica fora da poesia. Em seu todo, a *Comédia* não é simbólica, mas *alegórica*. Diferentemente do simbólico, a alegoria não nasce junto com a ideia, mas é anexada a ela. Bakhtin não afirma o mesmo sobre os romances de Dostoiévski? O domínio do princípio da multivocalidade *por si só* não basta para criar a unidade artística do romance filosófico, assim como acontece com o romance de Dostoiévski. As relações dos elementos artísticos de *Os irmãos Karamázov*, *Os demônios* e *O idiota* com a filosofia de Dostoiévski seriam ou não necessárias para o nexo interior? Esses romances teriam ou não nascido *juntamente* com essa filosofia em um ato criativo único? Eis a questão que a pesquisa de Bakhtin aborda de modo formidável por sua sutileza, considerando, inclusive, tudo o que até aquele momento tinha sido pesquisado sobre Dostoiévski, questão para a qual ela não fornece resposta. A meu ver, a resolução dessa questão deve partir das teses que estão solidamente consolidadas na pesquisa de Bakhtin. Esclarecerei com um exemplo que mostra para que direção é preciso seguir. Não há dúvida de que, em nossa consciência, a filosofia de Ivan Karamázov não pode ser apartada da 'Lenda do Grande Inquisidor'. 'Transposta' para outras palavras, ela deixa assim de ser 'aquela mesma' filosofia (Bakhtin explica maravilhosamente a tendência de Dostoiévski para a concretização de ideias, sua luta contra o formalismo kantiano): não existe a ideia 'geral', toda ideia ganha outro *sentido* (na acepção plena dessa palavra) a depender de quem a enuncia. Contudo, isso ainda não é tudo. Isolemos a 'voz' de Ivan Karamázov do coro das outras 'vozes' que soam em *Os irmãos Karamázov* e *ele próprio* já soará de modo diferente. A que isso corresponde no plano *artístico*? *Por que* não podemos imaginar Ivan Karamázov sem Dmitri, sem Aliócha, sem Fiódor Pávlovitch, sem Smierdiákov

Problemas da obra de Dostoiévski no espelho da crítica

etc.? *Como* e *por que* se chega à *consonância* a partir de uma multiplicidade de vozes, como e por que surge determinado estilo geral a partir da reunião dos mais variados estilos — eis no que consiste o problema estético colocado nessa pesquisa da obra de Dostoiévski. Encontramos a chave para sua solução no próprio Bakhtin: em sua observação sobre a 'atemporalidade' da percepção do mundo em Dostoiévski. Contudo, essa percepção não é menos 'real', do que nosso 'normal'. Essa é a percepção da vida *no sonho*. A. L. Bem (ver seu artigo 'Dramatizátsiiia briéda' ['A dramatização do delírio'] na coletânea acima mencionada em nota) mostrou que a ação de *A senhoria* não é outra coisa que um 'delírio dramatizado'. Seria preciso mostrar o *mesmo* no que diz respeito ao objetivo imediato da pesquisa estética da obra de Dostoiévski, para os outros trabalhos dele.

M. Bitsílli"

O tom da resenha de M. Bitsílli é bem diferente daquele dos resenhistas soviéticos. As teses e as soluções encontradas por Bakhtin são aprovadas e reafirmadas pelo resenhista, que demonstra conhecer a fortuna crítica russa de Dostoiévski. A tese de Bakhtin sobre a polifonia é apresentada em contraponto à conhecida análise de Viatcheslav Ivánov (1909, 1916) sobre o romance-tragédia, que, segundo Botcharov e Miélikhova (2000), é uma das fontes importantes do livro de Bakhtin. Vejamos um fragmento que, ao mesmo tempo, revela o teor da tese de Ivánov e uma das origens do pensamento bakhtiniano:

"Semelhantemente à criação de uma sinfonia, ele utilizou seu mecanismo na arquitetônica da tra-

gédia e aplicou no romance o método correspondente ao desenvolvimento temático e contrapon-
tístico da música, desenvolvimento com o qual o
compositor [...] nos leva para a percepção da vivência psicológica de toda a obra enquanto unidade."
(Ivánov, 1916, p. 20)

A metáfora musical e o conceito de arquitetônica, tão
caros à abordagem bakhtiniana, já estão claramente coloca-
dos no texto de Ivánov. Portanto, diferentemente da oposição
estabelecida por Bitsílli, concordamos com Botcharov e Miélikhova que o trabalho de Ivánov ressoa no de Bakhtin.

Um segundo aspecto da resenha de Bitsílli é sua avaliação sobre a "'atemporalidade' da percepção do mundo em
Dostoiévski" como o ponto de vista artístico descoberto por
Bakhtin para descrever e explicar a consonância de vozes no
romancista russo. Em consequência disso, Bitsílli defende a
impossibilidade de uma relação artística dialética, pois esta
pressupõe uma evolução no tempo. Essa avaliação lança luz
sobre a distinção entre dialogismo (consonância de vozes em
sua simultaneidade no espaço) e dialética (evolução e desenvolvimento no tempo). Por fim, destaco que Bitsílli faz uma
crítica central: "Esses romances teriam ou não nascido *juntamente* com essa filosofia em um ato criativo único? Eis a
questão que a pesquisa de Bakhtin aborda de modo formidável por sua sutileza [...] questão para a qual ela não fornece
resposta" (1930, p. 637). Na avaliação de Bitsílli, embora a
pesquisa de Bakhtin tenha contribuições sofisticadas para a
compreensão da obra de Dostoiévski, ela não traz uma resposta sobre a relação entre a unidade artística e a filosofia de
Dostoiévski. Botcharov e Miélikhova (2000) relatam que Bitsílli não deixou de mencionar POD em seus trabalhos posteriores sobre Dostoiévski.

Problemas da obra de Dostoiévski no espelho da crítica   345

POD é ainda citado em artigos das coletâneas organizadas por A. L. Bem (1933) nos anos 1930, em Praga. No artigo de Lapchín (1933), que foi professor de Bakhtin, antes da Revolução, no Departamento de Filosofia da Universidade de São Petersburgo (Botcharov, Miélikhova, 2000), POD é mencionado no seguinte excerto:

> "Nas obras de Dostoiévski, junto com paródias no sentido estrito da palavra estão abundantemente espalhados elementos de paródia parcial. M. M. Bakhtin submete o estilo paródico a uma análise linguística excelente e assinala seus traços característicos em Dostoiévski. Ele aponta que na paródia ocorre uma alternância constante entre a significação primeira da palavra — seu conteúdo intencional direcionado para o sentido — e um sentido outro, em contradição com o primeiro. O efeito cômico é obtido mediante essa bivocalidade sem fim da narração." (Lapchín, 1933, pp. 40-1)

No prefácio de Bem a respeito das fontes da obra de Dostoiévski, cita-se POD no fragmento:

> "Lá onde se consegue estabelecer aspectos puramente formais de semelhança, eles são importantes como indicadores desse subsolo de ideias artísticas mais profundo, no qual cresceu a obra. A 'polêmica criativa' é o conceito sob o qual, até certa medida, pode ser conduzida a obra de Dostoiévski. A enorme importância organizadora dessa 'orientação polêmica' das obras de Dostoiévski foi mostrada maravilhosamente por M. M. Bakhtin em seu livro *Problemas da obra de Dostoiévski* (Leningrado, 1929)." (Bem, 1936, p. 8)

Em ambos os casos, as análises realizadas por Bakhtin são muito bem avaliadas e demonstram sua repercussão positiva entre especialistas da obra de Dostoiévski. O quarto e último trabalho publicado fora da União Soviética é a análise de Vassili Leonídovitch Komaróvitch (Nijni-Nóvgorod, 1894-Leningrado, 1942), teórico da literatura russo que, assim como Bakhtin, foi condenado ao exílio no final de 1928, por seu envolvimento em um círculo de intelectuais. Em um ampla revisão sobre Dostoiévski publicada na Alemanha e traduzida parcialmente para o russo por Vitáli Mákhlin em 1995, Komaróvitch analisa e rejeita praticamente todas as teses de POD. Em razão de limites de espaço, faremos um breve elenco das críticas desenvolvidas por Komaróvitch:

1) Bakhtin defende a criação do romance polifônico com base em novelas de Dostoiévski (*Gente pobre*, *Memórias do subsolo*, "A dócil"), mas, para ser coerente, deveria operar apenas com seus cinco grandes romances; 2) Bakhtin não explica a quantidade nem as funções particulares que a confissão, um gênero literário tradicional, desempenha nos romances de Dostoiévski, bem como exagera o peso da autoconsciência expressa na voz dos personagens; 3) Para Bakhtin, a ideia em Dostoiévski está ligada à palavra do personagem sobre si próprio e está livre da avaliação do autor. Contudo, segundo Komaróvitch, o personagem e a ideia conservam seu acabamento final na esfera da catástrofe, aspecto a que Bakhtin não dá atenção; 4) A análise contida em "O discurso em Dostoiévski" "opera com um material arbitrariamente utilizado e não corresponde à hierarquia factual da variedade estilística do discurso nos grandes romances de Dostoiévski" (Komaróvitch, 1995, p. 81); 5) Bakhtin não fornece um fundamento sólido para a existência do romance polifônico, e isso porque ele o procura no próprio Dostoiévski e não na poética histórica.

Komaróvitch é citado em POD como empreendendo uma análise "puramente monológica" (Bakhtin, 1929, p. 32)

Problemas da obra de Dostoiévski no espelho da crítica

da unidade do romance de Dostoiévski, o que explica, em grande parte, as críticas dos itens 2 e 3, pois os dois autores compreendem a obra do romancista russo partindo de pontos de vista bem distintos. A crítica à utilização de novelas para defender uma tese sobre o romance me parece pertinente; já a crítica sobre a análise estilística (item 4) não condiz com a riqueza e a sutileza das análises bakhtinianas, enquanto a ausência de uma poética histórica, admitida pelo próprio Bakhtin no prefácio de POD e apontada por outros resenhistas, motivará a principal alteração na segunda edição de 1963, com a ampliação do capítulo sobre os antecedentes históricos do gênero romanesco.

Conclusões

A tradução e o exame de resenhas de *Problemas da obra de Dostoiévski*, publicadas dentro e fora da União Soviética, apontaram caminhos de leitura esclarecedores:

1) O tom dominante da crítica soviética a respeito de POD foi "desmascaramento" da filosofia idealista sob uma roupagem sociológica. A exceção é a resenha de Arkadi Glagólev, que considera correta e legítima a abordagem sociológica desenvolvida em POD. Os editores contemporâneos reforçam a presença da filosofia idealista em Bakhtin: Boniétskaia (2017a e b) afirma a influência de filósofos idealistas e religiosos russos, e Botcharov, nos comentários ao volume II das *Obras reunidas*, considera que Bakhtin adotou a abordagem sociológica apenas como roupagem para que a obra fosse aceita pela crítica dominante à época. É bom lembrar que, segundo nota do jornal *Jizn Isskústva* [*A Vida da Arte*], de 22 a 28 de agosto de 1922, Bakhtin trabalhou simultaneamente em POD e nos textos filosóficos do início dos anos 1920. Nesse contexto, Bakhtin parece ter adaptado seu texto em função do horizonte valorativo da União Soviética dos

anos 1920, em que o marxismo em sua interpretação sociológica era a filosofia dominante e uma orientação a ser seguida por todas as ciências humanas;

2) A segunda parte de POD, que corresponde ao capítulo "O discurso em Dostoiévski" de PPD, foi muito melhor recebida pela crítica do que os demais capítulos, com exceção da resenha de Komaróvitch, que, a nosso ver, faz uma avaliação bem pouco fundamentada a esse respeito;

3) Lunatchárski e Stárenkov assinalam que o autor de POD realiza uma pesquisa formal dos procedimentos de criação de Dostoiévski, com incursões no campo da elucidação sociológica. Aqui e no item anterior, o "fundo aperceptível de percepção" de parte dos destinatários de POD, em razão da teoria formalista russa e soviética recém-desenvolvida, está pronto a reconhecer e a acolher análises formais bem fundamentadas;

4) A crítica de Arkadi Glagólev e Vassili Komaróvitch a respeito da ausência de uma abordagem histórica do romance polifônico de Dostoiévski assinala o aspecto que motivou a maior alteração na segunda edição, de 1963, quando Bakhtin incluiu, no penúltimo capítulo, as questões de poética histórica. A pesquisa sobre poética histórica esteve no centro da atenção de Bakhtin durante toda a década de 1930, quando ele escreveu seus trabalhos sobre o gênero romance e sobre a obra de François Rabelais;

5) A tese sobre a polifonia dos romances de Dostoiévski é o ponto mais polêmico na recepção de POD: por um lado, ela é rejeitada por Berkóvski, Stárenkov e Komaróvitch, que defendem o papel unificador do autor; por outro, Lunatchárski, de um ponto de vista sociológico, e Bitsílli, de uma perspectiva da unidade poética, acolhem a tese, com ressalvas sobre o seu modo de constituição.

Problemas da obra de Dostoiévski no espelho da crítica

Referências

BAKHTIN, M. M. *Probliémi tvórtchestva Dostoiévskogo* [*Problemas da obra de Dostoiévski*]. Leningrado: Priboi, 1929.

_____. *Sobránie sotchiniénii* [*Obras reunidas*], vol. II. Moscou: Rússkie Slovarí, 2000, S. G. Botcharov, L. S. Miélikhova (orgs.).

_____. *Teoria do romance I. A estilística*. Trad. P. Bezerra. São Paulo: Editora 34, 2015.

_____. *Os gêneros do discurso*. Trad. P. Bezerra. São Paulo: Editora 34, 2016 [1952-53].

_____. *Probliémi poetiki Dostoiévskogo* [*Problemas da poética de Dostoiévski*]. Moscou: Eksmo, 2017a.

_____. *Izbrannoe tom I. Ávtor i guerói v estetítcheskom sobítii* [*Seleção vol. I. O autor e o personagem no acontecimento estético*]. Moscou/São Petersburgo: Tsentr Gumanitárnikh Initsiatív, 2017b.

_____. *Izbrannoe tom II. Poétika Dostoiévskogo* [*Seleção vol. II. A poética de Dostoiévski*]. Moscou/São Petersburgo: Tsentr Gumanitárnikh Initsiatív, 2017.

BEM, A. L. (org.). *O Dostoiévskom vol. 2*. Praga, 1933, pp. 4-5.

_____ (org.). *O Dostoiévskom vol. 3*. Praga, 1933, pp. 4-5.

_____. "Predislóvie" ["Prefácio"], em *U istókov tvórtchestva Dostoiévskogo* [*Nas fontes da obra de Dostoiévski*]. Praga, 1936, pp. 5-9.

BERKÓVSKI, N. "M. M. Bakhtin, *Probliémi tvórtchestgo Dostoiévskogo*" ["M. M. Bakhtin, *Problemas da obra de Dostoiévski*"], em *Mir, sazdaváemii literatúpoi* [*O mundo criado pela literatura*]. Moscou: Soviétski Pissátel, 1989 [1929], pp. 119-21.

BITSÍLLI, P. M. "M. M. Bakhtin, *Probliémi tvórtchestgo Dostoiévskogo*" ("M. M. Bakhtin, *Problemas da obra de Dostoiévski*"), em *Ízbrannye trudi po filológuii* [*Trabalhos selecionados sobre filologia*]. Moscou: Nasliédie, 1996 [1930], pp. 636-8.

BONIÉTSKAIA, N. "Jízni i filossófskaia idiéia Mikhaíla Bakhtiná" ["Vida e ideia filosófica de Mikhail Bakhtin"], em M. M. BAKHTIN, *Ízbrannoe tom I. Ávtor i guerói v estetítcheskom sobítii* [*Seleção vol. I. O autor e o personagem no acontecimento estético*]. Moscou/São Petersburgo: Tsentr Gumanitárnikh Initsiatív, 2017a, pp. 5-41.

_____. "Tema Dostoiévskogo v trudákh M. M. Bakhtiná" ["O tema de Dostoiévski nos trabalhos de M. M. Bakhtin"], em M. M. BAKH-

TIN, *Ízbrannoe tom II. Poétika Dostoiévskogo* [*Seleção vol. II. A poética de Dostoiévski*]. Moscou/São Petersburgo: Tsentr Gumanitárnikh Initsiatív, 2017b, pp. 5-12.

BOTCHAROV, S. "Predislóvie. Kommentárii. *Probliémi poétiki Dostoiévskogo*" ["Prefácio. Comentários. *Problemas da poética de Dostoiévski*]. In: M. M. BAKHTIN, *Probliémi poétiki Dostoiévskogo* [*Problemas da poética de Dostoiévski*]. Moscou: Eksmo, 2017, pp. 7-8, 594-638.

BOTCHAROV, S.; MIÉLIKHOVA, L. "Komentárii", em M. M. BAKHTIN, *Sobránie sotchiniénii* [*Obras reunidas*], vol. II. Moscou: Rússkie Slovarí, 2000, pp. 428-797.

DOLÍNIN, A. S. (org.). *F. M. Dostoiévski. Statií i materiáli* [*F. M. Dostoiévski. Artigos e materiais*]. São Petersburgo: Mysl, 1922.

GLAGÓLEV, A. "Novo livro sobre F. Dostoiévski", *Utchílelskaia Gaziéta*, nº 91, p. 5, Moscou, 8/8/1929.

GROSSMAN, L. *Poétika Dostoiévskogo* [*A poética de Dostoiévski*]. Moscou: Gossudárstvennaia Akadémiia Khudójestvennykh Naúk, 1925.

GROSSMAN-RÓCHIN, I. "O sotsiologuízme M. M. Bakhtin, avtora *Probliémi tvórtchestva Dostoiévskogo*" ["Sobre o sociologismo de M. M. Bakhtin, autor de *Problemas da obra de Dostoiévski*"], *Na Literatúrnom Postú*, nº 18, Moscou, setembro, 1929a, pp. 5-10.

_____. "M. Bakhtin, *Probliémi tvórtchestva Dostoiévskogo*", *Oktiábr* [*Outubro*], revista artístico-literária e sociopolítica, vol. 11, Moscou, 1929b, pp. 195-7.

IVÁNOV, V. *Po zvezdám: statií i aforízmi* [*Pelas estrelas: artigos e aforismos*]. São Petersburgo: Ory, 1909.

_____. *Borozdi e miéji: ópiti estetítcheskie i kritítcheskie* [*Cesuras e limites: ensaios estéticos e críticos*]. Moscou: Mussaget, 1916.

KOMARÓVITCH, V. L. "Nóvie probliémi izutchiéniia Dostoiévskogo, 1925-1930" [Novos problemas do estudo de Dostoiévski, 1925-1930"], em T. G. IORTCHENKO (org.), *M. M. Bakhtin v ziérkale krítiki* [*M. M. Bakhtin no espelho da crítica*]. Trad. V. L. Mákhlin. Moscou: Labirint, 1995, pp. 74-92.

LAPCHÍN, I. I. "Komítcheskoe v proizvediéniiakh Dostoievskogo" ["O cômico nas obras de Dostoiévski"], em A. L. BEM (org.), *O Dostoievskom vol. 2*. Praga: 1933, pp. 31-50.

LUNATCHÁRSKI, A. V. "O mnogogólonosti Dostoiévskogo" ["Sobre a multivocalidade de Dostoiévski"], *Novii Mir*, nº 10, Moscou, 1929, pp. 195-209.

Problemas da obra de Dostoiévski no espelho da crítica   351

_____. "O poder soviético e os monumentos do passado". Trad. Priscila Marques. In: GOMIDE, B. B. (org.). *Escritos de outubro: os intelectuais e a Revolução Russa (1917-1924)*. São Paulo: Boitempo, 2017, pp. 274-9.

_____. *Revolução, arte e cultura*. Trad. Ana Chã *et al.* São Paulo: Expressão Popular, 2018.

MEDVIÉDEV, P. N. *O método formal nos estudos literários*. Trad. S. C. Grillo e E. V. Américo. São Paulo: Contexto, 2012 [1928].

NUTO, J. V. C. "Bakhtin e Lunatchárski: um diálogo", *Bakhtiniana — Revista de Estudos do Discurso*, vol. 16, nº 2, São Paulo, abril-jun. 2021, pp. 53-69.

POSPELOV, G. "Preuvelitchiéniiia ot uvletchiéniia", *Vopróssi Literatúri*, nº 1, Moscou, 1965, pp. 95-108.

STÁRENKOV, M. "Mnogogólossii idealízm" ["Idealismo plurivocal"], *Literatura e Marxismo*, revista de teoria e história da literatura, vol. 3, Moscou, 1930, pp. 92-105.

VOLÓCHINOV, V. N. *Marxismo e filosofia da linguagem*. 2ª ed. Trad. S. C. Grillo e E. V. Américo. São Paulo: Editora 34, 2018 [1929].

Glossário

Sheila Grillo e Ekaterina Vólkova Américo

Acontecimento/coexistência (*sobítie*, pp. 61-2, 67-8, 82, 93, 301) — a palavra russa *sobítie* normalmente é traduzida como acontecimento, evento, fato. Contudo, em sua etimologia, o termo é composto pelo prefixo *so*, "com" em português, e o substantivo *bitié*, "existência" em português. Com base na análise da composição da palavra e no contexto da obra de Bakhtin, optamos por traduzi-la por "coexistência" quando se tratar da convivência imiscível de múltiplas consciências de direitos iguais. Contudo, nos contextos em que se tratava dos eventos que integram o enredo do romance, traduzimos por "acontecimento". Esse termo é o princípio artístico que organiza a polifonia, enquanto combinação de muitas vontades artísticas. É a categoria fundamental da visão artística de Dostoiévski, enquanto *coexistência* e *interação*. A possibilidade da coexistência simultânea, de estar ao lado ou um contra o outro é uma espécie de critério de seleção do essencial e do não essencial. Em Dostoiévski, a coexistência é o modo de funcionamento da ideologia, em que se encontram de modo simultâneo diferentes vozes e orientações humanas. A ideia é concebida por Dostoiévski como coexistência, diálogo.

Autor (*ávtor*, pp. 55-8) — há uma oposição entre um único autor-artista (*ávtor-khudójnik*) e vários pensadores-autores (*ávtori-mislíteli*), isto é, os personagens das obras. A ideia ou o pensamento autoral entra na obra de Dostoiévski como imagem do ser humano, como orientação entre outras orientações, como palavra entre outras palavras. Essa orientação ideal (a palavra verdadeira) e sua possibilidade devem estar diante dos olhos, mas não devem colorir a obra na qualidade de tom ideológico pessoal do autor.

Consciência alheia (*tchujóe soznánie*) — é um sujeito com plenos direitos. De acordo com Bakhtin, a afirmação ou não afirmação do outro eu pelos personagens é o tema principal da obra de Dostoiévski e seu princípio de construção artística.

Conteúdo do romance (*soderjánie romana*, pp. 63-5) — é determinado pelo tratamento dado aos personagens (ver *consciência alheia*).

Dialogismo, dialogicidade (*dialogizm, dialoguítchnost*, pp. 72, 75, 176, 193, 257) — modo de construção do romance por meio da inter-relação de consciências que não se tornam objeto integral de outra consciência e que fazem do leitor um participante e não um contemplador. É ainda um modo de relação entre posições semânticas que conservam sua autonomia como palavras alheias entre si ou de desenvolvimento do pensamento por meio do confronto de vozes integrais e profundamente individualizadas. Como o mundo de Dostoiévski é profundamente personalista, os pensamentos e as ideias, ao representarem a posição de um indivíduo, só podem entrar em relação por meio do diálogo (ver *dialética*). Em *Problemas da obra de Dostoiévski* (POD) (1929), encontramos as seguintes variações terminológicas: *dialógico* (*dialoguítcheski*) no contexto em que a palavra do autor se dirige dialogicamente à palavra do personagem, pois o autor fala com o personagem e não sobre ele, a *palavra-direcionada* entra em contato dialogicamente com outra palavra, é uma palavra sobre a palavra; *dia-*

logização interior e *dialogização* (*vnútrenniaia dialogui- zátsia*, pp. 178-9) é própria de todas as palavras do terceiro tipo (ativo, palavra alheia refletida — ver esquema na p. 181) que são multidirecionadas e em que a palavra do autor e as palavras alheias estão em pé de igualdade, adquirindo, com isso, uma ênfase dupla; *dialogismo interior* e *diálogo interior* (*vnútrenni dialoguízm, vnútrenni dialóg*, p. 257), fenômeno presente no discurso interior dos personagens de Dostoiévski, que não conhece a palavra monológica sólida e íntegra, mas é atravessado pela palavra alheia, com a qual se alterna, ao desenvolver-se dialogicamente em relação a si e aos outros (ver *discurso interior*); *oposição dialógica* (*dialoguítcheskoie protivostoiánie*, pp. 75, 234) traz a ideia de inconclusibilidade, que é o centro dos romances de Dostoiévski.

Diálogo (*dialóg*, pp. 185-7) — fenômeno artístico-discursivo, cujas réplicas têm um orientação dupla, para o objeto do discurso, como palavra corriqueira, e para outra palavra, para o outro discurso, ao considerá-lo, responder a ele e pressenti-lo. O centro dos romances de Dostoiévski é o diálogo, a oposição dialógica. A existência humana se define pela comunicação dialógica, que é, por princípio, sempre dialógica (ver *dialogismo*).

Dialética (*dialéktika*, pp. 61-2, 89) — apesar de reconhecer que o pensamento dos personagens de Dostoiévski é dialético e às vezes antinômico, Bakhtin critica a bibliografia (Rósanov, Volínski, Merejkóvski, Chestóv, Engelhardt) por reduzir o dialogismo de Dostoiévski à inter-relação de ideias, pensamentos, posições e teses ideológicas extraídos das consciências unas e íntegras dos personagens. Na dialética, as relações lógicas permanecem nos limites de consciências isoladas e não guiam as inter-relações no plano da coexistência entre elas. Essa coexistência não se reduz à relação entre tese, antítese e síntese. A série dialética ou antinômica é apenas um aspecto abstrato da consciência integral e concreta. Segundo Bakhtin, as obras artísticas de Dostoiévski não podem ser compreendidas como uma evolução dialética do espírito, pois nelas não ocorre síntese alguma, nem uma conclusão monológica, mas o acontecimento da interação de vozes, de ideias encarnadas (ver *dialogismo*).

Discurso/fala (*riétch*) — a palavra *riétch* recobre um ampla gama de sentidos na língua russa e pode ser traduzida, a depender do contexto, por "língua", "linguagem", "fala", "discurso". Em POD, esse termo foi traduzido por "discurso", quando se refere ao narrador ou a um modo geral de expressão de um personagem ao longo de uma obra, e por "fala", quando se trata das intervenções orais dos personagens, isto é, de suas réplicas em um diálogo.

Discurso alheio (*tchujáia riétch*, pp. 164-7) ou *palavra do outro* (*drugóe slovo*, pp. 204, 281) ou *enunciado alheio* (p. 158) — uma das orientações da palavra que pode fazer parte do seu contexto, juntamente com o objeto do discurso.

Discurso interior (*vnútrenniaia riétch*, pp. 247-50) ou *diálogo interior* (*vnútrenni dialog*, pp. 278-302) — é um elemento recorrente nas análises de Bakhtin. Ele se desenvolve de modo dialógico tanto em relação a si mesmo, quanto em relação ao outro. Os personagens de Dostoiévski preenchem seu discurso interior com palavras alheias, que são reacentuadas e com as quais polemizam. Introduzidas no discurso interior dos personagens, as palavras alheias se tornam interpenetráveis, aproximam-se entre si, sobrepõem-se umas às outras, cruzam-se parcialmente, de um modo que não seria possível no diálogo real. Nos personagens de Dostoiévski, o discurso interior se desenvolve ainda como um drama filosófico em que os pontos de vista sobre a vida e sobre o mundo se transformam em personagens encarnados.

Diálogo oculto (*skríti dialog*, pp. 177, 185) — é uma das variantes ativas da palavra bivocal. É o diálogo de duas pessoas, em que as réplicas do segundo interlocutor foram omitidas, mas de um jeito que o sentido geral não é perturbado em nada. O segundo interlocutor está presente de modo invisível, suas palavras estão ausentes, mas o vestígio profundo delas determina todas as palavras presentes do primeiro interlocutor. Sentimos que é uma conversa, apesar de só um falar, e a conversa é das mais tensas, pois cada palavra presente responde e reage com todas as suas fibras a um interlocutor invisível, aponta para fora de si, para além dos seus limites, para a palavra alheia não proferida.

Enredo (*siujét*, pp. 144-51) — a unidade do romance de Dostoiévski não se baseia nas relações do enredo, uma vez que elas não podem pôr em contato consciências plenivalentes e seus mundos. No entanto, Dostoiévski soube utilizar o enredo do romance de aventuras (*avantiúrni siujét*, pp. 147-50) com o propósito de aguçar o interesse dos leitores.

Enredo biográfico (*biografítcheski siujét*, p. 145) — apoia-se inteiramente na definição social e caracteriológica do personagem, na sua plena encarnação vital. Entre o caráter do personagem e o enredo da sua vida ocorre uma profunda unidade orgânica, ou seja, o personagem e seu mundo circundante são feitos do mesmo material. Segundo Bakhtin, o enredo biográfico é característico de Turguêniev, de Tolstói e dos romancistas da Europa Ocidental.

Enunciado alheio (*tchujóe viskázivanie*, p. 158) — unidade individualizada do discurso ao qual está orientado o discurso/palavra dialógico e bivocal.

Glossário

Estilização (*stilizátsia*, pp. 163-6) — classificada por Bakhtin como uma das palavras bivocais unidirecionadas, é fenômeno artístico-discursivo que pressupõe sempre um estilo anterior em que se toma uma palavra alheia não estilizada, com uma intencionalidade direta e imediata (monovocal), e a força a servir a novas intenções e objetivos, tornando-a bivocal. A estilização põe a palavra alheia na direção dos próprios objetivos dela, tornando-a convencional. A distância entre o estilo da palavra alheia e o da palavra autoral é a base da convencionalidade, sem a qual não existe estilização.

Excedente de horizonte (*krugozórni izbítok*, p. 271) — é um conceito que se aproxima do de "extralocalização" ou "exotopia" (*vnenakhodímost*) em "Por uma filosofia do ato" e que foi formulado em "O autor e a personagem na atividade estética", como excedente de visão e de conhecimento (*izbítok vídenia i znánia*), para caracterizar o fato de que o autor conhece e vê tudo que seus personagens conhecem e veem e ainda algo extra que é inacessível a eles. Em POD, há apenas uma ocorrência de "excedente" para caracterizar um tipo de estilo de narração em que o narrador assume uma *palavra seca, informativa e protocolar* sem excedente em relação aos personagens.

Fala/discurso (*riétch*, pp. 157, 164-5, 172, 191, 223) — em POD, o termo *riétch* é utilizado, na maioria dos casos, para designar as intervenções dos personagens nos diálogos das obras de Dostoiévski. Nesses contextos, o termo foi traduzido por "fala" e não "discurso". Contudo, não foi possível traduzir *riétch* sempre por "fala", uma vez que, em algumas passagens, esse termo não equivaleria ao sentido em português. Por exemplo, a expressão utilizada nas gramáticas russas para citar textualmente palavras ou pensamentos alheios é *priamáia riétch*, cujo equivalente nas gramáticas brasileiras é "discurso direto" e não "fala direta". No início da segunda parte do livro de Bakhtin, o termo *riétch* (fala/discurso) é empregado como sinônimo de *slovo* (palavra).

Filosofema (*filossofiéma*, pp. 55, 89) — os personagens podem representar filosofemas (visões de mundo, ideologias) autônomos e contraditórios, nem sempre coincidentes com as opiniões do autor. Parece tratar-se de um sinônimo de ideologema.

Ideologema (*ideologuema*, p. 55) — parece tratar-se de um sinônimo de filosofema, no sentido de uma visão de mundo, uma ideologia. Em *O método formal nos estudos literários*, Pável Medviédev usa o termo "ideologema" ora como um produto ideológico (2012, p. 50), disponível em um material (palavra, som, gesto, combinação das massas, das linhas, das cores, dos corpos vivos etc.), ora como conteúdos e ideais éticos, cognitivos, filosóficos etc. (2012 [1928], p. 60). Em *Marxismo e filosofia da linguagem*, Valentin Volóchinov emprega "ideologema" para abordar os conteúdos psíquicos ligados à ideologia do cotidiano, em um sentido semelhante às acepções de Medviédev: ora como conteúdo, ideia ou intenções subjetivas na personalidade interior ainda não encarnados em um material sígnico e, portanto, pouco claros e diferenciados (2018 [1929], pp. 128, 311), ora como um produto ideológico mais claro e definido ligado a uma esfera formada da ideologia (2018 [1929], p. 311).

Ideologia (*ideológuia*, pp. 130-4) — princípio de visão e representação do mundo, constituinte da forma. Na abordagem ideológica habitual, a ideologia é formada por pensamentos isolados subordinados a um sistema objetual único. Os pensamentos isolados podem ser verdadeiros ou falsos, a depender da sua relação com o objeto e independentemente de quem é o seu portador ou a quem eles pertencem. Diferentemente disso, a ideologia em Dostoiévski é uma posição integral do indivíduo, na qual a significação objetual funde-se de modo indivisível com a posição do indivíduo. Dostoiévski usou como elemento da sua visão de mundo apenas o pensamento dotado de uma orientação espiritual integral e uma coexistência de orientações e vozes humanas organizadas. Dostoiévski iguala o pensamento ao indivíduo.

Imitação (*podrajánie*, pp. 164-5) — não torna a forma convencional, pois leva a palavra imitada a sério, apropria-se dela e a assimila imediatamente. Na imitação, ocorre uma fusão completa entre a palavra alheia e a palavra do autor. Quando a seriedade do estilo enfraquece na mão dos imitadores, seus procedimentos passam a ser cada vez mais convencionais e a imitação transforma-se em semiestilização.

Inconclusibilidade (*nezaverchímost*), *conclusibilidade* (*zaverchiónnost*) ou *concluído* (*zaverchiónni*) — substantivos derivados do verbo russo *zaverchát*, cuja tradução pode ser "acabar", "concluir", "terminar". O particípio imperfeito russo *zavercháiuschi* que foi traduzido ora por "que conclui", ora por "conclusivo", ora por "concludente" aponta que os retratos exteriores feitos por Dostoiévski dos seus personagens, do narrador e até do autor não desempenham a função de concluir os personagens. No mundo de Dostoiévski, não há conclusibilidade, o que se manifesta em vários planos de sua obra: na transferência da definição concludente do autor para a autoconsciência inconclusa dos personagens; na ausência de uma palavra conclusiva do personagem sobre si mesmo; na ausência de definições conclusivas sobre o personagem; na fusão da palavra do personagem sobre si próprio com sua palavra ideológica sobre o mundo, o

que eleva em muito a intencionalidade direta da auto-
-enunciação, fortalecendo sua resistência interna contra
toda conclusibilidade exterior (p. 74); no caráter não
fechado e inconclusivo do próprio autor (p. 82); na criação de uma imagem não conclusiva e não fechada da
pessoa como ser no mundo (p. 89); no caráter não conclusivo do enredo (p. 100); no fato de que o narrador
não possui uma perspectiva necessária para abarcar de
modo artisticamente conclusivo uma imagem do personagem e de seus atos (p. 169); na inconclusibilidade e
infinitude (*beskoniétchnost*, pp. 217, 219) dos diálogos
exteriores e interiores (pp. 181, 212, 216, 219); no estilo da palavra do personagem sobre si que é alheio à conclusibilidade (p. 184). Segundo Bakhtin, Dostoiévski
utiliza a autoconsciência e a autoenunciação dos personagens como princípios de sua construção, atribuindo-
-lhes um caráter inconclusivo (p. 63). Na vida, as pessoas se caracterizam por uma inconclusibilidade ética
que se transforma no princípio da inconclusibilidade ou
inacabamento artístico-formal (p. 68) de construção dos
personagens em Dostoiévski. No mundo artístico monológico, a ideia ao ser colocada na boca do personagem
adquire uma representação sólida e conclusiva (p. 74)
da realidade. No livro O *método formal nos estudos literários* (2012 [1928]), Medviédev também emprega os
termos *zaverchénie* e *zaverchiónnost*, que foram ambos
traduzidos por "acabamento". No entanto, após refle-
tirmos sobre os sentidos produzidos por essa escolha a
partir de depoimentos de leitores, que revelaram asso-
ciar os sentidos presentes na esfera da construção civil,
ou seja, "o acabamento de uma construção", consideramos mais adequado o termo "conclusibilidade".

Intencional (*intentsionálni*, p. 110) — termo originário da
escolástica medieval e retomado pela fenomenologia de

Husserl para designar o fato de que a consciência humana tende para o objeto ao invés de resolver-se em si própria. Com isso, a fenomenologia quer evitar uma abordagem psicológica da consciência e concebe que esta é objetiva em sua tendência constitutiva a voltar-se para fora de si própria em direção aos objetos do mundo. No volume II das *Obras reunidas* de Bakhtin (2000), Serguei Botcharov, editor e comentador, mostra que o termo sofreu uma substituição sistemática por outros equivalentes tais como "orientado", "orientação", "univocal", "significação" em *Problemas da poética de Dostoiévski* (PPD) (1963). O editor russo fez uma relação com sete páginas de todas as ocorrências do termo, o que mostra a sua presença constante. O adjetivo "intencional" e os substantivos "intenção" e "intencionalidade" ocorrem em variadas expressões no decorrer de POD, a saber: "intencionalidade direta e de grande peso das palavras do personagem" (*priamáia polnoviésnaia intentsionálnost slov gueróia*, p. 55), posição semântica imediatamente significante e plenamente intencional (*polnoviésno-intentsionálnaia smislováia posítsia*, p. 102), intencionalidade imediata (*neposriédstvennaia intentsionálnost*, p. 119) "palavra diretamente intencional" (*neposriédstvennoie intentsionálnoie slovo*, p. 159), palavra intencional imediata/direta (*nepostriédstvennoie/priamóie intentsionálnoe slovo*), intenção das refrações autorais na palavra do narrador (*prelomliénie ávtorskikh intiéntsii v slove rasskáztchika*, p. 167), palavra intencional direta (*priamóe intentsionálnoe slovo*, p. 160), as intenções autorais (*ávtorskie inténtsii*, p. 305) etc. Em PPD, observamos que o termo intencional foi substituído por: projeto autoral (*ávtorskii zámissel*), aspirações autorais (*ávtorskie ustremliénia*), direção semântica (*smislováia naprávlennost*, p. 118), voz (*gólos*), aspiração (*ustremliénie*), aspirações alheias (*tchujíe ustrem-*

liénia), avaliação (*otsiénka*), compreensão e avaliação (*ponimánie, otsiénka*), concepção (*osmisliénie*), concepção alheia (*tchujóe osmisliénie*), projeto (*zámissel*), ideia ou pensamento (*mysl*), palavra com significado pleno (*polnoznátchnoe slovo*), entonação (*intonátsia*), compreensão autoral (*ávtorskoe ponimánie*). A intenção parece estar ligada à atividade do sujeito e principalmente do autor na elaboração de sua obra, do seu discurso, da sua fala e do seu projeto discursivo e semântico na relação com a palavra alheia.

Linguagem literária ou *discurso literário* (*literatúrni iazik, literatúrnaia riétch*, p. 169) — corresponde à linguagem escolar, normatizada, padrão, descrita nas gramáticas e nos dicionários (O. S. Akhmánova, *Slovár lingvistítcheskikh tiérminov* [*Dicionário de termos literários*], 5ª ed., Moscou, Librokom, 2010, p. 220). Seu equivalente em português seria "norma-padrão".

Monológico, monologismo ou *monofônico* (*Monologuítcheski, monologuísm, gomofonítcheski*, p. 59) — forma de organização do material artístico que se manifesta em vários planos da obra, a saber: 1) O autor caracteriza-se por uma consciência autoral una e única que torna o personagem objeto de sua palavra e o contorna com fronteiras semânticas nítidas. Bakhtin compara a obra de Dostoiévski com a de Tolstói, cujo mundo é "monoliticamente monológico" e a palavra do personagem está contida na moldura sólida das palavras do autor sobre ele; 2) A autoconsciência do personagem está inserida em uma moldura sólida inacessível a ele; 3) A ideia é, no mundo literário monológico, impessoal e autossuficiente como uma única consciência autoral, cuja base final é monoenfática, ou seja, a ideia é colocada pelo autor nas bocas dos personagens sempre sob o controle da sua consciência que as aprova ou reprova. O autor tenta reduzir a realidade de vozes imiscíveis a uma única ideia e a uma única voz. Em um contexto sistêmico-monológico, ainda que possa ser dialético, a ideia perde sua particularidade, ao ser retirada da interação de consciências no plano da coexistência, e torna-se uma filosofia de segunda categoria; 4) As formas dramáticas do diálogo também podem estar presentes no romance monológico, no qual obedecem à posição monológica superior do autor; 5) A palavra no contexto monológico é definida na relação com seu objeto ou com outras palavras do mesmo contexto e do mesmo discurso, sem a consideração da palavra alheia; 6) A bibliografia crítica sobre Dostoiévski, segundo Bakhtin, assumiu uma monologização filosófica que se caracteriza por inserir à força a multiplicidade de consciências ou por meio da antinomia, em que as teses ideológicas eram opostas entre si, ou por meio da dialética, em que essas teses eram dispostas em uma ordem dinâmica, tendendo a uma conclusibilidade sistemática monológica, ainda que dialética e filosófica. Bakhtin aponta ainda que o princípio monológico pode dominar em outras esferas da criação ideológica. Por exemplo, a abordagem da evolução contraditória do espírito humano, correspondente à concepção hegeliana, criando um romance monológico de tipo romântico; ou ainda, a filosofia idealista é monológica e conhece apenas o diálogo entre alguém que sabe e seu discípulo; de modo semelhante, o utopismo e o socialismo utópico europeus também se baseiam no princípio monológico em que domina uma única consciência e um único ponto de vista.

Multivocalidade (*mnogogolóssost*, pp. 72, 79) e *heterovocalidade* (*raznogolósost*, p. 300) — são elementos do romance polifônico, constituído pela variedade de mundos, de consciências plenamente verdadeiras e da diversidade de vozes, isto é, da diversidade e variedade de tratamentos dados a um mesmo tema.

Narração do narrador (*rasskáz raskáztchika*, p. 165) — classificada por Bakhtin como uma das palavras bivocais unidirecionadas, em que a maneira de falar alheia é utilizada pelo autor como ponto de vista, como posição, necessária a ele para conduzir a narração. Ela é mais objetiva do que a estilização, porém a convencionalidade da palavra alheia é muito mais fraca. O autor utiliza a palavra do narrador para seus objetivos e há sempre uma distância clara entre as duas. O narrador não é um escritor profissional, ele não domina um estilo específico, mas apenas uma maneira de narrar determinada social e individualmente, que tende ao *skaz* oral. Segundo Bakhtin, em Dostoiévski ocorre uma narração sem perspectiva, ou seja, o narrador encontra-se em uma proximidade imediata do personagem e do acontecimento em realização e constrói a sua representação deles a partir desse ponto de vista aproximado ao máximo e sem perspectiva.

Obra (*proizvediénie*) — enunciados literários compostos por material verbal.

Palavra à revelia (*zaótchnoie slovo*, p. 272) — é uma palavra que não interfere no diálogo interior do personagem, que construiria sua imagem conclusiva de modo neutro e objetivo, e que faz um balanço final da sua personalidade. Segundo Bakhtin, essa palavra é desconhecida por Dostoiévski e não entra no seu projeto.

Palavra, verbal (*slovo, sloviésni*) — o termo russo *slovo* é bastante polissêmico e pode ser traduzido como: palavra, discurso, verbo. *Slovo* pode significar a emissão verbal do autor e seus personagens e, nesse caso, refere-se ao discurso do autor e dos personagens, como na p. 63. Trata-se ainda do material empírico de construção da

Glossário

obra literária. Na obra de Dostoiésvki, o personagem é o portador de uma palavra plenivalente e não o objeto da palavra autoral. O projeto do autor sobre o personagem é o projeto sobre a palavra e por isso a palavra do autor sobre o personagem é a palavra sobre a palavra.

Palavra bivocal (*dvugolóssoie slovo*) — palavra orientada para a palavra alheia, que se subdivide nos seguintes tipos: palavra bivocal unidirecionada, multidirecionada e de tipo ativo.

Palavra com dupla orientação (*dvoiáko-naprávlennoie slovo*, pp. 158-9) — é a que considera necessariamente o enunciado alheio e ocorre em fenômenos variados como a estilização, a paródia e o diálogo, cuja combinação no limite de um único contexto deveria, na visão de Bakhtin, ser objeto de estudo prioritário da estilística.

Palavra direcionada (*obrascháiuscheessia slovo*, p. 244) — é aquela que, em sua estrutura formal, sempre se dirige a alguém: ao próprio autor da fala, ao outro, ao mundo, e considera ainda um terceiro (ouvinte, testemunha ou juiz). Trata-se, portanto, de uma palavra triplamente direcionada, que não conhece o objeto fora do direcionamento para ele, o que cria o caráter inquieto, agitado e impertinente dessa palavra. É uma palavra que exige uma reação, uma resposta. Em Dostoiévski, toda palavra entra dialogicamente em contato com outra palavra, é uma palavra sobre a palavra e direcionada à palavra.

Palavra direta e imediatamente direcionada para seu objeto, palavra direta e intencional, palavra imediatamente intencional (*priamóie, neposriédstvenno naprávlennoe na svoi predmiét slovo*, pp. 174; *priamóie intentsionálnoe slovo*, p. 159; *neposriédstvenno intentsionálnoe slovo*, p. 161) — conhece apenas a si própria e seu objeto, ao qual ela tende a se adequar ao máximo; é a última instância nos limites de um contexto. É a palavra que nomeia, comunica, expressa, representa. Trata-se de uma palavra em que há apenas uma voz, isto é, de uma palavra monovocal.

Palavra do autor (*slovo ávtora*, p. 160) — pode assumir três tipos: ser elaborada estilisticamente em direção à sua significação objetual direta, isto é, ser adequada ao seu objeto; ser uma forma de estilização literária e de *skaz*. O traço característico destes dois últimos é a estilização, isto é, a presença de traços típicos de uma determinada pessoa, posição social ou estilo literário, estando, portanto, sob a influência da palavra alheia.

Palavra hagiográfica (*jitíínoie slovo*, p. 267) — é uma palavra sem olhar em volta, que é autossuficiente em relação a si mesma e a seu objeto. Nela soa a voz calmamente firme e segura do personagem. É ainda uma palavra estilizada que obedece ao estilo da hagiografia e da confissão religiosa.

Palavra ideológica (*ideologuítcheskoe slovo*, pp. 124, 243-4, 255, 267) — nas obras de Dostoiévski é a palavra dos personagens ideólogos sobre o mundo (o homem do subsolo, Raskólnikov, Ivan Karamázov), que às vezes se entrelaça com a palavra do personagem sobre si próprio (ver verbete *palavra sobre si mesmo* ou *palavra confessional*). O entrelaçamento entre a palavra ideológica e a palavra sobre si próprio dos personagens fortalece a sua resistência interna contra toda conclusibilidade exterior. Na palavra ideológica, encontramos o protesto e a polêmica tanto aberta quanto velada com o mundo e sua ordem, ou seja, não é apenas uma palavra que fala do mundo, mas que se dirige ao mundo, dialoga com ele.

Palavra objetificada ou representada (*obiéktnoie ili izobrajiónnoie slovo*, pp. 159, 161) — direcionada para seu objeto, mas ao mesmo tempo ela própria objeto da intenção autoral alheia. A palavra do autor a toma como um todo e, sem mudar seu sentido e tom, a subordina às suas tarefas. O tipo mais característico e difundido da palavra representada, objetificada é o discurso direto dos personagens; seu grau de objetividade pode ser maior ou menor. À medida em que ganha força a intencionalidade objetual direta da palavra do personagem e, por conseguinte, enfraquece a sua objetividade, a inter-relação entre o discurso do autor e o discurso do personagem começa a aproximar-se da inter-relação entre duas réplicas de um diálogo. Em outras esferas da atividade humana, por exemplo, na científica, as palavras objetificadas dos autores citados subordinam-se à instância autoral superior última. Trata-se de uma palavra em que há apenas uma voz, isto é, de uma palavra monovocal.

Palavra do personagem (*slovo gueróia*, p. 160) — é elaborada como palavra alheia, como palavra que caracteriza ou tipifica determinada pessoa, ou seja, é concebida como objeto da intenção autoral e não como ponto de vista da orientação objetual do personagem.

Palavra penetrante (*proniknoviénnoie slovo*, pp. 256-7, 269) — é uma palavra que, ao ser capaz de interferir ativa e confiantemente no diálogo interior de uma outra pessoa, ajuda-lhe a reconhecer a sua própria voz. Dostoiévski projetou essa palavra de modo firmemente monológico, não cindido, sem olhar em volta, sem evasiva e sem uma polêmica interior.

Palavra refratora (*prelomliáiuschee slovo*, p. 188) — é aquela palavra em que as intenções do autor são refratadas nas palavras dos personagens, por exemplo na novela *Gente pobre* a narração em primeira pessoa da forma epistolar é assumida pelo personagem que refrata a palavra autoral.

Palavra seca, informativa e protocolar (*sukhóie, osvedomí-telnoie, protokólnoie slovo*, pp. 185, 270) — essa palavra é um dos limites entre os quais se movimenta a narração do narrador nas obras de Dostoiévski, sendo a palavra do personagem o outro limite. Bakhtin mostra que os títulos dos capítulos de *Os irmãos Karamázov* ora são elaborados com as palavras dos personagens (capítulo VI, livro segundo, "Para que vive um homem como esse?!", palavras de Dmitri), ora de modo seco, informativo e protocolar ("Fiódor Pávlovitch Karamázov", título informativo), ora em um estilo literário-convencional ("Ainda muito obscuro", capítulo VI, livro quinto). Trata-se de uma narração sem voz, sem ênfase, sem entonação ou com uma entonação convencional e que não interfere no diálogo interior dos personagens. Essa palavra pode se tornar um material bruto para a voz do personagem, para um juízo sobre si mesmo. Nessa palavra, o narrador não coloca sua avaliação e, por isso, o narrador não tem um excedente de horizonte ou perspectiva.

Palavra sobre si mesmo ou *palavra confessional* (*slovo o sebié samóm, ispoviedálnoe slovo*, pp. 112, 123, 241, 244) — é a palavra do personagem por meio da qual ele expõe e revela a si próprio, frequentemente entrelaçando-se com a *palavra ideológica* (ver verbete) sobre o mundo. Por meio da palavra sobre si mesmo ou confessional, a verdade sobre o mundo torna-se inseparável da verdade do indivíduo. Os autoenunciados confessionais dos personagens estão repletos da mais tensa antecipação da reação da palavra do outro. A palavra confessional se caracteriza por uma extrema dialogização interna, ao polemizar constantemente com a palavra alheia.

Paródia (*paródia*, pp. 157-8, 171) — fenômeno artístico-discursivo em que o autor fala com a palavra alheia e in-

Glossário

troduz nela uma intenção, que é diretamente oposta à intenção alheia. A segunda voz, ao habitar na palavra alheia, entra aqui em colisão hostil com seu proprietário original e a obriga a servir a objetivos diretamente contrários. A palavra torna-se uma arena de luta entre duas intenções. Na paródia, as vozes do autor e alheia são isoladas, distanciadas e opostas de modo hostil. Por isso a percepção proposital da palavra alheia na paródia deve ser especialmente nítida e clara. Já as intenções autorais devem ser mais individualizadas e preenchidas do ponto de vista do conteúdo. É possível parodiar o estilo alheio em diversas direções e introduzir nele as mais variadas novas ênfases.

Pathos (*páfos*, pp. 65-6) — traço da pessoa que entra em conflito com o meio exterior.

Personagem (*guerói*, p. 102) — a palavra russa *guerói* pode ser traduzida por "herói", "protagonista" ou "personagem". Optamos por traduzir por "personagem", pois nem sempre se trata do protagonista. Nas obras de Dostoiévski, os personagens não são só objeto da palavra autoral, mas também sujeitos de sua própria palavra, imediatamente significativa, são autoconsciência, função infinita, não se fundem com o autor e não se tornam seu porta-voz. A última palavra sobre o homem e de fato adequada a ele pode ser expressa apenas na forma do autoenunciado confessional, em que a autoconsciência do personagem, ao se tornar dominante, decompõe a unidade monológica do mundo artístico. A liberdade do personagem, não acabado, entra no projeto artístico do autor. Situada no mesmo plano da palavra autoral, a palavra do personagem é criada pelo autor de um jeito que ela possa desenvolver a sua própria lógica, como palavra alheia, como palavra do próprio personagem. Os princípios ideológicos que estão na base da construção literária já não representam o personagem, definindo o ponto de vista do autor sobre ele, mas são expressos pelo próprio personagem, demonstrando seu ponto de vista sobre o mundo.

Personagem do romance de aventura (guerói avantíurnogo romána, p. 144) — não possui traços sociais sólidos nem individuais, pois caso contrário o enredo aventuresco se tornaria mais pesado e suas possibilidades, limitadas. Tudo pode acontecer com o personagem aventuresco, pois ele não é uma substância, mas pura função a serviço da aventura. Esse personagem não é acabado nem predefinido; não pode ter um enredo biográfico normal; anseia sem sucesso encarnar-se e comungar com o enredo da vida; nada se realiza, mas tudo pode acontecer com ele. O conjunto daquelas relações que os personagens podem travar e daqueles acontecimentos, dos quais eles podem se tornar participantes, não são predeterminados nem limitados pelo seu caráter e pelo mundo social, no qual eles efetivamente poderiam ser encarnados.

Polêmica evidente, aberta (iávnaia, otkrítaia poliémika, p. 175) — é um tipo ativo de palavra bivocal, na qual a palavra alheia está refletida. A polêmica aberta está simplesmente orientada para a palavra alheia refutada, como para seu objeto.

Polêmica internamente velada (skrítaia vnútrenniaia poliémika, pp. 174, 177) — é um tipo ativo de palavra bivocal, na qual a palavra alheia está refletida. A palavra autoral está direcionada para seu objeto, como qualquer outra palavra, mas cada afirmação sobre esse objeto é construída de um modo que, além do seu sentido objetual, atinja polemicamente a palavra alheia sobre o mesmo tema, a afirmação alheia sobre o mesmo objeto. Direcionada para seu objeto, a palavra colide com a palavra alheia no próprio objeto. A tonalidade polêmica da palavra manifesta-se na semântica, na entonação e na construção sintática.

Procedimentos composicionais (*kompozitsiónnie priómi*, pp. 117-9) — são instrumentos para a realização do projeto artístico do autor, cuja função prática é a estruturação ou construção de uma obra. O modo de combinação entre a voz do narrador e as vozes dos personagens é um exemplo de procedimento composicional.

Polifonia (*polifónia*, pp. 81-3) — termo proveniente do campo musical, que significa a coexistência de várias vozes ou linhas melódicas autônomas. Bakhtin utiliza o termo musical como uma metáfora para explicar a particularidade da obra de Fiódor Dostoiévski e o define como a reunião de materiais os mais dissemelhantes e incompatíveis com a multiplicidade de vozes plenivalentes e consciências autônomas e imiscíveis não reduzíveis a um denominador ideológico comum. No romance polifônico de Dostoiévski, ocorre uma multiplanaridade e uma contraditoriedade não no espírito, como em G. W. F. Hegel, mas no mundo social objetivo. A categoria fundamental da visão artística de Dostoiévski não foi a evolução, mas a *coexistência* e a *interação*. Um dos elementos da polifonia é a alternância (*perebói*, pp. 196-9) de vozes, isto é, de duas consciências, de dois pontos de vista, de duas avaliações, no interior de uma mesma palavra e de uma mesma consciência. Nos romances de Dostoiévski, não ocorre uma polifonia utópico-religiosa de vozes pacificadas, mas uma polifonia de vozes em luta e internamente cindidas, uma vez que Dostoiévski não podia ocultar a sua visão objetiva e artística da realidade social da sua época. No romance polifônico, o autor contrapõe a autoconsciência de cada personagem isolado não à sua consciência sobre ele, que o abarcaria e o fecharia de fora, mas à multiplicidade de outras consciências, que se revelam na interação tensa com ele e entre si.

Refração (*prelomliénie*, pp. 52, 63, 167-8, 184-5) — termo recorrente nos livros *O método formal nos estudos literários* (1928), de Pável Medviédev, e *Marxismo e filosofia da linguagem* (1929), de Valentin Volóchinov. Ele aparece logo na introdução de POD para indicar a relação entre as forças e as ênfases sociais vivas, e cada elemento de uma estrutrura literária, ou seja, como os elementos de uma obra literária interpretam, reformulam, reelaboram aspectos do seu contexto sócio-histórico. Ele também aparece em alguns trechos de POD para indicar a projeção das intenções do autor nas palavras do narrador ou dos personagens, as quais se tornam bivocais. Segundo Bakhtin, há épocas em que predomina a palavra autoral direta e incondicional; já em outros momentos, essa palavra última não existe e todo pensamento, sentimento e vivência devem refratar-se nas palavras alheias, com as quais é impossível fundir-se sem um distanciamento, sem uma refração.

Réplica do diálogo (*riéplika dialóga*, pp. 157-8) — é uma das variantes ativas da palavra bivocal. Nos diálogos profundos e essenciais, cada réplica está direcionada para seu objeto e de modo simultâneo reage tensamente à palavra alheia, ao responder a ela e antecipá-la. O momento da resposta e da antecipação penetra de maneira profunda no interior da palavra tensamente dialógica. É como se essa palavra absorvesse e assimilasse em si as réplicas alheias e suas intenções, elaborando-as de modo tenso. A consideração da contrapalavra produz mudanças específicas na estrutura da palavra dialógica, ao torná-la internamente coexistencial e elucidar seu próprio objeto de um modo novo, revelando nela novos aspectos, inacessíveis à palavra monológica.

Glossário

Romance de tipo monológico (román monologuítcheskogo tipa, pp. 58, 63-4) — ao contrário do romance polifônico, a unidade de tom e estilo do romance é subordinada à consciência do autor, que acolheu em si as consciências dos personagens. O contemplador desse romance tem base para objetivar todo o acontecimento, do ponto de vista do enredo, da lírica ou da cognição. Os personagens unem-se na visão unitária do autor. A construção artística do romance é feita com base em uma única ênfase. Possui um acabamento filosófico dialético em que o espírito humano é revelado em sua evolução gradual. No projeto monológico, o personagem é fechado, sua fronteira semântica é fortemente contornada e definida pelo horizonte exterior estável do autor. No mundo artístico monológico, a ideia, introduzida na boca do personagem e representada como imagem fixa e acabada da realidade, perde inevitavelmente a sua intencionalidade imediata, ao tornar-se um aspecto da realidade, um aspecto predeterminado dela, assim como toda manifestação do personagem. As ideias são impessoais e gravitam em torno da visão de mundo sistêmico monológica do autor.

Romance polifônico (roman polifonítcheskogo típa, pp. 57-9) — conjunto de procedimentos artísticos de construção do romance elaborados pelo projeto do autor, cujo princípio essencial é a reunião de materiais dissemelhantes e incompatíveis, aliada a uma multiplicidade que não leva a um denominador ideológico de centros. As premissas objetivas para o romance polifônico só surgiram no capitalismo e em especial na Rússia, onde o capitalismo foi introduzido de modo catastrófico e encontrou uma variedade de mundos sociais que ainda não tinham perdido seu isolamento individual. Esse isolamento de mundos não cabia nos limites de uma consciência monológica contempladora. O fato de a posição do autor não prevalecer sobre a dos personagens não significa sua fraqueza, mas sua força superlativa. Esse princípio se materializa nos seguintes procedimentos: os personagens adquirem autonomia e liberdade em relação ao autor na própria estrutura do romance; materiais incompatíveis são distribuídos entre mundos e consciências plenamente verdadeiras e adquirem unidade no romance polifônico; a vontade artística é a vontade de combinar muitas vontades individuais, a vontade da coexistência; o contemplado é um coparticipante da ação. A visão polifônica percebe os conteúdos do mundo em sua simultaneidade e adivinha a sua inter-relação no corte de um momento. Trata-se da capacidade de ouvir e compreender todas as vozes imediatamente e simultaneamente no corte de um momento, de ver o mundo na categoria da interação e da coexistência. Bakhtin opõe o romance polifônico ao romance de tipo monológico (ver verbete).

Skaz (*skaz*, pp. 157-8, 166-71) — é um tipo de narrativa literária em que o narrador não coincide com o autor e sua fala é diferente da norma literária. O discurso do narrador de *skaz* reproduz uma linguagem popular ou folclórica. Característica dos estudos russos e soviéticos, a separação do *skaz* como um fenômeno isolado foi iniciada pelos formalistas russos, em especial por Boris Eikhenbaum nos anos 1910. Para Bakhtin, o *skaz* é classificado como um fenômeno artístico-discursivo com uma orientação dupla: para o objeto do discurso, como palavra corriqueira, e para o discurso oral alheio, ao estilizá-lo. Bakhtin enfatiza ainda que é completamente necessária uma distinção rigorosa entre a orientação para a palavra alheia e a orientação para o discurso oral no *skaz*.

Glossário

Sociologia da palavra (*sotsiológuia slóva*, pp. 184-5) ou *sociologia do estilo* (*sotsiológuia stília*, p. 272) — expressão substituída por "metalinguística" em PPD (1963). Medviédev e Volóchinov utilizam a expressão "método sociológico". Com base na concepção de que a palavra é sociológica por natureza, Bakhtin defende que toda obra literária é interna e imanentemente sociológica e cada um de seus elementos é atravessado por avaliações sociais vivas. A sociologia da palavra compreende um campo de estudos que se ocupa da orientação da palavra entre palavras, das diferentes percepções da palavra alheia e dos diferentes modos de reagir a ela. Bakhtin considera como questões primordiais à sociologia da palavra: que palavra domina em dada época social e em dado meio social, quais são as formas de refração e o que serve de meio de refração. Em relação à sociologia do estilo, a principal questão a responder é sobre as condições históricas e socioeconômicas do nascimento desse estilo. Bakhtin declara que a abordagem das condições da época na constituição do estilo não faz parte do seu objetivo, uma vez que de antemão foi necessário excluir da análise todos os problemas históricos. Contudo, em PPD a história da formação do gênero romanesco é inserida no capítulo "Peculiaridades do gênero, do enredo e da composição das obras de Dostoiévski".

Sujeito do direcionamento (*subiekt obraschiénia*, p. 274) — o ser humano em Dostoiévski é um sujeito do direcionamento, cujas profundezas da alma só se revelam no direcionamento tenso para si e para o outro. É possível aproximar-se dele e revelá-lo só por meio da comunicação, dialogicamente. Apenas na comunicação, na interação de um ser humano com o outro revela-se o "ser humano no ser humano", tanto para os outros, quanto para si mesmo.

Tema (*tiema*, pp. 63-5) — princípio da construção do romance de Dostoiévski, que consiste na afirmação ou não afirmação do outro "eu" aos heróis/protagonistas.

Visão de mundo (*mirovozzriéniie*, pp. 62-7) — modo de compreensão da realidade do autor ou de um dos personagens de um romance, que encerra em si uma posição ética determinada.

Voz (*gólos*, pp. 55-7, 60, 97, 118, 134-8, 178, 204-10, 250-7, 269-71, 275) — uma opinião ou visão de mundo encarnada no autor e em seus personagens e representada de modo personalista e autônomo. Na obra de Dostoiévski, as vozes dos personagens não são porta-vozes do autor, mas estão em pé de igualdade com ele. A voz é a última palavra do personagem. A voz é uma posição pessoal integral e indivisível e também uma posição cindida dentro do diálogo interior dos personagens.

Sobre o autor

Mikhail Mikháilovitch Bakhtin nasceu em 17 de novembro de 1895 em Oriol, próspera cidade russa, em uma família de comerciantes que valorizava a ciência e a cultura, e passou a infância em Oriol, Vilna e Odessa. As informações sobre a sua formação são incertas, mas, segundo algumas fontes, Bakhtin teria ingressado na Universidade de Odessa em 1913 e prosseguido os estudos como ouvinte na Universidade Imperial de Petrogrado (hoje Universidade Estatal de São Petersburgo), sem, no entanto, obter diploma. Em 1918 mudou-se para Nével (na atual Bielorrússia), onde foi professor de história, sociologia e língua russa durante a guerra civil, transferindo-se em 1920 para a capital regional Vitebsk. Nessa época liderou um grupo de intelectuais que ficaria mais tarde conhecido como Círculo de Bakhtin, e que incluía nomes como Matvei Kagan, Maria Iúdina, Lev Pumpianski, Ivan Solertinski, Valentin Volóchinov e Pável Medviédev. Em 1921 casou-se com Elena Aleksándrovna Okolóvitch, e em 1924 o casal se mudou para Petersburgo, então chamada Leningrado.

Em dezembro de 1928, Bakhtin foi preso por participar do círculo filosófico-religioso Voskressênie (Ressurreição). Nessa mesma época, publicou um de seus trabalhos mais importantes, *Problemas da obra de Dostoiévski* (1929), mais tarde revisto. Em 1928 e 1929 também são publicados dois livros fundamentais do Círculo da Bakhtin: respectivamente *O método formal dos estudos literários*, de Medviédev, e *Marxismo e filosofia da linguagem*, de Volóchinov, que chegaram a ser atribuídos ao próprio Bakhtin. Inicialmente condenado a cinco anos em um campo de trabalhos forçados, Bakhtin teve, devido à saúde frágil, a pena comutada para o exílio em Kustanai, no Cazaquistão, onde viveu entre 1930 e 1936.

Mesmo depois de terminado o período de degredo, Bakhtin continuou proibido de viver em grandes cidades e permaneceu com extrema dificuldade para publicar seus trabalhos. Depois de algumas mudanças estabeleceu-se em Saransk, onde trabalhou no Instituto Pedagógico da Mordóvia entre 1936 e 1937. Com a turbulência política, precisou abandonar Saransk ainda em 1937, morando clandestinamente em casas de amigos em Moscou e Leningrado, e depois conseguindo uma residência em Saviólovo, próximo a Moscou, no distrito de Kimri, onde lecionou em duas escolas de ensino médio até 1945. Ainda em 1938, a doença crônica de que sofria, a osteomielite, se agravou, e Bakhtin precisou amputar uma perna. Nesse período redigiu sua famosa tese de doutorado sobre François Rabelais, defendida no Instituto de Literatura Mundial, em Moscou, em 1946. A tese gerou polêmica, e o título pleno de doutor lhe foi negado. Também nessa época foi escrito o ciclo de trabalhos sobre o gênero romanesco, nos quais o autor desenvolveu o conceito de cronotopo. As obras desse produtivo período em Saviólovo só seriam publicadas décadas mais tarde. De volta a Saransk, em 1945, o autor retomou o posto de professor de literatura universal no Instituto Pedagógico da Mordóvia, instituição que recebeu o status de universidade em 1957, e na qual permaneceu até se aposentar, em 1961.

Desde 1930 Bakhtin não havia publicado quase nada e estava isolado dos principais circuitos acadêmicos e literários da União Soviética. Em 1960, três estudantes de Moscou — Vadim Kójinov, Serguei Botcharov e Gueórgui Gátchev — redescobriram seu livro sobre Dostoiévski e, surpresos em saber que o autor seguia vivo e morava em Saransk, escreveram-lhe uma carta. A partir desse momento seguiu-se uma série de publicações que trouxeram seu nome de volta ao cenário intelectual soviético: a obra sobre Dostoiévski foi completamente revista e publicada novamente sob o título *Problemas da poética de Dostoiévski* (1963); em seguida, publicou *A cultura popular na Idade Média e no Renascimento: o contexto de François Rabelais* (1965) e preparou a coletânea de ensaios *Questões de literatura e de estética*, publicada logo após sua morte. A obra de Bakhtin só veio a ser conhecida no Ocidente a partir de 1967, mesmo ano em que o autor foi oficialmente reabilitado pelo governo russo. Faleceu em 1975 em Moscou, onde seis anos antes fixara residência.

Sobre as tradutoras

Sheila Vieira de Camargo Grillo nasceu em 1968 em Tatuí, SP. É formada em Letras pela Universidade de São Paulo, mestre em Linguística Aplicada pela Unicamp e doutora em Linguística pela USP. Atuou como doutoranda, pós-doutoranda e pesquisadora nas universidades Paris X-Nanterre, Stendhal Grenoble III e no Instituto Górki da Literatura Mundial (Moscou). É líder, junto com Dária Schúkina (Universidade Górnyi, São Petersburgo), do grupo de pesquisa "Diálogo" (USP/CNPq) e integra os grupos de pesquisa GEDUSP (Grupo de Estudos do Discurso, da USP) "Linguagem, identidade e memória" e o GT de "Estudos Bakhtinianos" da ANPOLL. É professora na área de Filologia e Língua Portuguesa do Departamento de Letras Clássicas e Vernáculas da Universidade de São Paulo. É autora do livro *A produção do real em gêneros do jornalismo impresso* (Humanitas/Fapesp, 2004) e tradutora, junto com Ekaterina Vólkova Américo, de *O método formal nos estudos literários*, de Pável Medviédev (Contexto, 2012), *Questões de estilística no ensino da língua*, de Mikhail Bakhtin, *Marxismo e filosofia da linguagem* e *A palavra na vida e a palavra na poesia*, de Valentin Volóchinov (Editora 34, 2013, 2017 e 2019, respectivamente).

Ekaterina Vólkova Américo nasceu em 1978, em Moscou. Formou-se em História, Literatura e Cultura Russa e Hispano-Americana pela Universidade Estatal de Ciências Humanas de Moscou. É mestre e doutora em Literatura e Cultura Russa pela Universidade de São Paulo e professora de Língua e Literatura Russa da Universidade Federal Fluminense. Publicou, em coautoria com Gláucia Fernandes, o manual *Fale tudo em russo!* (Disal, 2013). Tem diversas traduções publicadas, entre elas, os livros *O método formal nos estudos literários*, de Pável Medviédev (Contexto, 2012), e *Marxismo e filosofia da linguagem*, de Valentin Volóchinov (Editora 34, 2017), ambos em parceria com Sheila Grillo, e os artigos "Sobre o significado das obras de arte para a sociedade", de Pável Ánnenkov, e "Púchkin", de Fiódor Dostoiévski (ambos em colaboração com Graziela Schneider), para a *Antologia do pensamento crítico russo* (Editora 34, 2013), além de textos de Iúri Lotman, Mikhail Bakhtin, Piotr Bogatyriov e Roman Jakobson, entre outros.

Obras do Círculo de Bakhtin publicadas pela Editora 34

Mikhail Bakhtin, *Questões de estilística no ensino da língua*, tradução, posfácio e notas de Sheila Grillo e Ekaterina Vólkova Américo, apresentação de Beth Brait, São Paulo, Editora 34, 2013.

Mikhail Bakhtin, *Teoria do romance I: A estilística (O discurso no romance)*, tradução, prefácio, notas e glossário de Paulo Bezerra, São Paulo, Editora 34, 2015.

Mikhail Bakhtin, *Os gêneros do discurso*, organização, tradução, posfácio e notas de Paulo Bezerra, São Paulo, Editora 34, 2016.

Valentin Volóchinov, *Marxismo e filosofia da linguagem: problemas fundamentais do método sociológico na ciência da linguagem*, tradução, notas e glossário de Sheila Grillo e Ekaterina Vólkova Américo, ensaio introdutório de Sheila Grillo, São Paulo, Editora 34, 2017.

Mikhail Bakhtin, *Notas sobre literatura, cultura e ciências humanas*, organização, tradução, posfácio e notas de Paulo Bezerra, São Paulo, Editora 34, 2017.

Mikhail Bakhtin, *Teoria do romance II: As formas do tempo e do cronotopo*, tradução, posfácio e notas de Paulo Bezerra, São Paulo, Editora 34, 2018.

Mikhail Bakhtin, *Teoria do romance III: O romance como gênero literário*, tradução, posfácio e notas de Paulo Bezerra, São Paulo, Editora 34, 2019.

Valentin Volóchinov, *A palavra na vida e a palavra na poesia: ensaios, artigos, resenhas e poemas*, organização, apresentação, tradução e notas de Sheila Grillo e Ekaterina Vólkova Américo, São Paulo, Editora 34, 2019.

Mikhail Bakhtin, *Problemas da obra de Dostoiévski*, tradução, notas e glossário de Sheila Grillo e Ekaterina Vólkova Américo, ensaio introdutório e posfácio de Sheila Grillo, São Paulo, Editora 34, 2022.

Este livro foi composto em Sabon,
pela Franciosi & Malta, com CTP e
impressão da Edições Loyola em
papel Pólen Natural 70 g/m² da Cia.
Suzano de Papel e Celulose para a
Editora 34, em julho de 2022.